宁波会馆研究

NINGBO HUIGUAN YANJIU

林　浩　黄浙苏　林士民　编著

ZHEJIANG UNIVERSITY PRESS
浙江大学出版社

图书在版编目(CIP)数据

宁波会馆研究/ 林浩，黄浙苏，林士民编著．--杭州：浙江大学出版社，2019.11
ISBN 978-7-308-19698-7

Ⅰ.①宁… Ⅱ.①林… ②黄… ③林… Ⅲ.①会馆公所—研究—宁波 Ⅳ.①K928.71

中国版本图书馆 CIP 数据核字(2019)第 258676 号

宁波会馆研究
林　浩　黄浙苏　林士民　编著

策划编辑	吴伟伟
责任编辑	陈　翩
责任校对	丁沛岚
封面设计	项梦怡
出版发行	浙江大学出版社 (杭州市天目山路 148 号　邮政编码 310007) (网址：http://www.zjupress.com)
排　　版	浙江时代出版服务有限公司
印　　刷	杭州良诸印刷有限公司
开　　本	710mm×1000mm　1/16
印　　张	14
字　　数	215 千
版 印 次	2019 年 11 月第 1 版　2019 年 11 月第 1 次印刷
书　　号	ISBN 978-7-308-19698-7
定　　价	52.00 元

目 录

绪 论

一、研究背景

　　会馆是珍贵的文化遗产,是历史发展的记忆,它保存着历史上经济、社会发展的许多信息。在明清时期,会馆作为旧时的同业或同籍工商行帮机构和同乡居停聚会场所,促进了地方经济的发展及外乡移民与当地社会的融合,对于保护工商业者的自身利益也起到了一定的作用。从目前所了解的史料来看,由宁波人主持、参与组织的会馆(同乡会、公所),遍布国内各个地区,至今在亚洲、欧洲发达地区都保留着宁波的同乡会、商会等。

　　这些宁波会馆是封建时代高度发达的经济文化和人口流动量增加的产物,一般都有"祀神、合乐、义举、公约"四项功能,在历史长河中,一直起着促进物资流通和文化交流的积极作用。会馆除了有维护同乡同业利益、联络同乡同业感情的作用,还在政治、宗教、社会等方面对城市管理和建设产生重要影响。到了近代特别是民国以后,随着时代变迁,会馆的结构开始突破狭隘的地域限制和旧有行业的范围,在一定程度上超越了乡谊联系和行会束缚。在鼓励实业、振兴工商的经济改革思潮下,商会诞生,突破了会馆封闭保守的传统特性。

目前国内外保存的宁波人创办的会馆遗址、旧址及各类章程、碑刻等实物与文献遗存,是我们研究宁波会馆文化最好的例证。我们撰写《宁波会馆研究》,除了总结历史上宁波会馆、同乡会、公所乃至商会等发展演变的情况,弘扬宁波商人重乡谊、讲团结,包容和开拓并存,不断拼搏进取,敢于冒险的精神,还意在探讨其当代传承与利用,以深入研究为根基,以社会发展为导向,以现实需求为突破口,继承前人的奋斗和开拓精神,以史为鉴,让文化遗产在保护与利用中得到传承和弘扬。

二、宁波会馆研究的意义

相比宁波帮精神、宁波帮人物、宁波帮文化等热门课题,与宁波帮关系密切的宁波会馆的研究成果稀少。作为明清史的一部分,国内会馆史的研究一直是其中的薄弱环节,新中国成立后鲜有学者问津。从20世纪80年代开始,学术界对会馆史开始了较为深入的研究,90年代"中国文物学会会馆文化研究会"的成立则为会馆研究搭建了专业交流平台。各地的会馆研究都注重搜集相关文献及实物资料,并在此基础上进行整理和分析。国内外保存的宁波人创办的会馆遗址、旧址、碑刻等实物遗存,以及丰富的文献史料,包括各类志书、章程、制度等,经过研究人员的整理、分析,都渐渐公之于众。这些实物和文献资料相互佐证,为宁波会馆研究提供了宝贵的基础材料。本研究尝试从会馆的主体、性质、功能、变迁及保护利用等方面做系统研究,以期抛砖引玉。本研究的意义主要体现在以下两个方面。

一、填补宁波会馆系统研究的空白

从研究成果讲,就目前能够检索到的资料,不管是著作、期刊论文还是学位论文,对宁波会馆的研究可谓少之又少,而全面系统的专题性研究更是空白。在众多针对宁波会馆的主体——宁波商人、宁波帮的研究文献中,从会馆的角度进行探讨的也不多。由于功能、性质的差异,会馆在不同的发展时期有着不同的名称,如果对不同功能的科举会馆、工商会馆和同乡会馆单独进行论述,难免会步入片面、绝对化的误区,难以探索其内在深层的共性。本研究尽量避开以上问题,从会馆文化的视角阐述宁波商人不怕艰难、开拓创新的人格魅力和尚文尚礼、崇信崇义的地方文化精神,同时对现有的宁波会馆遗存进行深度剖析,梳理宁波会馆的发展轨迹和现状,提出其当代利用价值,以填补宁波会馆系统研究的空白。

二、具有现实借鉴意义

当今社会,民众对文化的需求比以往更强烈,对地域文化、乡土文化及各类建筑文化给予了更多的关注。作为扎根于民间的文化遗产,会馆在当地都应该成为拥有尊严的文化载体,成为会馆文化的精神载体,以及传承文化、支撑城市文化发展的积极力量。

那些几经变迁尚能保留下来的会馆建筑皆是精品,它们以精美的建筑艺术、浓郁的人文气息、丰富的民俗文化,以及内含的行业管理制度、联洽乡谊的纽带作用,一起形成独具特色的会馆文化。斯文在兹,如何让这种文化使命传承? 又若何让文脉永存? 这是我们要重点思考的问题。

2014 年 6 月 23 日,"中国大运河"作为我国第 32 项世界文化遗产成功跻身《世界遗产名录》,而中国大运河宁波段便有"二段一点"遗产,其中的"一点"就是宁波庆安会馆。作为宁波首个世界文化遗产点,庆安会馆是宁波的一张金名片,借助运河文化的大力宣传,会馆文化也将引起各部门和民众的重视。我们要抓住机遇,通过研究宁波会馆的共性和特色,进一步探讨如何更好地对宁波会馆进行保护与利用;同时,期望通过我们的研究,让会馆的历史文化更加鲜活、绵长地传播开去。

三、本书的基本框架

本书各章内容安排如下:

第一章,梳理会馆的概念与分类。

第二章,分析第一家宁波会馆和在宁波地区出现的第一家同乡会馆与行业会馆,阐述宁波会馆的创办缘起与分布情况。

第三章,分析近代宁波地区的会馆遗存,探讨甬商和外商在宁波地区所建会馆的共性与特色。

第四章,概述近代旅外宁波会馆的发展,研究宁波会馆拓展的商贸区域,说明晚清至民国是宁波商人最活跃的时期,主要活动地区集中在上海、北京、天津、汉口、苏州等地,港台地区和海外也有宁波会馆的建设。

第五章,介绍宁波会馆的组织管理和基本职能。

第六章,分析宁波会馆的兴衰变迁并对有代表性的宁波会馆遗存进行历史沿革研究,最后进行价值评估。

第七章,探讨宁波会馆的保护与当代利用。从文化遗产保护的角度出发,论述在当代语境中宁波会馆如何平衡保护和利用的关系,实现社会效益和经济效益的双赢。

"附录"为宁波会馆史料编录。分为文献史料和实物史料,文献史料主要涉及不同会馆的规章制度,实物史料则辑录有代表性的石刻碑记。

第一章 会馆的界定与分类

第一节 会馆的界定

一、会馆的定义

"会馆"一词最早出现于明代,明人刘侗、于奕正在《帝京景物略》中写道:"尝考会馆设于都中,古未有也,始嘉隆间。"[①]表明会馆肇始于北京。《吴阊钱江会馆碑记》中亦云:"会馆之设,肇于京师,遍及都会,而吴阊为盛。"[②]会馆在清代、民国初最为盛行,民国以后大多改名或改组为"同乡会""公所""公会""商会"等。新中国成立后会馆建筑一般移作他用,城市里的会馆大多由房管所分给无房户租住或单位使用,在历经战火及旧城改造后幸存者很少,一些有悠久历史的会馆遗存现在都已成为文物保护单位或优秀历史建筑。

从 20 世纪 30 年代起,便有研究者对会馆进行了专门的考证,总体上都

---

① 刘侗,于奕正.帝京景物略[M].孙小力,校注.上海:上海古籍出版社,2001:267.
② 江苏省博物馆.江苏省明清以来碑刻资料选集[M].北京:生活·读书·新知三联书店,1959:24.

认为会馆是一种在特定环境下产生的文化现象,是在我国明清时期,由在外一同打拼的同乡或从事同一行业的人们一起组建的封建性小集体,是当时根据科举制度和工商业活动的需要而衍生出来的特殊产物。

《现代汉语小辞海》对会馆的定义是:"旧时同省、同府、同县或同业的人在京城、省城或大商埠设立的机构,主要以馆址的房屋供同乡、同业聚会或寄居。"①

厦门大学王日根教授对会馆进行了明确的界定,认为会馆必须具备以下三个特点。

第一,会馆是一种社会(民间)组织,有固定的场所。"会馆是明清社会政治、经济、文化变迁的特定产物,它不仅是明清时期商品经济蓬勃发展的必然,亦与明清科举制度、人口流动相伴随。""同籍商人的会馆由此有了内驱力,他们起而模仿官绅会馆并发扬光大之","在移民集中的区域,会馆则成为克服土客矛盾、客客矛盾的场所"。②

第二,会馆具有"祀神、合乐、义举、公约"四大基本功能。神灵崇拜为会馆树立了集体象征,提供了精神纽带;合乐为流寓人士提供了聚会与娱乐的空间,人们可在节日期间"一堂谈笑,皆作乡音,雍雍如也"③;义举是不仅为生者在身处逆境时解决困难,更注重给死者创造暂厝、归葬的条件;公约则要求会员遵循规章制度,维护集体利益,从而维持社会秩序的安定。

第三,会馆机制灵活,可有多样的表现形式。会馆适应社会的变迁而产生,又不断改变着自己的形态,在对内实行有效整合的同时,又不断谋求与外部世界的整合,在会馆的演进过程中,不仅存在着时代发展的阶段性,而且又包含了地域发展的差异性。从范围看,除了有以行政区划为单位的会馆,还有因经商的地区相同而建的会馆,又有"同业组织为应付当地土著的压迫和保护自己利益而组合的会馆";从建构看,有的会馆规模宏大,有正

---

① 《现代汉语小辞海》编委会. 现代汉语小辞海[Z]. 长春:吉林出版集团有限责任公司,2010:563.

② 王日根. 中国会馆史[M]. 上海:东方出版中心,2007:29-30.

③ 赵逵."湖广填四川"移民通道上的会馆研究[M]. 南京:东南大学出版社,2012:24.

殿、附殿、戏台、看楼、义冢、义田、议事厅,有的会馆仅为一小室,以供一神或数神为满足;从经费来源看,有官捐、商捐、喜金、租金、抽厘、放债生息等名目;从内部管理看,有的是官绅掌印,有的是商人主管,有的还可能是手工业者或农民自理。①

综上所述,笔者认为会馆是一个庞大的社会综合体,是时代发展的衍生物。

二、会馆与相关概念的梳理

（一）会馆与商人会馆、行会、公所

南京大学历史系吕作燮教授阐述了会馆与行会、公所的区别,认为早期会馆与工商业毫无关联,故"将北京的会馆或部分工商会馆与行会等同起来,是缺乏根据的。特别是将会馆与后来的同业公会等同起来,那就近乎荒谬了"②。他认为,在苏州、汉口、上海等工商重镇的工商业会馆,多属于地域性行帮组织,而在四川的县、乡、镇出现的会馆则是移民会馆;公所与会馆相比,则显示出行业的特点、商业的特点和联合比较严密的特点。③

中国社会科学院经济研究所吴慧研究员认为:会馆肇始于北京的试馆,为在京官吏和同乡赴京应试的士子所用,其中也有少数是由商人集资兴建的;随后,由于商业发展的需要,商人也仿试馆的办法自己建馆,这就是商人会馆。④ 费正清先生指出,明清时期的商人会馆是商人模仿官僚士大夫而建立起来的,旨在联络同行业人士的一种互助组织。在中国,士子们有同年、同窗、师生等多重关系,可以互相援引,而商人们却缺乏这种关系,于是商人们只能以同乡和同业为纽带来模仿设立这种组织,通过相互间的帮助来提高保护自身的能力。⑤

清前期商人会馆有较快的发展,清后期则有公所继起,从会馆到公所,反映了清代商人组织的演进。清中叶发展迅速的商人会馆,道光以降便趋

---

① 王日根.中国会馆史[M].上海:东方出版中心,2007:29-30.
② 吕作燮.明清时期的会馆并非工商业行会[J].中国史研究,1982(2):66-80.
③ 吕作燮.明清时期的会馆并非工商业行会[J].中国史研究,1982(2):66-80.
④ 吴慧.中国商业通史(第四卷)[M].北京:中国财政经济出版社,2008:571.
⑤ 转引自:王日根.明清民间社会的秩序[M].长沙:岳麓书社,2003:167-168.

于停滞,而另一种商人组织——公所却赶上以至超过了会馆,许多新设的(甚至是老的)不再称会馆而称公所。会馆与公所的消长兴衰,表明了中国的商人组织正经历着一个新的历史性的转折时期。

会馆与公所在当时概念并不十分清晰,以至于常作为同义词而相混用,二者的不同之处主要还是在于籍贯和行业两个方面。第一,会馆主要是商人组织,仅有少数带有手工业性质,如北京早期称会馆的成衣行会馆是慈溪人所建。会馆之所以向公所演变,从分籍贯到不分籍贯是一个很大的变化。不论是当地行商势力发展后成立公所,外来商人也按同行业加入该公所组织,还是外帮商人会馆势力增大后当地商人按同行业加入该会馆组织,都标志着已经突破会馆时期"籍贯商获得利益第一"的思路。第二,公所是在经营地不分外来商人、本地商人,共同按行业重新组合的商人及手工业者的组织,突出了其行业性,而且是某地的某行业的全行业组织。公所打破狭隘的地域概念,不分籍贯,外地、本地,从事同一行业的商人都可以加入同一公所,而不再排斥本地商人,也不再只代表外来商帮的利益。公所原则上以行业命名,或以本行业的字义命名,而以地域命名的公所的行业特点,往往表现在这些公所内的商人实际上是各操一业的,商人的籍贯与行业是相重合的。当然也有例外,如上海的四明公所,这一主要由宁波人发起的上海最大的公所,也并非纯粹的地域组织,内含的会、堂仍具行业性。

(二)会馆与堂、庙、殿、宫、会、行帮等

除了上述概念外,我们对会馆的名称也做一简单分析。纵观会馆的发展,具有会馆类似功能的组织还有很多的称谓,如堂、庙、殿、宫、会、行帮等。如四明公所之下还有按行业分的会、堂:木业有长兴会,肉业有诚仁堂,还有竹业的同新会,内河水轮业的永安会,马车漆业的同议胜会以及钢铁机械业的永生会。

又如在北京的广府商帮仙城会馆,其简章里就写道:"本馆自重修后,初拟改用堂名,不欲用会馆二字,免得与各省公立之会馆相同。"说明广东同业组织有用"堂"命名的习惯,像公胜堂就是旅沪粤帮木业工匠所建的行会组织,广州南海的布行称为纯检堂,唐鞋行称为福履堂和儒履堂,药材业有寿世堂,当铺业有昭信堂,等等。

三、宁波会馆的界定

第一,本书研究的宁波会馆,"宁波"系指原宁波府属的鄞县、奉化、镇海、慈溪、象山(南田)、定海和后来划入的余姚七县。

第二,现今社会上有不少新命名的会馆,如各种"养生会馆",以及"上海会馆""都爹利会馆""营致会馆"等,都是属于餐饮、养生、娱乐之所,不在本书的研究范畴。

第三,本书所指的宁波会馆不但包含本地甬商在宁波创建的会馆和旅外甬商在外地创建的会馆,还包括旅甬外商在宁波创建的会馆;至于同行业不同籍贯的工商会馆(公所),多个籍贯合在一起的同乡会,如果其由甬商为主创建或者由甬商掌握领导权,我们也都纳入本书的研究范畴。

第二节 会馆的分类

会馆按功能可分为三种:科举试馆、同乡会馆和行业会馆。科举试馆主要就是为接待举子来京考试而设的。那些先期来京做官和经商成功者,出于同乡情谊,张罗资金、购买房产,供应试的同乡举子进京后在此免费吃住,备考会试、殿试,也可供其他来京谋事的老乡留宿、集会之用,功能类似于两千年前汉朝的"郡邸"。① 同乡会馆的设立是为了方便同乡办事、集会及停留,除了联络同乡情谊外,还为客死异乡的同乡创造暂厝、归葬的条件。行业会馆也可称为商业会馆,是工商业者组织的行会,方便同行议事,共谋事业发展。

一、科举试馆

最初的会馆基本上都是试馆。明清两代每三年一次大考,光绪三十一

---

① 汉时京师已有外来同郡人的邸舍,是诸郡及诸侯国为安置到京师朝见或办事者设立的府邸,亦称郡邸,是官吏私下交往的重要舞台。科举试馆与郡邸的本质区别在于前者为民间结社,后者为官设机构。

年(1905)清政府"废除科举"的诏令颁布后,延续了1300多年的为"求仕"的科举制度变成了以"开智""修身"为目的的教育体系。每次会试,参加者有七八千人,多时或可达到一万人。"为应举子下榻之需,一些名曰'状元店''状元吉寓'的接待客栈随之兴起,但因其费用昂贵,令贫寒子弟望而却步,其后,会馆应运而生。"①这里提到的会馆,就是试馆,为应试举子的食宿提供了极大方便。

每逢大比之年,宁波的学子成为秀才后和省内其他考生一起到省城进行乡试,然后进京参加会试(京试),通过后获得资格进入殿试,继续古代读书人以文入仕的奋斗之路。由于地理位置及交通限制,宁波学子赴杭、赴京都需要通过水路,渡过曹娥江以东运河和钱塘江,要比省内其他郡县的学子出发得早而抵达却晚,到了杭州或北京,很可能会被店家以客满为由加以拒绝。三年一届的乡试、会试的临考前夕,靠近贡院的客栈早已人满为患,宁波学子又因举目无亲,若想就近住宿真的很难。为第二天凌晨能准时到达考场,一些秀才举子不敢往离考场太远的地方投宿,找不到合适的旅馆或其他栖身之所,不得已只能搂着行囊书箱,在屋檐下过一夜,非常影响考试的临场发挥。更有甚者,这些"手无缚鸡之力"的秀才举子会因为劳累、感染风寒等原因病倒,断了仕途。

鉴于自己赶考的遭遇,深知闱中之苦的那些已有功名、家境富裕,又肯仗义疏财的宁波人士,出于同乡的爱护之情,便慷慨出钱、出力,在北京、杭州乃至会稽(今绍兴)等有贡院的地方陆续建立科举试馆,为应试的同乡提供免费食宿,使他们能有庇身之所,同时还能增加与其他考生的交流机会,安心备考。贡院位置固定,试馆一般就建在其附近。

(一)慈溪试馆

同治七年(1868),慈溪举人杨泰亨、赵家薰和洪九章等集资购买了故宫旁边的东华门小甜水井胡同9号民居,创办了慈溪试馆,特别便于殿廷考试,为慈溪同乡举子来京考试提供免费食宿。经过几年增建,共有大小房间

---

① 林福临,王廷柱,邢丛罗,等.北京市宣武区志[M].北京:北京出版社,2004:696.

28个。对考中的新官员,馆中请他们任意捐助;对名落孙山且生活困难的学子,馆中给他们提供返乡路费。

(二)镇海试馆

镇海人在北京创办科举试馆是在同治末年,由于太平军起义等影响,学子们无法进行"子"年乡试,等乡试恢复后,骤然间宁波举人人数大增,如果这么多举人一起进京参加会试,当时在北京的宁波府会馆根本无法容纳,于是两位镇海籍进士(工部营缮司主事谢辅坫和吏部主事盛植型)发起筹建镇海试馆。他们还找来同乡候补盐提举金鸿潮进行商量,金鸿潮认为时间紧迫,靠募捐建会馆已经是临渴掘井,于是先由他一人独出2000余两银子,购买了故宫旁边东华门甜水井民宅,经粗略装修后,取名"镇海试馆",即刻迎接宁波的举人考生前来下榻。①

1876年8月29日《申报》登载了《镇海试馆购定》的消息:"镇海士子早拟购屋,作为试馆,唯集腋成裘,其事非易。近得镇县富户万姓急公好义,独力输捐,挽人于杭垣纯阳巷口购得王姓大屋一所,计共四进,价值制钱四千串,万君可谓慷慨矣。唯此屋早经转辗出典与人,并有零星租户,一时断难出屋,故购定时订明七月半前先出两进,暂为士子本科试寓,余则订于十一月内出净,以便修改齐全,广备器用,作为镇海试馆云。"②这条消息表明省城的镇海试馆是由万姓富商独自捐建的。

笔者听过另一种说法:镇海在省城的试馆,是镇海柏墅方家的方义路为继承其父方梦香遗志所建,始建时间亦为光绪二年(1876),是购买仁和县平安坊黄氏老屋改建而成的。试馆布局与装修均十分讲究:试馆外有大门,门楼上设"魁星阁",用来祭祀主管功名的魁星;由门而进有暗示奏乐庆贺的"笙鹿堂";堂后有刻着"群贤毕至"四个大字的门匾;馆内有楼屋"文昌阁",楼上祀管文事的文昌君,楼下奉乡贤栗主。③

---

① 朱道初.试馆与会馆:士人赴考的栖身之所、会文之地[N].宁波晚报,2013-06-23 (A07).
② 宁波市档案馆.《申报》宁波史料集(一)[M].宁波:宁波出版社,2013:108.
③ 盛闵春.武林遗韵:口味下城之历史[M].杭州:浙江大学出版社,2006:42.

上述两种说法中,捐建者姓不同,购买的老屋屋主的姓也不同,不知是否为两个不同的试馆? 笔者认为应该是同一个,理由有二:一是"万"姓和"方"姓可能存在误写;二是宁波话中"黄""王"不分。

(三)鄞县会馆

"子"年乡试后,鄞县(今宁波市鄞州区)乡绅集资在离贡院不远的地方建起了宁波在省内第一座科举试馆,挂牌为"鄞县会馆",专门接纳鄞县郡府治下的考生。馆址就选在"仁和县平安里二图",也就是"文龙巷前凿石巷",又称青云街,青云街朝北便可看到举办科举考试的贡院,非常便捷,而且"青云"二字暗寓出人头地、青云直上,对考生有强烈的心理暗示和鼓励作用。

(四)慈溪会馆

有了鄞县会馆的珠玉在前,慈溪绅士也紧随其后。1875 年 8 月 14 日《申报》即登载了《慈溪会馆落成》的消息:"慈溪绅士以前科鄞县人在杭省建造试馆,士子称便,而慈邑考客未免问社寻巢之叹,心实不安。故今岁得奉开科之信,赶即于杭垣之吉祥巷购就屋宇,重为修理,共计大小房屋百有余间,以便阖邑士人作寓。惟该处距贡院甚远,往来似费周折。但小城实无大厦可购,若觅地起造,而地主又不一其人,东凑西拼必致多延时日,故惟即现成者而修葺之,庶可克期奏效而不致有误场期耳。"①

(五)象山试馆

试馆大多紧靠贡院、闱场(考场),在杭州的象山试馆也位于文龙巷,清光绪十三年(1887)创办。据《象山县志》记载:"节妇陈素涛妻孔氏遵素涛遗言,悯乡试士子赴省,艰于觅寓,独出己资二万余金,请从兄妣陈绍嶢及亲戚郑秀文相地建造,并置本县田三十余亩,及器用千余件。"②

陈素涛是光绪年间的秀才,就是因为赴杭后住不上旅馆,不幸感染风寒,又因考试而未能得到及时和最佳的治疗,竟命丧黄泉。其妻孔氏为人慷慨、乐善好施,在为夫君不幸死亡而深感悲痛时,就决心替象山的秀才们在

---

① 宁波市档案馆.《申报》宁波史料集(一)[M].宁波:宁波出版社,2013:75.
② 陈汉章.象山县志(中册)[M].点校本.北京:方志出版社,2004:885-886.

杭州建造试馆,以免他们重演其夫君的悲剧。孔氏虽家境富裕,经常扶贫济困,但其本人却极为节俭,夏穿夏布衫,冬着土布衫,不着绫罗绸缎,穿着甚至不如普通农家妇女。浙江巡抚嵩骏听说此事后深受感动,特意上奏折,请求光绪皇帝表彰孔氏。光绪皇帝阅此奏折后即刻朱批道:"着照所请,礼部知道,钦此。"赐封孔氏为"一品夫人",并赐给全套服饰、四块"肃静回避"虎头铜牌,一副对锣,另赠"善承夫志"四字匾额一方。①

（六）奉化试馆

据清末著名学者、书法家俞樾在《奉化试馆记》碑文中记载:宁波郡所辖的鄞县、慈溪、镇海、象山,皆有试馆,而奉化独无试馆,光绪十五年(1889)奉化秀才孙锵(蒋介石之舅父,蒋父原配孙氏之弟),力以此事为己任,谋策于乡绅、君子,聚集巨资,也在仁和县靠近贡院的"仁和县平安里三图",历史上称为三角荡(现新华路 222 号一带)的地方购地八亩余,盖起馆舍,且环境幽静,居室宽敞,各种设施一应俱全。② 从此,奉化学子来杭州应举,不但有了栖身吃饭的地方,而且离贡院咫尺之遥,非常方便。许是天道酬勤,奉化试馆开馆这年,正是"卯"年乡试,孙锵也和其他秀才一起拎考篮、提灯笼,漏夜云集贡院。三天下来,孙锵中举。次年,孙锵进京参加会试,中进士。

光绪三十年(1904),科举制度被废除,但是会馆依然大量存在,而且使用率很高,不过性质发生了一些微妙的变化。各地在京的官员,同乡的商人、学生等,或来此集会,或宴请,或祭祀,有些同乡来京办事,一般也会选择住在会馆。总之,为照顾乡民、联络乡谊,会馆发展成了一种同乡会。同时,一些商人政客利用会馆联络同乡,集合起来维护自身利益,协调业务、应对竞争,或抒发政治见解,排挤和打击政敌,使会馆逐渐带有一种"工会"性质。

二、同乡会馆

"会馆是同乡组织"的观点,在学术界几乎得到普遍认可。如吕作燮在《南京会馆小志》中写道:"会馆是明清时期异乡人在客地建立的一种社会组

---

①　朱道初.试馆与会馆:士人赴考的栖身之所、会文之地[N].宁波晚报,2013-06-23(A07).

②　盛闵春.武林遗韵:口味下城之历史[M].杭州:浙江大学出版社,2006:41.

织,它产生于明朝建都北京之后,发展于明朝中叶嘉靖万历时期,并逐渐在全国的通都大邑兴起,清朝已达到了它的兴旺时期。差不多有异乡人聚居较多的地方,就有会馆的出现,具有相当的普遍性,是研究明清历史不可忽视的一种社会结构。"①

在移民社会里,同乡关系是一种十分重要的社会纽带,没有这样的纽带,那些暂时割断了与家乡血缘联系的移民个体,很难融入当地的主流社会,在事业发展中也会遇到许多难以预料的问题。同乡会便是以同乡关系为纽带而形成的组织团体,利用各自的优势,帮助有困难的同乡进入移民地的社会、经济和生活主流,渐渐地生根、繁衍,直至事业有成。同乡会馆另有一项特别重要的职能,就是殡葬事业,或者是帮助把同乡尸体送回其家乡,或者是在定居地为同乡人修建一座公墓。

本书研究的宁波同乡会馆包括外地商人在宁波建设的同乡会馆、宁波下辖各县商人在市区创建的同乡会馆以及旅外宁波商人在经商当地创建的宁波同乡会馆。

三、行业(商业)会馆

旅外宁波商人或者外商在宁波建的商业会馆最初大多是以家族、血缘或同乡关系为基础建立起来的同乡同行会馆,目的在于壮大商业资本,增强竞争力。他们在商业活动中互相支持,互相帮助,实现共赢,合理而巧妙地借用其他力量,在提高市场竞争力的同时最大限度地保存了自己的实力。为了进一步巩固这种相互协作的联系,一些商人就开始自筹资金组织建设比较纯粹的商业会馆,以方便商业集团内部成员之间的联系。随着商人或商团经济能力的增强,会馆(公所、同乡会)的性质和作用有所加强:不仅叙同乡之谊,联同业之情,赡老济贫,还作为同业集会议事场所,研讨商情,联络商务,团结同乡,维护共同利益,以求"有利则均沾,有害则共御"。② 这是宁波商人会馆迅速发展和凝聚力日益增强的内在因素。

---

① 吕作燮.南京会馆小志[J].南京史志,1984(5).
② 张传保,赵家荪,陈训正,等.鄞县通志·第二:政教志[M].影印本.宁波:宁波出版社,2006:1599.

行业会馆的组织成员一般来自同乡同业，但也有例外，如北京的药行会馆即是由从事同一药材行业，但却来自不同地方的在京外籍商人建立的。《重建药行公馆碑记》记载：

> 古帝神农氏，史言其尝百草以作医药，著《灵素》《本草》之书以疗疾病，所以济稼穑之功，而扶民生者，其教历亿万祀而无穷也。京师商贾云集，贸易药材者，亦水陆舟车，辐辏而至。奈人杂五方，莫相统摄。欲使之萃涣合离，非立会馆不为功。爰邀众公议，乐捐输金，卜筑于城南隙地。①

这说明贩运药材的商人来北京建立会馆也不分籍贯。当然，以同乡同行为基础建立的会馆是行业会馆的常态。"北京的工商会馆最早成立于明中叶，如：山西平遥颜料会馆成立于明万历以前。此外，油盐粮商建立的山西临襄会馆、山西纸张干果颜料杂货烟叶五行商人建立的临汾东馆、浙江宁波药材商人建立的四明会馆等，都建立于明代。"②引文中所述会馆皆是由同一行业的工商业者组织同乡建立起来的行业会馆。

行业会馆的形成也是我国商帮开始形成的标志之一，商帮的办事机构和标志性建筑就是行业会馆。因此，商帮和会馆互为表里，商帮是会馆的组织形式。

本书研究的宁波行业（商业）会馆包括宁波人在宁波本地建立的商业会馆、外地商人在宁波创建的商业会馆和旅外宁波商人在当地建设的宁波商业会馆，同时还包括宁波商人在外地建设的由宁波人掌握领导权的公所（会馆）。

---

① 王康久.北京卫生大事记（第一卷）：远古—1948［M］.北京：北京科学技术出版社，1994：191-192.
② 李华.明清两代的北京会馆［M］//北京燕山出版社.京华古迹寻踪.北京：北京燕山出版社，1996：264.

第二章　宁波会馆的缘起与初创

　　相传早在春秋时期，宁波就出现"甬吴大道"古道。这条古道全长 400 千米，自鄞（今宁波）起，经慈溪、余姚、山阴（今绍兴）直达余暨（今杭州市萧山区），北渡浙江（今钱塘江）抵达钱塘（今杭州），然后再折东北转入由拳（今嘉兴）至吴（今苏州）。宁波另有"甬榕大道"，全长约 600 千米，传为唐时所建，从明州（今宁波）起，经奉化、宁海、临海、乐清至温州，再转至平阳，出分水关入福建，至福州。这两条古道的开通，使宁波古代商贸文化处在北上与南下的交通要道上，促进了宁波会馆文化的产生与发展。

　　宁波会馆创建历史悠久，在城内始于宋代，在外地则始于明晚期，北京的鄞县会馆可谓是宁波人在外地建立会馆的标志。四明会馆碑文中云："鄞县会馆为明时吾郡同乡之操药材业者集资建造……春秋祭祀之所。"①鄞县会馆由旅京的宁波同乡会创建，是宁波药业会馆首先在北京落户设立的（明代时宁波药材业特别兴盛），其地点在北京右安门内郭家井二号，后改为四明会馆。这是宁波商帮在外地组织建立的第一个会馆。

　　宁波市区行会的存在，则可上溯到宋代。当时用"行""团"来称呼行业组织，只是用语还显得不够明确，它有时指店铺，有时指在无正式协同关系

---

　　① 　李华.明清以来北京工商会馆碑刻选编[M].北京：文物出版社，1980:96.

下,集中于同一街道上的同业或店铺群,有时就指行业公会。① 从事同一经济活动的工商业者,由于有着共同的利害关系,经常把店铺开设在一起。例如,清朝中期,宁波经营靛青输入业的靛青行就有 10 家,它们在靠近宁波市区灵桥的奉化江东岸并排开着商店。同样,药商也开在同一条街上,称之为药行街。药行街旧称砌街,清咸丰、同治年间至民国时为药材业集中之地,大小中药材铺多达 50 余家。② 各种工匠也大多按专业集中在一起,这种形式的集中或组织,在宋代若是属于商店则称"行",如果属于手工业铺子则称"坊"。

第一节　宋代初具会馆的雏形

宁波在北宋时已是我国著名的对外开放的三个口岸(广州、杭州与明州)之一,南宋时明州直属户部管辖,舶商聚集明州港,与各国各地通商贸易兴旺。尤其是福建商帮,其与各国各地区交往十分活跃,人数亦众多,为了团结乡里,信奉航海保护神妈祖的福建商帮首先在甬城内创办了浙东第一座会馆(天妃宫)。

一、会馆雏形破土而出

南宋绍熙二年(1191),住明州的福建籍海运业船头舶舟长沈法询,在海上遇险,受妈祖保佑而脱险,遂取福建莆田妈祖庙炉香,回明州江厦住处,舍宅为馆(宫),创殿设像,在江厦街建造了闽商的保护神天后宫(旧名天妃庙)③,即后来的闽商(福建)会馆,信徒都是海运业行会成员。由此,宁波首次有了会馆雏形的明确记载。据考,宋代沈宅在江厦街,经过考古发掘证实

---

① 根岸佶.中国行会研究[M].东京:斯文书院,1932.

② 张传保,赵家荪,陈训正,等.鄞县通志(第一):舆地志[M].影印本.宁波:宁波出版社,2006:573-594.

③ 徐兆昺.四明谈助(下)[M].桂心仪,周冠明,卢学恕,等,点注.宁波:宁波出版社,2000:942-943.

元代的闽商会馆遗址在江厦街（现银泰百货大厦对面），且有5次建筑遗址修建的叠加遗迹。这与文献记载相符，元代到清代，闽商会馆共重修过5次，直至1950年，国民党飞机轰炸宁波东西交通主干道灵桥，闽商会馆才因被炸而成为遗址。①

二、遗址发掘重见天日

1982年8月至11月，浙江省考古研究所和宁波市考古研究所对江厦街会馆遗址进行了联合发掘，发掘面积1340平方米。为了解这座会馆的建筑情况，考古人员分三个发掘区进行清理。经过发掘，揭开了会馆建筑历史、规模和规格的原貌，为宁波会馆的研究提供了第一手实物史料。

（一）前三层叠压的建筑遗址

发掘表明：第一次揭露的会馆建筑遗址为三开间，面阔14米，进深10.1米，面积为141平方米。第二次的会馆建筑遗址与第一次同。第三次揭露的会馆建筑遗址由大殿和前殿组成，大殿为三开间，面阔14米，进深10.6米，面积148平方米；前殿三开间，面阔15米，进深在后期挖月池时遭到部分破坏，其残存进深7.6米。

会馆（天后宫）历史上揭露出的三次建筑遗址，有伴出的内涵物为我们提供断代依据。

第一、第二次建筑遗址中所出土的大量元代龙泉窑青瓷器物如碗、盘、洗等证明，其时代应为元代。第三次建筑遗址根据会馆前殿、正殿出土的明代青花瓷器以及室内地坪铺设具有明代特征的小方砖和底部经过绿沙面加工的情况，判断其时代应为明代。

（二）第四层叠压的建筑遗址

揭露出的第四层会馆建筑遗址显示，其规模已经扩大，包括宫门、月池，前殿、戏台、正殿月台和正殿。宫门：基址已毁，仅存一角。月池：呈月亮形，四周条石砌筑。前殿：由明代的三开间扩为五开间，面阔23米，进深9.2

---

① 林士民.宁波城市考古亲历记[M]//许孟光.宁波文史资料（第20辑）.宁波:宁波出版社，2000:60.

米,面积 211 平方米。戏台:平面布局呈正方形,面阔 6.5 米,进深 5.5 米,面积 36 平方米。正殿月台:铺石板,阔 11.2 米,深 3.5 米,面积 39.2 平方米。戏台至月台间设有甬道。正殿:平面布局由明代长方形的三开间扩大为近似正方形的五开间,面阔 18.3 米,进深 18.6 米,面积 330 平方米。从这一基址层中出土的"康熙年制"等青花款的小杯及康熙三十四年(1695)的《重建敕赐宁波府灵慈宫①记碑》,证明该建筑建于康熙年间。

（三）第五层叠压的建筑遗址

发掘揭露的第五层建筑遗址,其轴线上的布局与第四层建筑相同,唯月台有扩大,扩大后的月台,面阔 14 米,进深 4.2 米,面积 59 平方米。这次建筑采用了大量的砖饰和石雕龙柱,显得十分讲究。出土的龙柱上的铭文和道光年间的一批青花瓷证明,该建筑遗址重建于清咸丰年间,与文献记载相符。正殿东侧、东北角零星建筑均为清康熙以后所建。在建筑基址中清理了灰坑四个,其中一个属于第一次建筑时代,另外三个属于第三次建筑时代,这些灰坑中的出土物为断代提供了可靠的依据。出土遗物中,可以复原的器物共 520 余件,其中瓷器 352 件,有精美青釉的龙泉青瓷碗、盘、洗等制品。陶器(包括建筑雕刻构件)183 件,铜器 31 件,石器(包括碑志)35 件,其他文物 8 件。出土器物以景德镇的青花瓷为主,计 3000 件(片),其中有"康熙年制"年号款,有"大清丁未年制"干支款,有"玉石之堂"的堂名款,也有"宝鼎珍记""玉堂佳器"的题记和花押款,等等。龙泉窑青瓷占第二位,计 1000 余件(片),主要器形有葵瓣浅腹碗、盘、器盖、直腹三足炉、双鱼盘、洗、印菊花纹碗等,另外还有影青瓷、白瓷及黑釉瓷等。建筑构件中,以人物、花草、动物等为主题的砖饰、石刻更是丰富多彩。还有银薄片制的吉祥钱币如"天下太平""风调雨顺"等。

（四）会馆建筑之历史演变

这次对福建会馆遗址的考古发掘,共揭露出五层建筑遗址的叠压,伴出

① "灵慈"是历代帝王对妈祖数次褒封中所赐的其中一个封号,"灵慈宫"系福建妈祖祖庙第五代分庙。

的纪年器和出土物证明,叠压在最下面的建筑遗址是元代建筑,尚有三开间的大殿和前殿遗存,第三层叠压的遗址内涵物显示建筑年代为明代,说明元代到明代三次会馆建筑重建,规模并未扩大,均由前殿、正殿组成。[①]

揭露出的第四层叠压的建筑遗址,较之明代已有扩建,包括宫门、月池、前殿、戏台、正殿月台和正殿,虽然宫门基址已毁,仅存一角,但仍能复原,前殿、正殿面阔均由原来的三开间扩为五开间,新增的戏台、月台和月池使建筑群完全符合宫庙规制,出土的纪年器和石碑明确显示该建筑遗址为康熙年间的妈祖庙,是福建商人的聚集地。

最上面一层叠压的建筑遗址显示建筑工艺更为考究,增添了正殿东侧、东北角零星建筑,同时采用了大量的砖雕石刻对建筑进行装饰,包括石雕龙柱(均出自福建石匠之手)。建筑遗址内出土的公所、吊包、庆门等石质文物,是福建会馆存在的佐证。

(五)宫馆位置之讨论

这座由福建航海客商所建造的宫殿,从天妃宫到天后宫,宫殿的范围不断扩大,证明了宁波自元代后日益繁荣的对外交通贸易。经过对遗迹周边的现场清理,发现建筑遗址在元代罗城外,临奉化江岸边,这与清理的文化层堆积成斜坡式形成地势相吻合。通过对同样经过考古发掘的来安门(市舶务)城门段进行考证,天妃宫建在市舶务城门之北,大批元代石砌码头之西,来远亭的北首。这次天妃(后)宫殿大面积的揭露,勾画出元代市舶务城门、来远亭、码头与天妃(后)宫的位置布局。这座航运行业会馆正处在东门国际海运码头中间,是舶商活动的中心地,凸显了会馆重要的历史地位。[②]

---

① 林士民.宁波城市考古亲历记[M]//许孟光.宁波文史资料(第20辑).宁波:宁波出版社,2000:53-73.

② 林士民.再现昔日的文明:东方大港宁波考古研究[M].上海:上海三联书店,2005:323.

第二节　外地最早创建的宁波会馆

前浙江旅津同乡会会长张章翔先生对宁波帮有如下解释："宁波帮在旧社会商业上是有一定地位的,尤其在上海、天津、汉口三处,更为活跃。……宁波人足迹所及,几遍全国各城市。……宁波帮是以乡谊为基础,在业务上、生活上互相需要、互相结合的一个地域性团体。随着人的兴衰而兴衰,其有实际活动而无具体组织。因之,各地对宁波商人称之为'宁波帮'。"①宁波会馆就是在宁波帮的基础上建立起来的组织。

一、宁波盛产药材且药业发达

有研究者对 20 世纪初的浙江社会进行了经济调查,其中有浙江社会药材统计情况(见表 2.1),从中可看出宁波是盛产药材的地区。

表 2.1　20 世纪初浙江社会药材情况

	种类	产额/斤	价值	销路	销数/斤
天然品	厚朴	二千	每斤一角	广东、宁波、瑞安、平阳	本地约千 出口约千
	土茯苓	一万	每斤二分	天津、上海	本地约五千 出口约五千
	香附	六千	每斤三分	宁波、上海	本地约四千 出口约二千
	山楂	五万	每斤二分	宁波、上海	本地约二万 出口约三万
	银花	一万	每斤一角五分	本地(温州永嘉,下同)	一万
	黄枝	三万	每斤五分	宁波、上海、本地	本地一万三千 出口一万七千
	龙胆草	二千余	每斤一分四厘	宁波、上海、本地	二千余

---

① 陈礼章,胡亚伟,张福宏.津门宁波人[M].宁波:宁波出版社,1999:7-8.

续表

种类		产额/斤	价值	销路	销数/斤
天然品	乌药	二万余	每斤二分	宁波、上海、本地	本地万余 出口一万
	前胡	一万	每斤四分	宁波、上海、本地	一万
	郁金	一万	每斤七分	宁波、上海、本地	本地六万 处州、瑞安十一万
	黄精	二万	每斤一角	牛庄、宁波、上海	本地一万 出口一万
	浮海石	一万	每斤五分	牛庄、天津、宁波、上海	本地二千 出口八千
	萆薢	一万余	每斤三分	宁波、上海	本地五千 出口五千
	灵磁石	一万余	每斤五分	本地	全销本地
	天门冬	一万余	每斤一角一分	宁波、上海、本地	本地二千 出口八千
	贯仲	一万余	每斤一分	本地	全销本地
	百部	一千余	每斤八分	本地	全销本地
	首乌	二千余	每斤一角二分	本地	全销本地
	京竹茹	五十余	每斤三分	本地	全销本地
栽植品	白术	二万	每斤一角三分	牛庄、天津、宁波、 上海、本地	本地一万 出口一万
	青皮子	二万	每斤四分	牛庄、天津、 宁波、上海、本地	本地一万 出口一万
	括娄	千余	每斤二角	本地	一千余
	桑皮	万余	每斤一角	本地	一万余
	苡仁	二万余	每斤一角	宁波、上海、本地	本地二万,运由处 州、瑞安、泰顺三万
	茯苓	一万	每斤上三角四分, 中二角七分, 下二角五分	宁波、上海、本地	本地一万,运由处 州、泰顺十三万
	枳实	一万余	每斤六分	宁波、上海、本地	本地五千 出口五千

续表

种类		产额/斤	价值	销路	销数/斤
栽植品	佛手柑	一千余	每斤三角	木地	一千余
	藕节	一千余	每斤一角	本地	一千余
	莲须	一百五十	每斤四元	本地	一百余
	莲房	六百	每斤三分	本地	六百
	莲花	一千	每斤二分五厘	本地	一千
	槐花	二千	每斤四分	本地	二千

来源:汪林茂.浙江辛亥革命史料集(第一卷):20世纪初的浙江社会[M].杭州:浙江古籍出版社,2014:11-12.

作为中国大运河南端出海口和海上丝绸之路起航点,宁波从唐代开始就在贸易中扮演了一个特别重要的角色,通过河海联运,明州港承载了包括药材在内的大量商品的输出和输入。一些珍贵药材和青瓷、丝绸及茶叶等不仅在全国各地进行贸易,还远销国外。现在日本、韩国、新加坡等国打捞出的古代沉船上还发现有大量的药材和香料。[①]

在明天启时,宁波药材商聚集于城区药行街,同乡同行的宁波商帮互相沟通支持,让宁波药业成为全国药业的领头羊,以宁波城内为基地,通过浙东运河和京杭大运河等,将市场拓展到京城及各大城市。

据《中国药业史》记载:"北京在洪武初年,人口不过数万。经过近200年后,在嘉靖年间(1522—1566)已增至百万。加之皇宫消费,北京已成为一个庞大的消费市场,商号在永乐(1403—1424)初尚少,中期后显著增加,嘉靖年间已形成商业区。有粮、盐、布、棉、茶、纸、玉器、香、糖、酒、裱褙、染、饮食、珠宝、生药这15个较大的商业行业,各地药材源源不断运进北京,药业迅速兴旺,并建立了药行商会,药业成为15个大的商业行业之一,著名的大药铺,有永乐年间开业的万全堂,嘉靖五年(1526)开业的西鹤年堂,万历年

---

① 陶红亮.海洋传奇:海上丝绸之路[M].北京:海洋出版社,2017:94.

间的永安章、王回回膏药铺、马思远药锭。"①

宁波帮商人经营药业的悠久传统和迅猛的发展势头,体现在明代北京的药行会馆由宁波药业商人创建,并冠之以"鄞县"之名。清代经营药业的宁波帮商人以来自鄞县和慈溪两县居多。② 最为著名的有慈溪乐氏、童氏、董氏及叶氏、杜氏等家族。

童聚培(1674—1740),字天因,出身于慈溪经商世家,他经营的商业除典当外,尚有金珠、参药、半谷、木植、靛青、桐油、柏油及估衣、酿酒等,设行铺于兰溪、苏州以及山东的登州、莱阳,"其贸迁所至,不惮涉历江海,于京师西四牌楼北街设药肆,亦尝亲往经理也"③。乾隆四十八年(1783),童在厚(字善长)继承祖业后携资旅沪谋发展,专做中药材批发,盘进上海小东门"竺涵春"中药铺,改名"童涵春",研制的人参再造丸、太乙保珍膏等专有中药制品,奠定了童涵春堂国药号的业务基础。第四任经理童祥权(1842—1904,又名三茂),经营童涵春堂40余年,使之发展成为沪上著名的国药号。同时,协助族人于光绪三年(1877)在苏州道前街开设童葆春药铺、在上海朱家角大新街开设童天和国药号,于光绪六年(1880)在江苏常熟开设童葆山药铺。④

慈溪著名商人董杏芳,号棣林,乾嘉时期多次经陆路或海路到辽东宁古塔等地采办参药,再贩到苏州等地销售,成为巨富后在上海开设董萃记宁波船号,并于嘉庆二十四年(1819)组织宁波帮船商在上海创办浙宁会馆。该家族成员还有:董国华(1679—1750),字德仪,成年后在崇川药肆经商,该药店由董氏家族董晋良所创办⑤;董倬云(1782—1860),字瑞青,"尝入山采办药材,远之齐鲁"⑥。

最著名的家族为明嘉靖年间慈北乐家畈(即今慈溪市掌起镇鹤凤村)的

---

① 唐廷.中国药业史[M].北京:中国医药科技出版社,2003:98-99.
② 张守广.宁波商帮史[M].宁波:宁波出版社,2012:128.
③ 徐珂.清稗类钞(第5册)[M].北京:中华书局,2010:2297-2298.
④ 孙新土.樟香留影:庄桥人文视角[M].宁波:宁波出版社,2007:4.
⑤ 董兰如.慈溪董氏宗谱(卷20)·赠儒林郎德仪公传[Z].活字本.宁波:天一阁,民国.
⑥ 董兰如.慈溪董氏宗谱(卷20)·瑞青公传[Z].活字本.宁波:天一阁,民国.

乐氏家族。乐氏家族在明代永乐年间移居北京,原以串铃走方医为业。清初有族人乐尊育(1630—1688),喜欢鉴诵医书,能辨别草药种类及性能,依旧方炮制丸散诸药,为人治病,成为太医院吏目。康熙八年(1669)创办北京同仁堂药室,后又开万全堂药铺。同仁堂和万全堂皆信誉卓著,尤以丸、散、膏、丹诸药物著称于世,并承办官药,到雍正年间,同仁堂开始供奉御药房。

慈溪人擅长药业经营的例子不胜枚举,他们到各地经销药材,创办药行。如慈溪鸣鹤乡人叶培心,康熙四年(1665)在温州开设叶同仁堂;慈溪人杜景湘,乾隆初年在绍兴创办著名的中药店震元堂;慈溪人叶谱山,嘉庆十三年(1808)在杭州创办叶种德堂药号。

二、宁波人在外地创立的第一个会馆——四明会馆

鄞县会馆(四明会馆前身)由宁波药材业商人于明天启、崇祯年间在北京设立,是宁波人在外地创立的第一个同乡会馆。今坐落在北京右安门郭家井2号的四明会馆旧址里有旅京宁波同乡会篆刻的于民国十三年(1924)所立的《四明会馆碑记》,碑文云:"京师之西南隅多隙地……有旧名鄞县会馆者,相传为明时吾郡同乡之操药业者集资建造,以为死亡停柩及春秋祭祀之所。"[①]鄞县会馆的设立,现被公认为是宁波帮组织初始形成的重要标志。

四明会馆旧址里,另有一方立于清道光十五年(1835)的《鄞县会馆碑文》碑石,碑文云:"盖闻:掩埋为仁政之先……其间寿夭不一……是以建置义园,盖为无力者计。又有濡滞未归,亦须暂为停厝,以避燥湿而蔽风雨。故于义园中添设房舍,为将归者少息之所。凡此皆以悯暴露而安旅魂也。吾鄞县会馆,创自前明,久经颓废。国初时,吾乡大理卿心斋陈公,始力整理,阖邑赖之。阙后经久,渐即倾圮,复赖张公讳镰者,倡率募捐,重为修葺,俾得至于今弗坏。……爰集同乡,敦桑梓之谊……庶俾葬有归,停有所寄,更议岁时设享,妥厥旅魂。"[②]通篇碑文,用了很多的文字来讲建设会馆的最重要目的是"停有所寄,更议岁时设享,妥厥旅魂",同时也说明了道光时期

---

① 中共宁波市鄞州区委党史办公室,宁波市鄞州区人民政府地方志办公室.鄞州记忆:百姓修志文集[M].杭州:浙江人民出版社,2013:255.

② 陈守义.鄞县籍宁波帮人士[M].北京:中国文史出版社,2006:251.

的鄞县会馆就是"创自前明"的"鄞县会馆",以及宁波籍大理卿陈心斋等曾为会馆所做的募捐、修葺等工作。

从《详细帝京舆图》中可以看到,清光绪年间在京城的宁波会馆共有9处,包括各县自己建造的各种性质的会馆,有科举试馆、同乡会馆或商帮行业会馆,也有综合的包括以上二至三种性质的地域性会馆。最早设立的鄞县会馆不仅为同乡之旅寓者提供膳宿,增进乡谊,而且设有义园,以供"停枢及春秋祭祀"。民国战乱后,京城宁波会馆减至4处:除鄞县会馆外,还有宁波会馆、慈溪会馆和镇海会馆。民国十三年(1924),鄞县会馆改称四明会馆。

陈心斋(1658—1716),即陈汝咸,鄞县西乡后弄(今龙观乡境内)人,后迁郡城之月湖,少时讲学于甬上证人书院,学者称"月湖先生"。清康熙三十年(1691)进士,入选翰林院庶吉士,康熙三十五年(1696)任福建省漳浦县知县。陈汝咸一生清廉,积劳成疾病逝时,检其囊衣,仅一串铜钱而已。

陈汝咸在京为官时特别注重同乡情谊,曾谋划重置鄞县会馆,称鄞州西馆,惜未能如愿。在京师的许多鄞籍官宦,往往如陈公一样,担任鄞县(四明)、宁波会馆的主事,以利号召和团结同乡。"从正史中收录到自唐至清时宁波府进士(不含荐举、右榜进士、武进士)2481名,其中鄞县居首,达1030名,占41.6%。在这千余名鄞籍进士中,入朝廷各部主政等成就卓著而入《宋史》《元史》《明史》及《清史稿》者,多至48人,实属罕见。鄞县及宁波府、县会馆则以此为荣,往往或撰文介绍,或悬挂鄞(甬)人'状元及第''探花及第'等金匾,以示甬商亦儒亦贾之风雅。"①可以推测,当时的鄞县会馆极有可能兼作科举试馆。

---

① 中共宁波市鄞州区委党史办公室,宁波市鄞州区人民政府地方志办公室.鄞州记忆:百姓修志文集[M].杭州:浙江人民出版社,2013:255-257.

第三节　浙慈会馆:宁波人在外地创建的
第一个手工业会馆

从《四明会馆碑记》还可知,当时的鄞县会馆属于以商人为主的同乡会馆,另有稍晚于鄞县会馆的浙慈会馆,是宁波人在外地创建的第一个手工业会馆。浙慈会馆又名浙慈馆,由慈溪成衣行手工业者于清顺治年间在北京设立,坐落在今北京前门外晓市大街 129 号。

历史上的宁波,素以人杰地灵、富庶安泰而著称,但历经六朝纷争、宋都南迁和明清换代之乱,导致三次人口大转移,使原本地广人稀的江南僻壤,一下子变得地狭人稠。人口激增,地产难以糊口,迫使有着冒险、闯荡精神的宁波人,离乡背井奔向四方。宁波人中历尽艰险外出谋生拓展生存空间的,大多是拥有一技之长的手艺人,即俗称的"三把刀"(剪刀、菜刀、剃头刀)者。明朝时政府实行"海禁",中外贸易中断,使宁波延续了几百年的繁华渐渐衰落,大批宁波商人前往其他沿海地区与内陆各省寻找商业机会,他们从陆路向西、向北移动,有的留足上海,有的继续北上,直至最终在北京落脚、创业。稍有收获,即提携乡邻共图发展,逐渐形成在外埠的宁波商帮如本帮裁缝(做中式服装)群体。同时,明政府的迁都为宁波成衣业带来发展机遇。迁都之前,明政府曾组织多次大规模的移民以改善北京人口不足的状况。明政府还鼓励全国各地的工匠和商人到北京发展,先后在皇城四门、钟鼓楼、东四牌楼、西四牌楼等地附近修建民房,一部分召民居住,一部分招商居货。宁波成衣业在北京的初步发展便是从明政府迁都至北京开始的。

来到北京营生的商人从事门类众多,至明末清初,宁波籍经商者已初成气候,而从业相对集中、人气比较旺的则是成衣匠,也就是现在所说的宁波本帮裁缝。他们在北京从事成衣业,当在清康熙中叶,即 17 世纪 80 年代前后,其中又以最早到达京城的慈溪人居多,且从业人员逐年增加,数量相当可观。因他们擅长制作京城人喜爱的适合各色人等身份的中式礼服与常服、公服与私服、男服与女服,故生意兴隆,衣食无忧。据钱泳《履园丛话》记载,清初北京的成衣行,虽然各省人都有一些,但绝大部分是慈溪人,他们几乎垄断了京城的成衣业。

浙慈会馆是以地域为纽带联络同乡共业人员的公益机构。会馆的成立一方面加强了宁波成衣业的凝聚力,另一方面则规范了从业人员的行为,为宁波裁缝在京的发展提供了保障。北京的成衣业存在着激烈的竞争,宁波裁缝初期发展并不顺利,再加上北京本地裁缝或其他外地裁缝的欺压和排挤,为了生存他们不得不寻求出路。会馆便是他们为寻求出路、保护自身利益而建立的行会组织。《财神庙成衣行碑文》写道:"京师城内,商成衣业的逐步形成,带来的是行业可能出现的无序竞争;从业人员的扩充,尤其是同乡的剧增,亟需有个团体予以凝聚,以加强联络,团结互助,相互帮衬,共谋发展。"①

浙慈会馆创办之后,慈溪裁缝一直垄断着北京的成衣业,并于清道光二十九年(1849)对浙慈会馆进行修缮,还立《重修财神庙碑》昭知后人。清光绪十六年(1890),由朱新年等73位裁缝捐银682两,钱5337吊,共用银1952两,对会馆又一次进行了重修。

清光绪三十一年(1905)又立《财神庙成衣行碑》,碑文云:

> 盖自开辟以来,盘古至今,三皇治世,五帝定伦,种五谷以养民食,造衣服以遮身体,覆载群生,无不美善。幸经前成衣行会首,在于京师城内外,商同各铺掌柜、伙友出资,当时成衣行,皆系浙江慈溪县人氏,来京贸易,教道各省徒弟,故名曰浙慈馆,专归成衣行祀神会馆。历年行中唱戏庆贺,神灵默佑。殿宇楼房、三皇殿、老爷殿、配房、大门,年久失修,众会首、本馆住持僧人,目睹情形,坐视不忍。众会首商同本行城内外各铺户伙友,量力捐资重修。于光绪十六年六月吉日动工修起,直至十八年陆续工程告竣。众会首诚恐年深日久,后来接办之人无所考查,故此勒碑刻铭,以垂久远。庶后来接办之人,观此碑文,可

---

① 宁波市政协文史委.宁波帮与中国近现代服装业[M].北京:中国文史出版社,2005: 7-9.

仿照旧章承办矣。①

由碑记可知,浙慈会馆是由在京宁波人各店铺掌柜、伙友共同出资建造的,他们来京贸易,为全国各省徒弟传授技艺;会馆规模相当大,有殿宇、戏楼、三皇殿、老爷殿、配房等,成衣行供奉三皇为祖师爷。

浙慈会馆是旅京宁波成衣行商人的主要活动场所,并成为宁波帮裁缝业向外开拓的发祥地。

---

① 彭泽益.清代工商行业碑文集粹[M].郑州:中州古籍出版社,1997:13.

第三章　近代宁波本地的会馆

近代宁波本地的会馆遗存按主办方可分为甬商会馆和外商会馆两类。甬商会馆即宁波商人主办的会馆,典型代表有宁波南北号商帮、钱业商帮及药业商帮建造的宁波庆安会馆、安澜会馆、钱业会馆和药业会馆等。外商会馆即外地商人主办的在宁波建设的会馆,主要有福建会馆、岭南会馆、连山会馆、新安会馆、仁济会馆等会馆以及江苏同乡会、泉州同乡会等同乡会。

第一节　民国时期宁波本地行业会馆

宁波历史上有不少重要的会馆建筑,至今能作为行业代表的应该是世界文化遗产庆安会馆,另外有被列为全国重点文物保护单位的钱业会馆和市、区级文物保护单位安澜会馆、药皇殿等。这些会馆各有其独特的建制、鲜明的风格和深厚的地域文化内涵。

民国初期,由于资本主义列强的入侵,宁波地区一些传统的会馆、公所逐渐被同业公会所取代,同一个区域内不再出现一业多会的局面。同时,由于政府对同业公会的强制性干预,同业公会最后还被归入宁波商会。新式的同业公会已经成为服务于资本家的组织,入会门槛很高,将雇工拒之门外。旧时的行业会馆已经分化为为业主服务的同业公会和为雇工服务的产业职业工会组织。

　　根据《鄞县通志》,依据宁波商会同业公会登记册,民国二十四年(1935)宁波共有 65 个同业公会,详见表 3.1。

表 3.1　宁波同业公会概况表(1935 年)

序号	名称	会址	成立年月	会员人数/人
1	织造业同业公会	聚奎庙	民国十九年(1930)十一月	113
2	西药业同业公会	二境庙	民国二十年(1931)一月	36
3	海味业同业公会	双街	民国二十年一月	3
4	竹骨业同业公会	华楼庙	民国二十年一月	8
5	筒花业同业公会	捧花桥	民国二十年一月	91
6	当业同业公会	冲虚观前	民国二十年一月	3
7	医园业同业公会	迎春弄	民国二十年一月	47
8	肉业同业公会	双街	民国二十年一月	56
9	钱业同业公会	钱业会馆	民国二十年一月	97
10	草帽业同业公会	江北岸外滩	民国二十年一月	38
11	铁行业同业公会	太保庙	民国二十年一月	34
12	绸布业同业公会	国医街	民国二十年一月	75
13	水果地货业同业公会	崔衙前	民国二十年一月	37
14	鲜咸货行业同业公会	双街	民国二十年一月	25
15	篾竹业同业公会	鲁班殿	民国二十年一月	117
16	桶钵业同业公会	鲁班殿	民国二十年一月	56
17	闽广拆兑业同业公会	滨江庙	民国二十年一月	33
18	药业同业公会	连山会馆	民国二十年一月	65
19	南北糖货业同业公会	滨江路	民国二十年一月	21
20	川广杂货业同业公会	崔衙前	民国二十年一月	19
21	米店业同业公会	西殿庙巷	民国二十年二月	85
22	洋广货业同业公会	桃花渡	民国二十年二月	43
23	纸店业同业公会	扒沙巷	民国二十年二月	51

续表

序号	名称	会址	成立年月	会员人数/人
24	人力车业同业公会	开明坊	民国二十年二月	25
25	闽货业同业公会	福建会馆	民国二十年二月	
26	米业同业公会	双街	民国二十年二月	87
27	木器妆奁业同业公会	九如坊	民国二十年二月	107
28	报关业同业公会	同兴街	民国二十年二月	52
29	棉业同业公会	建船厂跟	民国二十年二月	24
30	参燕业同业公会	崔衙前	民国二十年二月	20
31	煤炭业同业公会	水陆财神殿	民国二十年二月	22
32	卷烟业同业公会	廿条桥	民国二十年二月	71
33	烛箔业同业公会	东门后街	民国二十年二月	39
34	油业同业公会	宫前	民国二十年二月	22
35	提庄业同业公会	棋杆夹巷	民国二十年二月	35
36	板木业同业公会	大梁街	民国二十年三月	37
37	钟表眼镜业同业公会	东大街	民国二十年三月	37
38	糖色熟货业同业公会	大道头	民国二十年四月	30
39	染坊业同业公会	毓嘉庙	民国二十年四月	20
40	南货业同业公会	协忠庙	民国二十年四月	25
41	鲜咸货铺业同业公会	全家湾	民国二十年四月	85
42	油酒杂粮业同业公会	同兴街	民国二十年四月	25
43	五金业同业公会	东大街	民国二十年四月	18
44	铜锡器业同业公会	西马巷	民国二十年四月	39
45	茶漆业同业公会	后市	民国二十年四月	33
46	新衣业同业公会	济神庙跟	民国二十年四月	30
47	建筑业同业公会	南昌巷	民国二十年五月	22
48	靛青颜料业同业公会	毓嘉庙	民国二十年五月	16
49	烟酒杂货零售业同业公会	三角地	民国二十年五月	59
50	内河汽船业同业公会	大河桥	民国二十年六月	25

续表

序号	名称	会址	成立年月	会员人数/人
51	瓷器业同业公会	灵桥门	民国二十年六月	35
52	磨坊业同业公会	后塘街	民国二十年六月	29
53	门庄南北货业同业公会	崔衙前	民国二十年六月	15
54	砖瓦石灰业同业公会	新河头	民国二十年六月	41
55	冰厂业同业公会	三官堂	民国二十年七月	39
56	国药铺业同业公会	君子营	民国二十年七月	112
57	席业同业公会		民国二十年七月	24
58	装池业同业公会	药行街	民国二十年七月	22
59	荤素菜馆业同业公会	日新街	民国二十三年(1934)七月	153
60	草纸业同业公会	外濠河	民国二十二年	11
61	酒行业同业公会	双街	民国二十三年	35
62	机器碾米业同业公会	黄古林	民国二十二年(1933)七月	191
63	石板行业同业公会	砖桥	民国二十四年(1935)三月	44
64	茶食批发业同业公会	太平巷	民国二十四年七月	60
65	自由车业同业公会	县党部	民国二十四年七月	(人数未报送到会)

来源:张传保,赵家荪,陈训正,等.鄞县通志(第二):政教志[M].影印本.宁波:宁波出版社,2006:1531-1535.

民国十六年(1927),在中国共产党的领导下,由雇工等劳动人民组成的宁波行业团体成立,被称为产业职业工会。据《鄞县通志》记载,依据鄞县县党部档册,民国二十四年(1935)宁波共有产业职业工会18家,详见表3.2。

表 3.2 宁波产业职业工会概况表(1935 年)

序号	团体民称	会址	成立年月	会员人数/人
1	鄞县纺纱业产业工会	和丰纱厂跟	民国二十年(1931)九月	936
2	鄞县米业短班业职业工会	江东永利庵	民国二十年三月	400
3	鄞县石匠业职业工会	天封桥鲁班殿	民国二十年一月	462
4	鄞县脚夫业职业工会	江东五圣庙	民国二十年十二月	494

续表

序号	团体民称	会址	成立年月	会员人数/人
5	鄞县码头业职业工会	江北封仁桥	民国二十年四月	405
6	鄞县屠夫业职业工会	天宁寺桥拗花巷	民国二十二年(1933)七月	
7	鄞县派报业职业工会	廿条桥群学社	民国二十年二月	55
8	鄞县大木业职业工会	天封桥鲁班殿	民国二十年五月	56
9	鄞县民船船员业职业工会	江北岸杨善路	民国二十年二月	414
10	鄞县米行业栈司业职业工会	忠佑庙	民国二十年一月	239
11	鄞县内河搬运业职业工会	引仙桥	民国二十年三月	56
12	鄞县箔类劈剪业职业工会	包家道头	民国二十年一月	55
13	鄞县茶炉子司友业职业工会	镇明路	民国二十年三月	145
14	鄞县制香业职业工会	迎风桥	民国二十年八月	112
15	鄞县草泥班业职业工会	舒港岸	民国二十年九月	52
16	鄞县印刷业职业工会	江北岸华达印刷公司	民国二十年五月	176
17	鄞县竹骨业职业工会	东大街施顺兴内	民国二十年八月	90
18	鄞县人力车夫业职业工会	县学街旧郡庙	民国二十三年(1934)十二月	

来源:张传保,赵家荪,陈训正,等.鄞县通志(第二):政教志[M].影印本.宁波:宁波出版社,2006:1545-1547.

第二节　宁波商人主办的典型会馆遗存

在宁波市区由宁波帮商人主办的会馆,现今保存完整的主要有庆安会馆、安澜会馆和钱业会馆。作为研究宁波会馆文化的重要载体,这些会馆不仅提供了一批历史资料,而且保存的建筑、碑刻等都是十分珍贵的文物,成为研究会馆历史文化的实物例证。

一、庆安会馆(北号会馆、甬东天后宫)

在清代,经营南方贸易的被称为"南号",主要经营福建的木材;而经营北方贸易的被称为"北号",主要经营齐鲁特产。昔日荒凉的宁波江东地方,因南、北号商船停泊于此,成为商人们争相开店的黄金地段和最繁荣的帆船港之一。

作为一种独特的历史遗存,宁波的会馆宛如饱经岁月沧桑的老者,曾几度辉煌、几经磨难,却仍巍然屹立,被人称作历史文化的"活化石"。宁波的甬商和全国各地来宁波进行商业活动的外商们进行频繁集结和流转,造就了宁波灿烂的会馆文化。随着岁月的流逝、城市的变迁,宁波遗存于世的甬商会馆建筑已为数不多,现存最完整的会馆建筑当数庆安会馆。

庆安会馆又名北号会馆,即天后宫,因位于浙江省宁波市区三江口东岸,故名甬东天后宫,是福建人沈法询捐宅为庙、创殿设像的宁波第一座天妃宫的分支。庆安会馆为甬埠行驶北洋的舶商所建,始建于清道光三十年(1850),落成于咸丰三年(1853),是舶商航工娱乐集会的场合,位于中国八大天后宫和七大会馆之列。庆安会馆是江南仅存的两处融天后宫与会馆于一体的古建筑群之一,取名"庆安",寓"海不扬波庆兮安澜"之意。①

庆安会馆主体建筑坐东朝西,规模宏大,总面积约 8000 平方米,沿中轴线有宫门、仪门、前戏台、大殿、后戏台、后殿、前后厢房等建筑。作为宁波近代木结构建筑典范,庆安会馆宫馆合一、前后双戏台的建筑形制,国内稀有。用于祭祀妈祖和行业聚会时演戏用的两戏台,充分体现了天后宫与行业会馆双璧齐辉的特点。戏台木藻井用数百花板榫接而成,朱金俯面靓丽夺目。藻井四角是四只代表福祉的变形蝙蝠,戏台周围木栏上雕有若干个龙吐珠的形象。最令人惊叹的是戏台顶部四周的斗拱、挂落和花板,把宁波朱金木雕的精致工艺体现得淋漓尽致。花板使用浮雕手法,主要描绘了"三英战吕布"等三国故事,三条挂落则利用了透雕手法,雕出了三组双龙戏珠和凤戏牡丹图案;而斗拱则都化成龙头和一只只展翅的凤凰,"出将""入相"之处也做成龙状,背部的六幅侍女浮雕则更是惟妙惟肖。②

会馆宫门及正殿的梁架上,饰满了砖雕、石雕和朱金木雕,馆内的龙凤石柱、砖雕宫门、戏台木藻井堪称浙东雕刻"三绝"之典型。正殿一对蟠龙石

---

①　黄浙苏,钱路,林士民.庆安会馆[M].北京:中国文联出版社,2002:2.
②　黄浙苏.宁波天后宫雕刻特色研究[J].莆田学院学报,2011(4):7-11.

柱和一对凤凰牡丹石柱,柱高4米多,采用了高浮雕和镂空相结合的雕刻技术,形态逼真,构思独特,配以精致的柱础,为国内罕见的石雕工艺精品,充分体现了清代浙东地区雕刻艺术的至高水平。其建筑之辉煌,反映了宁波北号海运业财气与文气之兴旺。由于其历史性、建筑科学性和独特的艺术价值,庆安会馆2001年被国务院公布为全国第五批重点文物保护单位。同年,改建为全国首家海事民俗博物馆。2014年6月,作为中国大运河航运管理机构成为世界文化遗产点。

会馆内部设航运行业董事会办公室,负责处理日常事务、解决行业纠纷、谋求业务发展。

二、安澜会馆(南号会馆)

南宋定都临安(今杭州),鼓励海上贸易,宁波港成为重要门户。唐宋闽甬商人贸易频繁,使得闽人把妈祖信仰带到宁波,建天后宫,求告海运平安、生意兴隆。从宋代至清代,朝廷对天妃多次褒封,从一般的"崇福善利"的褒赞提升到了"护国庇民"的褒扬。妈祖信仰来源于闽商,但上升到"护国庇民"的地位,则应该归功于元代宁波海上漕运的兴盛。

安澜会馆由宁波南号船商于清道光六年(1826)捐资兴建,世称"南号会馆"。取名"安澜",意在"仰赖神佑,安定波澜"。安澜会馆比庆安会馆早建成27年,也是同业航海之人聚会和祭祀妈祖的场所。整体建筑坐东朝西,依次为宫门、前戏台、大殿、后戏台和后殿,建筑面积达1700平方米。会馆内也建有前后两戏台,戏台玲珑精美,大殿气势宏伟,卷棚、雀替、栏额都有精致的朱金木雕和砖石雕装饰,其建筑风格与庆安会馆略同,山墙却为观音兜。安澜会馆原位于北号庆安会馆的北面,相距二三十米。2000年,因城市建设需要,宁波市政府将安澜会馆迁建于庆安会馆南侧,使两会馆珠联璧合,相得益彰。

安澜会馆又是祀神的庙宇,供奉航海保护神妈祖,每逢阴历三月二十三妈祖诞辰和九月初九妈祖升天日,航商、渔民聚集在会馆,演戏敬神、祭祀妈祖,庄重的崇拜祭祀典礼、热闹的民间庙会和丰富多彩的民俗表演,蔚为甬上之大观。

三、钱业会馆

清代钱业同业组织在江厦一带的滨江庙里设有公所,曾毁于兵火,后于同治元年(1862)由钱庄业筹资重建。至民国十二年(1923),因原有公所"湫隘不足治事",乃购置建船厂跟(今战船街)平津会房屋及基地一方,兴建新会馆,即如今的钱业会馆,至民国十五年(1926)竣工。它是往日宁波金融业集会、交易的场所。[①]

宁波钱业会馆占地1500余平方米,由楼阁和园林构成,内外环境幽雅,水陆交通便利,是一座青砖雕砌的中西合璧砖木结构建筑。前后两进,前进廊舍环绕,两旁有石刻、碑记,中有戏台;后进为议事厅,是旧时宁波金融业最高决策地,厅前亭园花卉,圆形砖窗嵌两条精雕盘龙,为中西合璧式的建筑风格,别具一番特色。钱业会馆是全国唯一保存完整的钱庄业的历史文化建筑,并于2006年被公布为第六批全国重点文物保护单位。

宁波的金融业向来以钱庄为主体,据《鄞县通志》记载,其盛时,资金在6万元以上的大同行有36家,1万元以上的小同行有30余家,最多时仅在市区就有钱庄160多家。宁波人一向以勤奋聪明、经营有方著称。清道光年间,宁波钱庄首创"过账制",即各行各业的资金收支,从使用现金改成借助钱庄进行汇转,实行统一清算。这意味着现代金融业的票据交换办法在我国的肇始,与英国伦敦1833年成立的票据交换所在时间上大致相同,而相比于纽约、巴黎、大阪、柏林等城市的票据交换所则要早得多。钱业会馆内有一通石碑详细记述了宁波金融业发展概况以及建馆始末。浙江兴业银行在民国二十三年(1934)的一份调查报告中说:"全国商业资本以上海为首位,上海商业资本以银行居首位,银行资本以宁波人居首位。"这表明了当时宁波商帮的实力和在中国经济发展中的地位。

(一)金融交易凌驾于上海

钱业会馆是昔日宁波金融业聚会、交易的场所。据《鄞县通志·食货志》的记载,甬上金融素以钱庄为枢纽,其最鼎盛之时,势力竟凌驾于上海、

---

①　许孟光.宁波揽胜[M].宁波:宁波出版社,1996:31.

武汉各埠,掌款达二三千万元。

(二)"过账制"等全国首创

甬上金融与他处相比有其独创性。首先,其他地方的交易均以现金作为通用的货币,而宁波则不用现金,采用"过账制";其次,内地和上海通用银两时,宁波早在嘉庆年间就流行银圆,比其他各埠要早一百年;最后,内地的利率皆按年月来计算,而宁波因为钱庄遍地皆是,故独自奉行"日折"。

钱业会馆是昔日宁波金融业发展的缩影,它从一个侧面反映了宁波金融业的概貌,对研究我国尤其是宁波的金融业发展和贸易史有重要的作用。

四、宁波药业会馆(药皇殿)

宁波药业会馆又称药皇殿,全称"药皇圣帝殿",是一座纪念神农氏的殿堂。药皇殿始建于清康熙四十七年(1708),在太守陈一夔及商士曹天锡、屠孝澄捐资赡田的帮助下奠定规模,可惜该建筑在雍正九年(1731)毁于大火。次年,新太守曹秉仁,与商士曹天锡、曹奇锡商量,重修药皇殿,他们试图在旧有规模上再添新意。整个修缮过程历时9年,在乾隆六年(1741)才正式竣工。道光五年(1825),药皇殿扩大规模,"尽妍而极巧",落成之日,增荣益观。这座建筑一直保存到今天,位于宁波市海曙区华楼巷98号,宁波市天一广场西北侧,2001年海曙区人民政府公布宁波药业会馆为区级文物保护单位。

宁波城内这座药皇殿有一通嘉庆十二年(1807)立的药皇殿祀碑,上书:"甬江航海通衢,货殖都会,商皆设有会馆,以扼其宗,则纲举而目张。兹药皇圣帝殿,吾药材众商之会馆也。"清咸丰、同治年间,宁波中药业发展较快,盛极一时。聚兴、懋昌、源长、慎德堂等50余家药行会聚药皇殿门口的砌街(药行街前身),北京同仁堂、天津达仁堂、杭州胡庆余堂等老字号也派员长驻此地办货。宁波一度成为全国中药转运集散中心、东南药材中心。民国十八年(1929),因中药商铺聚集而改名为药行街,沿用至今。药皇殿作为近代宁波南北药材流通、名医坐堂、同业集会议事场所,香火鼎盛。药皇殿的附属建筑即连山会馆,在神殿之侧有门可通,乃是药商行会组织,内设有药业子弟学校,并有"临安会"民间志愿救火团体,还有"养生所"供病残药业职工休养以及处理死亡后事。此处还有"同善会""同庆会"等民间慈善团体，民国三十二年(1943)有会员578人。

药皇殿现今尚存的主体建筑的大殿，占地约1600平方米。在建造天一广场时对药皇殿进行了修缮，保留了殿内许多精美的木雕、石雕、砖雕等图案，并重塑了药皇神农氏像。现存建筑包括前后三个殿堂及西厢房。其中最有特色的是朝南砖刻门楼，四围有高达8米的清水砖墙，仅开一道石库门，正面的仿木结构雕刻墙檐斗拱保存完好，巧施刀凿的门额刻"峻极于天"四个大字。走进药皇殿，迎面红漆贴金牛腿柱拱支撑起硬山式三间二层的前殿，这里原是药商们的待客议事之所。后殿是昔日供奉药皇的神殿，中央高坐披发赤脚的药皇塑像，28根柱子承托这座气势宏大的殿堂，殿堂中心的4条金刚柱，由长12米、直径1.58米的巨木构筑，下置硕大的石础和覆盆。殿内外木雕、砖刻、石雕、梁枋、雀替、门楣、古碑、匾额依然光彩。方形石柱上的楹联刻"百卉正名道宏太始天无策，三愤稽古治焕人皇政典书"。炎帝药皇千古不朽的业绩，在这座现代与古代文明交相辉映的城市木构建筑中娓娓道来。药皇殿另存清代碑刻5块，记载相关历史，在《甬城现存历代碑碣志》一书中可以全部找到。

继药皇殿和药业会馆建立之后的宁波城内，乾隆三十五年(1770)寿全斋药行开张，道光十年(1830)又有香山堂开张，咸丰元年(1851)冯存仁堂开张，光绪七年(1881)赵翰香居开张。此后建于同治十三年(1874)的杭州胡庆余堂和北京同仁堂、天津达仁堂、上海童涵春堂与蔡同德堂等无不长年派驻员工在宁波药皇殿坐庄理货，上海的四大国药店创立者清一色全是宁波帮人士。除宁波外，这些药行还遍及朝鲜、日本等，同时注重本地药源的开发，从元代时的31种、清代初年的68种、清晚期的112种，增加至民国时期的252种。

曾经辉煌的药皇殿，终因历史风雨不免失色。据上一辈回忆，抗日战争以后，殿内的戏台不再做戏，神像也不知所终，仅作名医坐堂和药业会馆，如住在应家弄的国医成瑞祥，就是在药皇殿坐诊十余年。

五、奉化商帮仁济公所

光绪二十二年(1896)，奉化人孙德昭等购置宁波城外扒沙巷长春堂地

方滨江涂地 3 亩余,平屋 2 间半,埠头 1 所,又购置江北岸浮石亭(义庄巷)①
童家边涂地 3 亩余,大小房屋 40 余间,设立仁济公所,作为奉化籍同乡外出
谋生病故、灵柩回乡暂殡之所。

　　仁济公所由孙德昭任董事。规定外地客柩运回,由公所接留、殡寄,按
柩造册,签派司事到当地核查。如确因客柩家眷无力领回的,酌给川资;如
一时无力领葬的,殡满一年将该柩运至大桥、大埠头、西坞三处义山埋葬。
立石标记,以备日后亲属认领、迁葬。

六、奉化旅甬同乡会

　　据民国《鄞县通志·政教志》记录,奉化旅甬同乡会成立时间为清宣统
元年(1909),会址设于宁波市城内碶石街口,以团结同乡团体、共谋同乡利
益为宗旨。全体会员大会选举委员,执行会内一切事务,设委员 18 人,其中
主席 1 人、常务 3 人,名誉董事无定额。会费由会员捐纳。

　　但据《奉化市志》记载,奉化旅甬同乡会民国十四年(1925)成立,孙表卿
任会长,地址在宁波应家弄事务所。民国三十六年(1947)在宁波碶闸街重
新成立,毛林卿任理事长,毛翼虎为会务主任。②

　　二者记录成立时间略有出入,地址应是一样的,宁波话里"石""闸"
同音。

七、象山旅甬同乡会

　　据《象山县志》记载,"象山会馆在宁波府城英烈汶济庙旁。民国二年
(1913),合县公议,以六邑财产分款为本,并捐募一万一千五百七十三元,购
民房置"③。民国二十二年(1933),象山旅甬同乡会在象山会馆成立,该会以
联络同乡感情、发挥自治精神为宗旨。会员大会直接选举组织执行委员会
及监察委员会。会费由会员捐助。

八、宁海旅甬同乡会

　　宁海旅甬同乡会于民国二十年(1931)十一月成立。会址在宁波市大梁

---

① 经实地调查,旧址尚在,目前改称义庄巷。
② 胡元福.奉化市志[M].北京:中华书局,1994:522.
③ 陈汉章.象山县志(中)[M].北京:方志出版社,2004:886.

街尽头。同乡会以团结同乡团体、共谋同乡利益为宗旨。会员大会选举执监委员,由委员会推举常务委员主持会内日常事务。经费初由各委员每月指定捐助,后由各委员入会费项下支持。

第三节 外地商人在宁波主办的会馆

一、民国时期外地商人在甬同乡会概况

宁波市区内由外地商帮主办的会馆,主要有闽商会馆、岭南会馆、连山会馆、新安会馆、泉州会馆、三山会馆和各种同乡会,是来自不同地方的商帮,为了维护各自商团的利益而组建的。很多闽商则通过象山港的海运直接进行南北货物交流,同时供奉天后妈祖,以确保航运安全。闽商在象山石浦创办的泉州会馆、三山会馆和福建会馆等至今都有遗迹可寻,有的已经修复。

这些会馆既有商业会馆也有同乡会馆,是商帮的政治、经济与社会活动场所,近代很多重大历史事件和重要历史人物都与会馆有关,同时这些会馆也为我们研究外地商人在宁波城内所建会馆的历史,包括经商历史、建筑历史和宁波与全国各地会馆(同乡会)的关系史等,提供了强有力的实物例证。

据《鄞县通志》记载,民国二十四年(1935)宁波有本地各县和外地旅甬的同乡会共8个,详见表3.3。

表3.3 在甬同乡会团体概况表(1935年)

序号	团体名称	地址	成立年月	宗旨	组织	经费
1	江苏旅甬同乡会	江北岸车站路升平坊	民国十三年(1924)春成立,二十二年(1933)四月改组	团结同乡、灌输三民主义、救济同乡	由会员大会选举会长一人,副会长二人,董事九人,理事七人	会中经费由下列各费充之:(一)常年费四元、二元、一元二角四种,由会员就各个人之经济力自认缴纳之;(二)自由捐,由会员自由认捐;(三)劝募,由会员向各方劝募之

续表

序号	团体名称	地址	成立年月	宗旨	组织	经费
2	奉化旅甬同乡会	碶石街	清宣统二年(1910)创设奉化会馆,民国十二年(1923)改为奉化旅甬同乡会,二十二年(1933)就会所原址改建	固结同乡团体、共谋同乡利益	由全体会员大会选举委员,组织委员会、执行会内一切事务并敦请特别永久名誉董事监察一切会务。委员会设委员十九人,主席一人,常务三人,名誉董事无定额	会中常年经费由会员捐纳之
3	台州旅甬同乡会	万寿寺	民国二十二年(1933)十二月	团结同乡、联络感情、灌输三民主义、发扬自治精神	由会员大会选举执行委员十三人,候补执行委员五人,监察委员五人,候补监察委员三人	会中经费以下列各项充之:(一)入会费每人小洋银币六角;(二)常年费分一元、六角、四角三种,由各同乡会员自行认缴;(三)自由捐,由各会员自由捐助
4	绍属七县旅甬同乡会	江北岸浮石亭,另设办事处于法院巷律师公会内	民国二十年(1931)绍属同乡会重组,定名为绍属七邑旅甬同乡会,二十二年(1933)复行改组	联络乡谊、救济同乡、举办公益、力谋团结	会员大会为最高权力机关,由会员大会选举董事四十一人,执行委员九人,候补执行委员三人,分别设董事会及执行委员会	会内经费以下列各费之收入充之:(一)会费由会员就各个人之经济能力自认一种缴纳之:普通会费,每年缴纳一次,分五角、一元、三元、五元四种;特别会费,每年缴纳一次,其数额在十元以上者;永久会费,于入会时缴纳一百元以上者。(二)临时捐,由会员自由认捐或向外界募集之。(三)其他特种收入
5	象山旅甬同乡会	英烈街	民国二十二年(1933)六月	联络同乡感情、发挥自治精神	由会员大会直接选举执行委员、监察委员,组织执行委员会及监察委员会	会中经费以下列之款充之:(一)入会费,每人小银币二角;(二)常年费,分五角、一元、二元三等
6	金属旅甬同乡会	周桥街	民国二十二年(1933)十二月	团结旅甬同乡意志、发扬民族精神、举办公益相互救济	由会员大会直接选举执行委员九人,监察委员五人,候补执行委员三人,候补监察委员二人,组织执行委员会及监察委员会	会中经费以下列各款充之:(一)入会费,分一元、六角、二角三种;(二)常年费,缴小银币二角或一元至三元者为普通会员,于入会时一次缴纳二十元以上者为永久会员

续表

序号	团体名称	地址	成立年月	宗旨	组织	经费
7	宁海旅甬同乡会	大梁街	民国二十年（1931）十一月		由会员大会选举执监委员，由委员会推选常务委员主持会内日常事务	会中经费初由各委员每月指定捐助，后由各会员入会费项下支持
8	晋江旅甬同乡会	战船街	民国二十四年（1935）八月			

来源：根据《鄞县通志（第二）：政教志》整理。

二、外商在甬创办的典型会馆遗存

（一）福建（闽商）会馆

福建会馆的建筑相当壮观。在中轴线上有宫门、头大殿，后接戏台、甬道，直通大殿前大平台。根据考古发掘，大殿是五开间的宽敞殿宇，前有卷篷轩，大殿内外都雕栋画梁，十分辉煌。

（二）福建帮老福建会馆

福建商帮（海漕运业）于清道光年间，在宁波市区原木行路建会馆（天后宫），称老福建会馆。这里的规模不及江厦街福建会馆宽敞壮观，有宫门、戏台、二旁配有重楼的厢房（供观戏活动），主体建筑大殿及后殿均为五开间。惜在拓江东北路时被拆掉。

（三）广东商帮岭南会馆

广东商帮组织的岭南会馆，坐落在宁波市区原木行路庆安会馆北边，是清代广东籍盐商在宁波议事聚集、联络乡谊的场所，同时兼作交易、传递情报、住宿、娱乐之用。

（四）山东商帮连山会馆

山东连山商帮在宁波组织的连山会馆，成立于清晚期。会馆以团结同乡团体、共谋同乡利益为宗旨。办公地点在原战船街。

（五）徽州商帮新安会馆

宁波新安会馆在原战船街 1 号,20 世纪 70 年代会馆尚在。有台门、仪门、戏台和大殿,两旁为重楼厢房,后还有配房。台门上用磨砖雕刻"新安会馆"四个大字,周边嵌有砖雕饰。题材主要包括出行的贵族、砍柴的樵夫、耕种的农夫和骑在牛背上的牧童。四周用花卉虫鸟衬托,画面十分生动,具有徽州砖雕特色。惜在扩建和义路时被拆,现在只留下遗址。

（六）江苏旅甬同乡会

江苏旅甬同乡会于 1924 年成立。会址在宁波市江北岸车站路。以团结同乡、救济同乡为宗旨。由会员大会选举会长 1 人,副会长 2 人,董事 9人,理事 7 人。

（七）台州旅甬同乡会

台州旅甬同乡会于 1933 年 12 月成立。会址设在宁波市万寿寺。以团结同乡、联络感情、发扬自治精神为宗旨。由会员大会选举执行会员 13 人,候补执行委员 5 人,监察委员 5 人,候补监察委员 3 人。经费由会员捐献。

（八）绍属七县旅甬同乡会

1931 年,绍属同乡会重组,定名为绍属七县旅甬同乡会。会址在江北岸浮石亭义庄巷,市内法院巷设立办事处。以联络乡谊、救济同乡、举办公益、力谋团结为宗旨。由会员大会选举董事 41 人,执行委员 9 人,候补执行委员 3 人,分别设董事会及执行委员会。会费分为普通会费、特别会费、永久会费三种;临时捐费由会员自由认捐。

（九）晋江旅甬同乡会

晋江旅甬同乡会于 1935 年 8 月在宁波市战船街成立,会员以旅甬的福建晋江地区商人为主。以团结同乡、发扬自治精神为宗旨。

（十）象山石浦福建会馆

石浦是宁波港中的一个重要港埠,在明清时代许多泉州的船舶经常停泊象山石浦港,通过海运进行南北货物交流。

象山石浦福建会馆又称"东门妈祖庙",会馆是象山东门岛上的一座天后宫,由台门、戏台和大殿及左右重楼厢房构成。重建于光绪六年(1880)仲夏,"东门妈祖庙"五个大字由乡人赵云龙书。大门左右琢有雕刻,题词为"祷海汛大发奉妈祖,祈乡人平安荫子孙"。

(十一)象山石浦泉州会馆

象山石浦泉州会馆重建于光绪六年(1880),地址在今石浦镇东关路 72号,目前尚保存有大门后厅堂。

(十二)象山石浦三山会馆

象山石浦三山会馆建于清晚期。会馆仍保留了阴壁,在阴壁上保存了"三山会馆"四个大字。台门上刻有"天后宫"额,殿宇内陈列了妈祖鼎炉。"三山"即福建九仙山、闽山和越王山。

第四章　近代旅外宁波会馆

　　宁波素有经商的风气,这是一种自然与人文结合的海洋文化现象,尤其是明末清初经学家、"中国思想启蒙之父"黄宗羲明确提出"工商皆本"的思想以后,宁波的商业气氛更为浓厚。由于宁波商人善于开拓市场,他们的活动地域不限于北京以及沿海港口城市和长江中下游繁华城市,而是扩展到全国各地,以会馆为联络场所,结伙经商。至五口通商后,到处都印下了宁波人的足迹。

　　和其他商帮不同的是,宁波商帮更乐意从事与日常生活密切相关的营生,外向型地缘结构促使他们的经营方向由外至内,通过不断接纳、应用外来先进科学文化技术,发展壮大自己。宁波商帮独领风骚的态势在 20 世纪发生了转变,体现在他们走南闯北,将影响力扩散至全国乃至世界各地,而宁波帮商人发起创办的同乡会、会馆同样波及甚广、影响极大。

第一节　民国时期旅外宁波会馆

　　上海因与宁波邻近的地理位置,加上经济地位崛起迅速,清康熙年间吸引了众多宁波人前往"淘金",并形成甬沪之间单向的移民潮,上海成为宁波商帮主要的活动区域,也诞生了众多有影响力的宁波会馆。如嘉庆二年(1797),在黄元圭、潘凤占、王秉刚的提议下,捐资置地,创设四明公所。嘉庆二十四年(1819),在关外、山东等地从事贸易的一批宁波商人,为了开拓上海的经营业务,又集资在上海创办天后行宫(后称浙宁会馆)。该会馆是宁波帮沙船商在上海的同乡同业组织,说明宁波帮沙船商在其中也应有一定的地位。宁波帮商人渗透到沙船业经营中的事实表明,宁波帮已成为上海最有经济实力的地域性商人群体之一。清末,国内各大主要商埠均建有宁波会馆;到了民国初年,旅外的宁波会馆至少还有 18 所[1],详见表 4.1。

表 4.1 民国初年尚存的旅外宁波会馆

序号	名称	地点	创建时间	发起人	性质
1	宁波会馆	北京	乾隆六十年(1795)	李承道、陈同文等	同乡科举应试及商人旅馆
2	鄞县会馆	北京	明季	鄞县药材业商人	停柩,春秋祭祀,附义冢
3	鄞县新馆	北京	清季		试馆
4	镇海试馆	北京	清季		试馆
5	慈溪试馆	北京	嘉庆年间	同乡官宦捐资设立	科举应试及京官住宿
6	宁波会馆	汉口	乾隆五十四年(1789)		
7	宁波会馆	温州		宁波旅瓯商人	
8	宁波会馆	苏州	康熙三十九年(1700)	宁波各业商人	商议公事,同乡救济,筹募运柩基金
9	浙宁会馆	上海	嘉庆二十四年(1819)	宁波船业主	先为祭祀,后可能有商栈、住宿之功能
10	宁波会馆	广州	嘉庆年间	旅粤药材同业	
11	四明会馆	临海			
12	定海会馆	上海			
13	四明公所	成都	民国二十八年(1939)	宁波旅蓉同乡会	寄柩,附义冢
14	四明公所	南京	光绪二十三年(1897)	宁波银楼业四家为主	寄柩,附义冢

---

① 冯筱才.乡亲、利润与网络:宁波商人与其同乡组织,1911—1949[J].中国经济史研究,2003(2):63-73.

续表

序号	名称	地点	创建时间	发起人	性质
15	四明精舍	北京	民国二十四年 （1935）	宁波旅平同乡会募资兴建	寄柩，附义冢
16	四明公所	汉口	清季	宁波旅汉各业	寄柩，同乡救济，附义冢
17	四明公所	杭州			寄柩，附义冢
18	四明丙舍	烟台	光绪十六年 （1890）前后	旅烟宁波商人	寄柩，附义冢

来源：根据《鄞县通志（第二）：政教志》整理。

　　宁波商人在外闯荡，一般都会组建同乡会，《鄞县通志》中已经将同乡会单独列出，共有 30 个[①]，笔者将概况归纳如下，详见表 4.2。

表 4.2　清末民初宁波旅外同乡会概况表

序号	名称	会址	成立年月	组织	会员人数	经费情况
1	宁波旅杭同乡会	浙江省杭州市长生路 63 号	光绪三十四年（1908）	初为会长制，设会长、副会长、理事等职。后改委员制，设主席、执行、监察、常务等委员及秘书事务员等职。制定有会章、小学校章、阅览室及借座规则	1351 人。鄞县 501 人；慈溪 324 人；镇海 213 人；奉化 129 人；象山 3 人；定海 25 人；南田无商号及未详者 156 人。又以性别统计，男子 1313 人，女子 38 人。	经常费年支 1800 元，临时费无定额随时募集
2	宁波旅临同乡会	浙江省临海县海门镇四明会馆内	民国二十五年（1936）		旅临同乡共 1000 余人，会员在征求中，故人数未定	
3	宁波旅兰同乡会	浙江省兰溪县老凤祥银楼附近				

---

　　① 张传保，赵家荪，陈训正，等.鄞县通志（第二）：政教志[M].影印本.宁波：宁波出版社，2006：1586-1599.

续表

序号	名称	会址	成立年月	组织	会员人数	经费情况
4	宁波旅严同乡会	浙江省建德县城内太平桥上首	光绪年间	推定恒懋、孙春阳、九德堂、济成堂四商号轮流值年办理会务，尚无正式组织，故无会章	26人	草创时按人数派助，年久稍有积蓄，置有田亩、房屋数处，以租息充常年经费
5	宁波旅瓯同乡会	浙江省永嘉县大南门外虞师里宁波公所内	民国十五年(1926)发起筹备，十六年(1927)八月八日正式成立	初为会长制，设正副会长及总务、调查、文牍、会计四股干事各数人。至民国十九年(1930)，改为委员制，设执行、监察、常务等委员	390人	经常费由会员所纳会费开支。特别会员年纳会费五元，普通会员分甲三元、乙两元、丙一元、丁五角四种
6	旅四宁绍同乡会	浙江省长兴县四安镇	光绪二十年(1894)创立宁绍会馆，民国十三年(1924)五月组织旅四同乡会		506人。属宁籍者鄞39人、慈溪17人、镇海15人、奉化8人、象山9人、定海6人	由同乡捐助
7	宁波旅南京同乡会	江苏省南京市中山北路635号	民国十八年(1929)七月七日成立	设理事25人组织理事会，监事9人组织监事会。理事会互选常务理事9人分任理事长及总务、文牍、会计、保管、庶务、宣传、交际、调查八股。制定有会章、办事细则及礼堂租用规则、宿舍规则、球场规则、浴室规则	2746人	前数年系以会费抵充开支，自新会所落成后以宿舍等收入作为开支。每年经常费约7000元。每两年征求会员一次，以会费收入作事业费
8	宁波旅沪同乡会	上海市西藏路480号	宣统二年(1910)鄞人施嵋青捐私有全部财产创办同乡会，复经热心同乡赞助，同乡会始成立	初为会长制，设正、副会长及办事员数人。民国十年(1921)会所落成后大力扩充	最多时二万五六千人，最少时一万三四千人	会中各项支出除以会费抵充外，以借座费、招待所等各项收入附益之
9	宁波旅苏同乡会	江苏省吴县阊门外南濠大街浙宁会馆	民国八年(1919)成立		900余人	民国十五年(1926)以前会费收入尚足开支，十五年以后停收会费，赖浙宁会馆房租维持

续表

序号	名称	会址	成立年月	组织	会员人数	经费情况
10	宁波旅琴同乡会	江苏省常熟县南门外君子居弄	民国十七年(1928)六月六日成立	委员制,选举执行委员、监察委员、常务委员等,并设组织、文牍、交际、会计、庶务各股干事数人,制定有会章	182人	由会员会费收入开支。会员缴纳特别捐分名誉、基本、赞成、特别四种。常年费分甲、乙、丙、丁四级
11	宁波旅锡同乡会	江苏省无锡县西村里浙字第5号				
12	宁波旅盛同乡会	江苏省吴江县盛泽宁绍公司内				
13	宁波旅扬同乡会	江苏省江都县	民国十七年(1928)成立		成立时会员百余人。后因同乡商店多停歇,会员仅数十人	
14	宁波旅徐同乡会	江苏省铜山县东门大街浙江会馆内				
15	宁波旅皖同乡会	安徽省怀宁县建设厅前14号	民国七年(1918)秋,由旅皖宁绍二府属同乡中之工商界发起,定名为宁绍工商公所,后改称工商联合会。民国十九年(1930)改称宁波旅皖同乡会		146人	由会员捐助
16	宁波旅芜同乡会	安徽省芜湖县四明路	民国十二年(1923)成立			
17	宁波旅赣同乡会	江西省南昌市	民国十八年(1929)成立		赞成者五六百人	
18	宁波旅汉同乡会	湖北省汉口市府东五路205—215号	民国十二年(1923)春成立	初为会长制,民国十六年(1927)起改为委员制	约5000人	事务费年约3000元,事业费年约13000元

序号	名称	会址	成立年月	组织	会员人数	经费情况
19	宁波旅沙同乡会	湖北省江陵县沙市五权街	民国十年(1921)成立,二十四年(1935)改组		300余人	由宁属牌号及会员年捐开支
20	宁波旅应同乡会	湖北省应城县				
21	宁波旅湘同乡会	湖南省长沙市浙江会馆内				
22	宁波旅渝同乡会	重庆四牌坊1号	民国十一年(1922)由旅渝同乡赁文华街宅组织四明旅渝同乡会。民国十八年(1929)改称宁波旅渝同乡会	委员制	民国二十四年(1935)征求大会揭晓,得会员498人	
23	宁波旅厦同乡会	福建省厦门市中山路237号三、四楼	民国九年(1920)成立,后停办。民国二十四年(1935)由福建省财政厅厅长徐圣禅及旅厦银行界陈仲久、李竹仙、王圣希等发起重组,于一月六日正式成立	委员制,公选执行、监察等委员	700人	由各会员所纳会费开支
24	宁波旅汕同乡会	广东省汕头市				
25	宁波旅平同乡会	北平市东城小甜水井胡同6号	民国六年(1917)成立	初为会长制,后改委员制。制定有会章、办事总则及殡舍停灵、精舍安葬、材厂购材、义地埋葬、会馆运枢诸规则	786人	以会员常年捐作经费及办理各项公益事业。会员纳费分普通一元、特别二元以上十元以下、基本十元以上三种。捐资五十元以上者为名誉会董
26	宁波旅青同乡会	山东省青岛市定陶路9号	民国十年(1921)三月成立		同乡会员及非会员共1000余人	经费一千七八百元,由商号月捐、会员年捐维持

序号	名称	会址	成立年月	组织	会员人数	经费情况
27	宁波旅烟同乡会	山东省福山县烟台小太平街17号	民国十三年（1924）十二月正式成立	初为会长制,民国十八年(1929)后改委员制,设委员长、执行、监察委员等,采执监合议制	据民国二十四年（1935）会员录载,共有会员210人,其中鄞县籍会员96人,他县籍会员114人	由入会同乡劝募而得,年约1000元
28	宁波旅郑同乡会	河南省郑县三马路友爱里	民国十年（1921）三月成立	举正、副会长各一人,下设总务、教务、交际、宣传四课,执行会务	325人	所有经费已购地三亩余,平时用项临时向会员捐募
29	宁波旅连同乡会	辽宁省大连市内监部老精华眼镜制造公司				
30	宁波旅辽同乡会	辽宁省藩阳鼓楼北科学仪器馆				

来源:根据《鄞县通志(第二):政教志》整理。

以下几节笔者将选择部分重要会馆分别阐述。

第二节　华北地区的宁波会馆

一、北京的宁波会馆

（一）宁波旅平同乡会

宁波旅平同乡会1917年由宁波旅居北京工商界人士创办。后因经费及会所不定,加之会长变动频繁,会务无形停顿。1929年重新成立,会址在东城小甜水井6号。

同乡会的管理初为会长制,后改为委员制,制定有会章及办事规则。主要办理维护乡人、排难解纷、筹办教育、救济伤病、介绍工作、酌赠川资、酌送棺费等事项。会员据1936年统计为786人,以会员常年捐作经费,会员依缴纳会费多少分为特别会员和普通会员,捐资 50 元以上者为名誉会董。同时,该会亦兼管北平四明会馆一切事务。

（二）宁波旅（北）京同乡会

1.制定章程发展会员

宁波旅京同乡会于 1939 年 3 月成立,会址在东城小甜水井 6 号。宁波旅京同乡会章程在 1939 年 3 月由宁波旅京同乡会第九届会员大会修正通过。主要规定如下:凡旅京同乡品行端正,经会员之介绍均可入会,会员分普通会员、特别会员、商号会员及基本会员四个类别。

2.组织健全民主议事

宁波旅京同乡会最高职权属于会员大会,大会选出董事 11 人和监事 5 人,董事中再选出会长、副会长各 1 人和常务董事 3 人。会长对外为本会的代表,对内为董事会的主席。董事职务为:议决执行本会一切事宜,但动用经费在千元以上须经会员大会通过,筹集经费、制定各种规则、编制预算。监事则主要负责审核账务、保管基金及检举纠正职员之不当行为。会员大会每年举行一次,会员需亲自出席,会议报告会务、选举职员及提议各种事件。董事会及监事会集会周期分别为 1 个月和 3 个月。

（三）浙江省鄞慈镇奉象定南等七县旅平同乡会

浙江省鄞慈镇奉象定南等七县旅平同乡会,1946 年 12 月由宁波旅（北）京同乡会改名而来。会址在东城小甜水井 6 号。当时主持人为源泰兴呢绒号经理俞英勋。宗旨为联络同乡感情、办理同乡公益。管理采取理事制,以会员大会选举理事 11 人、监事 5 人。执行决议分事务股、公益股、会计股办理会务,经费以会员常年会费及自动捐赠为主要来源。1949 年 5 月将宗旨改为"联络乡谊,扶助生产,办理同乡识字班及其他救济公益",主要负责人是郑子磐,会员有 134 人。

浙江省鄞慈镇奉象定南等七县旅平同乡会章程于 1946 年 12 月由该会制定,共分 26 条,主要内容如下。

第一,性质。本会由浙江省鄞县、慈溪、镇海、奉化、象山、定海、南田七县旅平同乡组织而成。以联络同乡感情、办理同乡公益为宗旨。以北平市为活动区域,会务包括维护同乡、排难解纷、筹办教育、介绍工作、施送医药、酌赠川资、酌送棺费、停枢埋葬、运送灵枢及其他公益。

第二,职员及责任。会员分为基本会员、商号会员、特别会员与普通会员四种类别。最高职权属于会员大会,下设理事会及监事会。理事会分股处理事务,由常务理事兼任股主任,其职责为议决及执行本会一切事宜、筹集经费、制定各种规则。监事会主要负责审核预决算、保管基金、查核收支及纠正理事会议案之不当处。

第三,集会与经费。会员大会每年举行一次,报告会务,改选职员及提议各项事务。监事会每月开会一次。经费由理事会负责经管运用,并送至监事会审查。

二、天津的宁波会馆

在以水运为主的时代,作为华北地区最重要的水旱码头的天津,每到夏秋两个季节,运输的漕船、商船都会在三岔河口集中靠泊,来自全国各地的商人都聚集于此。清廷在天津设有漕运局,专司运河及海运、漕运事务。清朝最后一任漕运局总办为张友堂,是宁波人,给了同乡很多方便。

(一)天津商船公所

天津商船公所是宁波籍北头船航运业商人在天津设立的同业公所。创设于清嘉庆年间,所址在天津闸口。宁波籍商人经营的大型帆船(俗称北头船)往返于宁波、上海、天津各埠,每艘船载重量有七八十吨,除为清廷漕运粮食外,还兼营南北货贩运业。商船公所为经营北头船商人到埠后安顿食宿和洽谈商务的场所。

天津市的宁波会馆早在清中叶时已有组织,可以说历史相当悠久。天津会馆的特点有二:第一,都由有名望的金融巨头发起创建;第二,每个时期都有明确而具体的任务。

(二)天津浙江会馆

1.创办缘起

清光绪年间,在天津的宁波著名商人严信孚、严筱舫、严蕉铭、王铭槐等人共同发起,将北门里户部街浙江乡贤祠(乾隆年间绍兴人高启泰捐资兴建)扩充为浙江会馆,作全浙同乡集会之用。每年夏历正月,举行团拜,演戏聚餐,颇为热闹。内部事务,偏重于同乡联系及补助救济等项。每年推选值年董事 12 人,负责会务。这个会馆虽为浙江同乡会馆,成员则多数是宁波商人,且会务领导权始终由宁波巨商掌握,成为宁波商人在天津联络同乡的主要场所。此后,天津的宁波商人声势益壮,商业中心劝业场有不少名店都是宁波巨商所经营的。天津的进出口贸易、南北货运业、银行保险业、绸缎呢绒业、钟表眼镜业、金银首饰业、木器家具业等行业,也多由会馆中的主要人物与商业巨头所经营。因此,会馆作为商贸活动的载体,具有相当大的权势。

浙江会馆在天津会馆中具有一定的代表性。1917 年会馆董事为:周运枢(五金)、严昭明(禅臣洋行)、方若(利济公司),叶炳奎(兴隆洋行)、周永峰(恒利洋行)、费振镛(物华楼)、李维庆(美丰洋行)、娄裕熊(福华公司)。

会馆董事人选的更迭,可分为三个阶段。1885—1920 年为第一阶段,严蕉铭主其事,周星北副之。1921—1945 年为第二阶段,方若主其事,张润益副之。1945—1948 年(王文典主其事,张章翔副之)与 1949—1956 年这两段,统称为第三阶段。关于会务方向,各阶段亦有所不同。第一阶段把筹建义园当作重点;第二阶段以办理学校为重点。1949 年 1 月后,浙江会馆会务仍由原董事会负责处理,但董事长王文典于是年 2 月逝世,乃共推张章翔代理董事长。1956 年将全部财产移交天津市人民委员会各有关部门接收,6 月完全结束。据《宁波帮大辞典》记载,其有两处附属机构:天津浙江义园和天津浙江学校。

2. 建设天津浙江义园

浙江义园由张友堂、严筱舫、严蕉铭、王铭槐等捐资兴建,为浙江会馆附属机构。成立于清光绪年间,地点在三义庄(今河西区汕头路),占地 50 余亩,建房数十间,供同乡去世后盛殓及停柩之用。因其地势宽广,设备较好,寓居租界内的官僚或高级军官去世后,亦有借义园为停柩之所者。义园一般准予使用,但收费极为昂贵,该园经费借此亦得以充实。经过逐年积累,扩建房屋众多。后在黑牛城购地数十亩,作为同乡死后免费葬埋之所。初名浙江义地,后改称为浙江第一公墓。1932 年,宁波同乡杜永康在东局子捐地几十亩,建立浙江第二公墓,亦颇具规模。1949年后结束义园业务,并将浙江义园一部分房屋捐献给河西区教育局,作办理谦德庄小学之用。

3.建设天津浙江学校

学校最初设在浙江会馆内,由洪蒙主其事,之后迁法租界大沽路。学生以浙江籍占多数,外省人亦酌收。1938年添办中学,在英租界茂盛路(今河北路)购买房屋,作为校址。到1948年,又购买营口道中学原租房屋以作校舍补充。1956年,作为天津会馆财产的一部分,全部移交给天津市人民委员会。

第三节 华东地区的宁波会馆

一、上海的宁波会馆

1840年鸦片战争前夕,从故乡四明山来到隔海相望的上海的宁波人已有40万人,是当时上海本土居民人数的三分之一。到了民国,在上海的宁波人已达百万之众,贸易的范围涉及各行各业,有车夫、挑夫这样的卑微苦力和买办、洋商代理,当然还少不了投资民族工商业的商界精英。在上海的宁波商人不但人数众多,而且具有强烈的帮扶观念,他们本着"亲帮亲,邻帮邻"的互助精神,建立了同乡或同行的互谊组织。

据上海市宁波同乡联谊会出版的资料统计:从"开埠"至1937年,沪地仅宁波商人先后开设或出任经理的重要钱庄、银行、保险公司、交易所就有105家,创办各业重要工业企业101家,参与投资创办的驰名商号28家,完全可以说是激活了上海的近现代经济。[①] 与此同时,涌现出了严信厚、虞洽卿、朱葆三、叶澄衷、周宗良、刘鸿生、孙衡甫、俞佐庭、黄延芳、方液仙、项松茂等一大批著名企业家,他们逐渐渗透到上海经济的各个领域。20世纪30年代的上海工商界名人中,宁波籍人士就占近1/4。

① 乐承耀.宁波旅沪同乡会成立百年纪念[J].中共宁波市委党校学报,2010(2):112-118.

现将宁波在上海的主要会馆略叙如下。

（一）上海四明公所

上海四明公所是宁波人在上海创建的第一个同乡同业会馆，位于南市区人民路，清嘉庆二年（1797）始建，嘉庆八年（1803）正式建成并同时成立宁波同乡会。

上海四明公所自创立起，其宗旨便是"建殡舍、置义冢、归旅榇、设医院等诸善举"。

四明公所将保障旅沪的宁波人最关心的身后事作为建馆的主要目的和事业的核心，特别符合中国这样一个农业国度里，人们对安土重迁的身后事异常重视的观念。公所初创时劝捐一文钱的善愿，面向的就是广大民众，尤其对贫困、职业"低贱"的同乡更有吸引力，所以四明公所毫无悬念地成为在上海打拼的宁波同乡聚会交流的场所，公所的规模愈发扩大。道光十一年（1831），董事谢绍心、方亨宁、方亨黉、庄锦等发起募捐，重新修缮公所殡舍。此项工程从道光十四年（1834）六月开始动工，历时近两年，至道光十六年（1836）七月竣工，同时规定将每年的节余用于购买市房土地，或作为存款生息，以养财源。同年，公所又设立赊材局，规定贫穷者可以先领棺木，随时量力交费，公所不会索要补偿，也不会收取利息。至此，公所已粗具规模。

鸦片战争后，到上海经商的宁波人越来越多，各项事业都发展繁盛，四明公所日益壮大、影响更广。道光二十四年（1844），定海人蓝蔚雯出任当时的上海知县，受公所董事托请，将公所地产编入官图，这样可以免除一笔不小的税收，省下的费用公所于第二年又增建后殿，供奉幽冥教主。

咸丰三年（1853），天地会支派之一的小刀会，为反抗清朝统治，发动武装起义，由于四明公所的位置占据要冲，他们焚毁了四明公所所有的房屋。咸丰五年（1855），公所董事方仁照、方椿、邵炳等募集巨额资金，经过两年的修建经营，不仅恢复旧观，而且规模更大。重建正殿、后殿、土地祠后，还在土地祠两翼设神龛，专门用来安放历代董事的神位，同时还新建了济元堂，专门作为同乡集会的场所、公所日常办事处以及赊材局和会馆工作人员的寓舍。

随着旅居上海的宁波同乡人数增多,四明公所的规模扩大,增设殡舍、义冢已经迫在眉睫。为了更好地推广善举、为同乡服务,四明公所在宁波和上海周围购买了大量土地,用于殡葬事业。光绪八年(1882)首先在宁波甬江北岸购买了土地设置殡舍,称"甬公所",上海四明公所将各地的灵柩运到宁波的四明公所甬北支所(即我们通常说的"甬北支所"),由宁波四明公所登报通知灵柩家属认领,若超过一年仍无人认领,宁波四明公所将灵柩埋葬在义山。这义山,是光绪十六年(1890)四明公所在慈溪小隐山设置的。自光绪十四年(1888)起,四明公所在上海周围分别建起了殡舍,称东、南、西、北厂:光绪十四年在上海褚家桥建造"西厂";光绪二十五年(1899)在上海褚家桥东建立"东厂";光绪二十九年(1903)开始在日晖港重建"南厂",民国九年(1920)全部改建完毕;原宝山的四明公所即称"北厂",于民国十年(1921)改建落成。

由于四明公所用于慈善事业的设施完备,管理系统到位,即使经过同治十三年(1874)和光绪二十四年(1898)两次流血冲突以及民国战乱,四明公所也未见衰退迹象,反而发展更盛。如四明医院于民国十一年(1922)建成,浦东分所亦于当年竣工,同时甬公所也陆陆续续有所添建,这些都是宁波人在上海取得相当发展的成果。

四明公所历经一百多年的发展,公所章程修订数次,但其联络桑梓情谊、维护沪上同乡利益、帮助同乡解决困难的宗旨永远不变。

（二）宁波旅沪同乡会

宁波旅沪同乡会和四明公所是旅沪宁波人在不同历史时期创立的同乡团体,二者都是"团聚精神的象征",皆以"谋取同乡福利"为己任。所不同的是,四明公所是传统意义上的旧式同乡组织,而宁波旅沪同乡会则是宁波人的新型同乡组织。二者成立的时间不同,组织体系和重要功能不同,是一种互补性的存在。宁波旅沪同乡组织的近代化历程和现代化转型,表明在社会变迁进程中,同乡组织有着很强的再生能力和坚韧性。这一转化传承不仅映照出社会变迁,折射出时代特点,也彰显了中国文化的生命力以及文化的延续性、包容性等特点。

　　20世纪初年,上海工业化、城市化进程加速,一方面,清末推行新政,刺激了民族经济的发展;另一方面,第一次世界大战一度使民族经济获得前所未有的发展良机。上海的工业化吸引了各方移民汇聚于此。随着大量人口的涌入,相应的就业、救济、技能培训、纠纷调解等事宜都需要一种社会力量加以整合,否则会给城市发展带来严重的不可控的影响,然而四明公所等同乡组织仍然以进行寄柩运棺等善事义举为主,显然不能适应移民社会的整合需求。另外,在19世纪后期西学东渐的浪潮中,内忧外患的紧张情势,使国人逐渐认识到"合群结社"在社会中的力量和影响。

　　在此社会氛围的烘托下,新型同乡组织大量涌现,而在两次"四明公所事件"中,素有注重乡谊、同心团结传统的宁波同乡会率先发声,应时而创新型同乡组织。宣统元年(1909),慈溪人洪宝斋集同乡数十人,在汉口路创建"四明旅沪同乡会",不久洪离沪,会务也因此中断。甬人施嵋青深感惋惜,决意重振此组织,奔走于旅沪甬人之间,最终联合钱达之、谢蘅牕、朱葆三、孙梅堂、陈韵泉等人捐资复兴,于宣统二年(1910)四月,正式改名为宁波旅沪同乡会,设事务所(即会址)于福州路22号。①

　　民国元年(1912)二月,宁波旅沪同乡会在四明公所召开成立大会,公推沈仲礼为会长,虞洽卿、朱葆三为副会长;同年四月,迁事务所于九江路7号。民国七年(1918)十二月,又迁会所于河南路抛球场364号。民国十年(1921),迁入位于西藏路(今西藏中路480号)的新会所。宁波旅沪同乡会的创立,标志着旅沪宁波人的发展进入一个新时期。

　　(三)宁商总会

　　宁商总会由虞洽卿、朱葆三等宁波商帮头面人物于辛亥革命前夕在上海发起成立,地址在上海公共租界云南路,后迁入爱多亚路(今延安东路),

---

　　①　据庄禹梅《关于宁波旅沪同乡会》(载《文史资料选辑》第34辑)一文:光绪二十九年(1903)前后,由钟观光、虞士勋(和钦)、虞舍章(辉祖)、陈训正、洪兆麟等发起,在上海福州路惠福里开设"科学仪器馆",本着实业救国的宗旨,向日本购买仪器,并创办《宁波白话报》(每周出一册,每册约十页),以"开通宁波之民智,联合同乡之感情";辛亥革命以后,才有虞洽卿等出来改组,始正式定名为"宁波旅沪同乡会",会址改在二马路7号。此一史料与宁波旅沪同乡会成立之史实有出入。

是以宁波商人为活动主体的松散性的商人团体。辛亥革命期间,宁商总会还曾是掩护革命党人秘密活动的重要场所,尔后该组织仍长期存在。

(四)北号商浙宁会馆

1.创办缘起

清乾隆、嘉庆时期,宁波商帮异军突起,往关外、山东做贸易的宁波北号商号董萃记联络宁波帮沙船商于嘉庆二十四年(1819)在上海集资创办天后行宫(后称浙宁会馆),奉祀天后娘娘。地址在上海小南门外(今篾竹路荷花池弄)。咸丰三年(1853)毁于战火。咸丰五年(1855),宁波沙船商(号)董椿记、方振记、李慎记、赵钜康等集资建造后厅,咸丰九年(1859)竣工,定名"浙宁会馆"。

2.建筑特色

光绪七年(1881),方振记等捐资重建大殿戏台看楼,正殿称"正谊堂"。殿前有一荷花池,夏季荷花飘香,观者如云。池旁有一对高 1.2 丈(1 丈 ≈ 3.3 米)、直径 0.25 丈的雕花空石柱,上面刻着龙和八仙过海等花纹。传说这两根石柱是一位老艺人花了十多年功夫完成的,在很多建筑构件中都称得上是精致生动的作品。至于砖刻艺术品,就更是此会馆的精华了。东面两侧门洞上面及左右都是砖刻,大小有几十幅,人物活泼传神,工艺繁复别致。

同治、光绪年间,浙江海运局曾设于此。直至漕运业务归轮船招商局后,会馆渐趋衰落。民国时期,会馆房产大部分成为仓库。会馆的前一大殿和戏楼在 1956 年 9 月被焚毁。

(五)浙宁红帮木业公所

1.红帮木业历史悠久

"红帮木匠"是对在上海从事船舶修造业的宁波木工的称呼,最初在虹口庄沅大泰顺里设立鲁班殿,供奉鲁班祖师神像,每年集会一次。咸丰七年(1857),陈庆云、张礼生等人发起集资购进梧州路东余杭路转角土地。同治初年,建立公输子庙,后由曹青章、李大雪主持,捐资重建,立碑作记,列名捐款的浙宁木匠有 500 余人,同治十三年(1874)修建完成。帮中行规规定每年祀神一次,经常举办公益施材等事,入会者限于宁波府属六县,会员名额维持在 600 人左右。每人入会费 5 元,后期入会费陆续递增,至 1937 年全面抗战前夕增至 54 元。

2. 红帮木业行规甚严

浙宁红帮木业行规规定:各船厂资深木工可以招收学徒,但只限一名;不许偷盗木材;每日工作 8 小时;工匠不准经营分包小包业务等。若违反行规,轻则罚购若干台凳炉台锡器,捐公输子庙内公用,或罚付帮内部分失业木工的工资;重则大开庙内正门(一般情况正门不轻易开启)共同集议解决,至少要罚庙内一天 5 元的全堂香烛费用。另外,曹青章、李大雪等人还发起建立浙宁红帮木业公所,另组资产保管委员会。1937 年"八一三"事变时,公所建筑毁于炮火。

(六)上海北市钱业会馆

上海开埠前,钱庄多集中于县城,早在 18 世纪初,在城隍庙东园(即内园)就已建立了同业组织钱业公所。开埠后,租界地区工商业日趋繁盛,与原县城相对,被称为北市,钱庄也渐迁北市,形成北市钱庄。

光绪九年(1883),南市钱庄大同行在大东门外施家弄另组南市钱业公所。光绪十五年(1889),北市钱庄经莲珊等发起在北闸路(今福建北路)成立北市钱业会馆。光绪十七年(1891),由金融界巨头、余姚人陈笙郊、谢纶辉等集资 12 万两,在公共租界铁马路(今河南北路)与文监师路(今塘沽路)转角处,购地建造了颇具规模的会馆新址。内设钱业北市场,与南市场对峙。每日开早、午二市,除钱庄营业外,凡北市钱庄有事均在此集议。在南市公所、北市会馆分立后,城隍庙内园建立了南北市钱业总公所,以统筹南北钱业共同问题。北市钱业公会的活动,直到 1922 年宁波路上海钱业公会新址落成才告结束。

(七)定海旅沪同乡会

光绪四年(1878),旅沪定海人士在上海创建定海旅沪同乡组织"定海会馆善长公所"。以此为基础,1921 年由朱葆三、陈箴堂、丁紫垣等人发起成立旅沪同乡会,朱葆三任会长,钱达三、周金箴等人为副会长,以敦厚乡谊、图谋公益为宗旨。地址在定海会馆。

（八）奉化旅沪同乡会

1925年1月，邬挺生、王儒堂、王才运等人在上海组织筹办奉化旅沪同乡会，会长邬挺生，副会长邬志豪、康锡祥，总务科余华龙、王庸方、何廉明、王才运等。会址原在南京路民永里商联会，后迁至河南路，聘请周钧堂任坐办。

1928年4月，奉化旅沪同乡会筹款赈济奉化莼湖灾民。1931年，为兴修鄞奉水利，会同旅沪同乡会及鄞、奉水利协会，电请政府拨发建设公债。1932年"一·二八"事变时组织救护队，并设立收容所、医务处，疗治同乡，救济难民达数万人。1924年、1925年、1927年、1930年、1933年、1935年、1937年，相继举行7届征求会员大会。1937年"八一三"事变时加入宁波同乡会救护组，救护同乡。1940年，为家乡米荒办理米运甬平粜事宜。

（九）象山旅沪同乡会

1935年10月，刘志山、林美钧等人在上海创办象山旅沪同乡会。1930年3月，经任啸菊、张介眉等人筹划，在南市外马路福美里设临时会所。1939年，姜梅坞、贺凤来等人又谋复兴，遂于1940年5月正式成立，选举姜梅坞为主席委员，并设立执行、监察、基金、常务各委员会，下置会务处，处理日常会务。同年年底迁入劳合路宁波里4号楼办公。1939年，为象山水灾举行"劝募象山水灾赈款大会"，并将募得款额汇交象山水灾救济会。1940年，协助宁波旅沪同乡会办理家乡米荒救济事宜。

（十）镇海旅沪同乡会

1921年，镇海旅沪人士在上海创办镇海旅沪同乡会，地址在法租界朱葆三路，不久迁至爱多亚路虞洽卿路路口，1937年与刘仲英、金楚相等人创办的镇海旅沪同乡组织合并。1938年迁入劳合路宁波里新会所。会长方椒伯，副会长刘聘三。由于其负责人如方椒伯、黄延芳、乐耕葆、乌崖琴等多是宁波旅沪同乡会的负责人，许多关于镇海同乡间的公益事业和排难解纷事项，都由宁波同乡会经办，所以该会的会务较为清闲，但也经常协助宁波同乡会办理同乡救济等事务。

（十一）金塘旅沪同乡会

1931 年,定海金塘旅沪人士陈舜五、金馥荪等人在上海创建金塘旅沪同乡会,地址在四川路 487 号。主要事务为维护桑梓、办理公益。曾多次举行会员征集大会。

（十二）宁波三北同乡会

1921 年,虞洽卿、黄玉书等人在上海创建三北同乡会。"三北"指宁波镇北、慈北、姚北一带。设会所于上海牯岭路,陈瑶圃为会长,虞洽卿、黄玉书为副会长,陈良玉为总务长。1924 年改选陈邦瑞、吴锦堂为名誉会长,虞洽卿为会长。

二、浙江省的宁波会馆

（一）宁波旅杭同乡会

1. 创建缘起

宁波旅杭同乡会于光绪三十四年(1908)成立,初借四明养颐庐为会所,1929 年由两浙盐运使周骏彦等人以 3.6 万余元于湖滨长生路(杭州市长生路 63 号)买地筑所。会章规定以互助为原则,以发挥自治精神为宗旨。主要办理小学教育、书报阅览、资迁回籍、排解纠纷、喜庆借座、招待寄宿等具体事项。初为会长制,孙玉仙、宓廷芳曾先后担任会长之职。后改成委员制,1931 年度常务委员有董更生、郑宜亭、徐补斋等 3 人,另有执行委员 15 人,监察委员 5 人。会中设书报阅览室,接待会员及其他人士,又办初级小学 1 所。会员分 5 种:特别会员、赞助会员、维持会员、甲种会员、乙种会员。1937 年全面抗战爆发,会务受阻。该会大部负责人随省政府迁往永康、龙泉,会名随之更改为"宁波旅省同乡会"。1945 年 8 月后随政府返杭复会。先后以徐圣禅、张忍甫等为负责人。曾创办中正小学,又发起乡政座谈会等活动。

2. 乡政座谈会

宁波旅杭同乡会乡政座谈会于 1948 年由宁波旅杭同乡会发起组织,旨在协助政府推行政令,促进六邑地方建设、普及地方教育、发展乡村农业、扶植工商经济以增进乡胞福利。座谈会范围：(1)商讨协助政府推行政令事项；(2)商讨推行六邑地方建设、国民教育、经济工商实业等之兴革事项；(3)检讨六邑县政设施之得失事项；(4)研讨六邑风尚礼俗改革事项；(5)研讨省市政府有关桑梓六邑及该会之各项措施及其交议事项；(6)研讨会员或同乡建议或呼吁事项；(7)研讨其他有关桑梓应兴革各事项。

3. 办月刊，编会员题名录

《宁波旅杭同乡会月刊》于1925年6月创办，由宁波旅杭同乡会副会长郑宜亭委托颜耿性主编。据编者自称，"系完全义务"，刊物内容几乎由他独撰，但多为时文小品，涉及同乡会事务者很少。目前仅见第2期。

宁波旅杭同乡会会员题名录于1931年印行。内容包括浙江省党部与杭州市政府对该会的备案批文、该会1931年修订章程、历任职员一览表、现任职员一览表、本年(1931)第八次个人征求会员一览表、本年(1931)会员统计表。"附录"部分则包括宁波旅外同乡团体一览表、本会1929年购置会所经募诸公捐助诸公芳名一览表、本会本年(1931)九月筹募各省水灾急赈捐募一览表等。

4. 章程修订

宁波旅杭同乡会章程于1931年修订。主要包括名称、宗旨、事业、经费、会员、职员、会员大会、附则，共8节28条。章程主要规定如下：(1)以互助为原则，发挥自治精神为宗旨；(2)举办事项包括发展工商业、兴办教育、济危扶倾、排难解纷、介绍工作、改善俗尚、纠正本乡自治之错讹、发行刊物以砥砺道义、筹办各项救济；(3)会员分维持会员、甲种会员、乙种会员；(4)职员设执行委员15人，监察委员5人；(5)会员大会为最高权力机关，每年开会一次。

5. 树碑立传

宁波旅杭同乡会碑记由鄞县童第德1934年6月撰，碑立在同乡会会所之内。碑文叙述了宁波旅杭同乡会之历史及1929年周枕琴发起创建会所之经过。

（二）宁波旅省同乡会

1937年11月，适值杭州陷敌，宁波旅杭同乡会随政府迁永康、龙泉，该会负责人遂将会名改为宁波旅省同乡会,以符事实。

（三）宁波旅严同乡会

清光绪年间由宁波旅居浙江建德的商人创建。地址在建德县城南太平桥。同乡会推定恒懋、孙春阳、九德堂、济成堂 4 家商号轮流值年,办理会务。先建有四明义厝 1 处,经费按同乡人头派助。每年关帝之诞辰日及清明、中秋、冬至,同乡聚集会所祭奠。创建时有会员 26 人。

（四）宁波旅兰同乡会

成立年代不详,会址在浙江省兰溪县老凤祥银楼附近。以互助为原则,以发挥自治精神为宗旨。

（五）宁波旅瓯同乡会

1926 年开始筹备,1927 年 7 月在温州永嘉县大南门外虞师里正式成立。初期为会长制,设正、副会长各一人。下辖总务、调查、文牍、会计四股,分设干事数人。1930 年改为委员制,设执行、监察两委员会,其间互推常务委员若干处理会务。会员分为特别会员、普通会员两种,前者年纳会费 5 元,后者又分甲、乙、丙、丁四等,会费分别为 3 元、2 元、1 元、5 角不等。1936 年调查时该会会员人数为 390 人。

（六）宁波旅临同乡会

1936 年 9 月,卢九皋、李象缙、林玉荪等人发起成立宁波旅临同乡会。据 1936 年 9 月 5 日《时事公报》消息,会所设于浙江临海县海门镇四明会馆内,其宗旨为联络同乡,发挥团结精神。会员有 1000 余人。

（七）温州宁波会馆

成立于 19 世纪末,是旅居温州的宁波商人为维护自身利益、联络乡情而成立的同乡组织。据玛高温《中国的行会》记载:"我等旅居温州感到孤独,被山海阻隔,远离家乡,而在末业中又受温州人忌恨,频遭欺凌,无适当的补救。各商号独自营业,亦遭羞辱与损害——这是孤立的个人奋斗的必然结果。有鉴于此,吾等同仁共同发起,组成此会。"①

(八)宁绍旅四同乡会

宁波、绍兴两邑旅居浙江长兴县四安镇商人于清光绪二十年(1894)创立宁绍会馆。1924年5月组成旅四同乡会。主要办理寄柩、运葬等事项,并办有小学1所。会员有500余人。

(九)奉化旅杭同乡会

1921年春,旅居杭州的奉化籍商学两界人士发起创办奉化籍旅杭同乡会,以原奉化试馆为会所。旨在联络乡谊,并管理主持原会馆之资产。主要创办人有孙玉仙等。第一届公举江内民为会长,胡振亨为副会长。该会办理各项公益,主要有春秋两祭、援救困难同乡等。

(十)宁绍旅吴同乡会

由原来的吴兴宁绍会馆改称而来,1927年后称宁波旅吴同乡会。会员包括宁波、绍兴两地旅居吴兴之从事农、工、商各业者。1937年抗战全面爆发,会务停顿。战后始重新组织。由于该会会馆已被军队占用,又在吴兴城馆驿巷新建会所一处。内设礼堂,以备同乡喜庆宴请之用。该会其余办理事项尚有施医施药、同乡子弟教育及贫苦同乡之救济等。1949年,该会会所又被当局指定为军民合作站站址,引起交涉,后虽有省政府之命令发还,但会务已停滞多时。1950年后,该会遵新政府令停止活动。

(十一)宁绍旅浔同乡会(宁绍会馆改建)

宁绍旅浔同乡会由宁波、绍兴两府旅居湖州南浔人士共同建立。先前该地已有宁绍会馆,改建成同乡会是在全面抗战以后。其组织采取理监事制,设理事长1名,由理监事会推举产生;又设理事9人,监事3人;复推常务理事5名。该会下设5股:总务股、文化股、建设股、调查股、救济股。该会规定其宗旨为:联络旅浔同乡之感情及协力地方复员,从事地方建设并谋同乡福利,介绍工作,救济贫苦。为同乡办理救济事项有:施赈、施药、掩埋、提

---

① 彭泽益.中国工商行会史料集[M].北京:中华书局,1995:5.

倡教育等。会所即设在原来的宁绍会馆,地处南浔镇毓秀桥南首。

宁绍旅浔同乡会 1947 年在任理事长为汪源深,常务理事有马莲湘、王岳清、蒋宏章、张品珊等人。

三、江苏省的宁波会馆

作为江苏省的省会城市南京,属长三角辐射带动中西部地区发展的国家重要门户城市,自古以来经济发达,是中国近代工业的重要发祥地之一。光绪二十三年(1897),宁波商人首创南京四明公所,成为南京地区第一个有同乡又有同业会馆性质的组织,在会馆的推动下,以实业为基地,各地纷纷成立会馆,团结乡人合伙经商。南京的金融业领域中,有不少是宁波商人,如镇海方家、李家以及慈溪董家都在南京经营钱庄。1926 年,由宁波商人童今吾、俞佐庭等人于天津发起创办中国垦业银行,并在南京设立分行。宁波商人竺梅先、金润庠等发起组织的大来商业银行在南京亦设有分行。四明银行在南京也设有分行。鄞县人黄次伦,1924 年后在南京创办福华木行,曾任宁波旅京(南京)同乡会常务理事。据资料记载,当时在南京由甬商开设的绸缎布匹、百货、钟表眼镜、木器家具等商店共有 233 家,各行各业都是以自己从事的实业为基础,联络老乡成立同乡同业会馆,帮助自己的生意做强做大。

(一)南京的四明公所

四明公所在南京会馆中具有一定代表性。光绪二十三年(1897),由南京甬籍银楼业主孙敏豪、张韵楼、裘梓卿、陆焕章等人发起创建,旨在为同乡创一聚会及收殓安厝之所。首任住所董事为沈永泉,后由沈桂生、胡运赉接替。光绪二十八年(1902)建成会所(地址在银楼内),议定每年正月初八及五月十三为同乡团叙之日,寒食、中元均设公祭。

四明公所设安旅会、延寿会、工业会、众姓会及同善会等,为同乡各业组成,其中同善会为银楼业所办,从事舍棺木与帮扶贫苦同乡事宜。公所事务初由宝庆、宝兴、庆华、庆和四银楼按年轮值,协同管理。1928 年改为董事制,以毕兆璋、徐振卿、毛廉甫、王升甫等 17 人为董事。1929 年任命王兴根为公所主任。

（二）宁波旅南京同乡会

1.组织历史

宁波旅南京同乡会又称宁波旅京同乡会，1928 年 6 月由宁波旅居南京的商人张赓年、毕兆璋、屠葭笙等 40 余人发起，1929 年 7 月正式成立。

同乡会会址最初位于南京市中山北路 635 号，1935 年花费 5 万余元建成固定会所。蒋介石、王正廷、庄崧甫、虞洽卿、周枕琴、孙鹤皋、陈布雷等列名为名誉董事。初采委员制，选执行委员共 25 人，其中常务委员 7 人，首任主席为陈汉清，其他常务委员有黄次伦、徐步蘅、姜椿材、章念椿、张梦文、庄祥麟等人，分别负责文牍、会计、庶务、交际、调查等工作。又设监察委员会，由金善镰、刘和笙等人担任委员，主席为吴永华。1935 年时则为理事制，选理事 25 人，监事 9 人，其中常务理事 9 人。

2.章程细则

该会的正式章程及办事细则，由该会执委会及监委会于 1929 年联合订立，共分 8 章 34 条。主要规定如下。

（1）宗旨

宗旨为"团结同乡团体，发挥自治精神"。其任务除兴办教育，培养同乡之德、智、体、群、美五育外，还包括兴办慈善、调解纷争、援助不幸、介绍工作，以及提倡国货、保卫乡里、改良风俗、促进自治。

（2）会员

会员主要来自旅京同乡，也欢迎旅居京外及居住在原籍所在地者加入。会员人数初为 861 人，1935 年调查时增至 2746 人。

会员主要根据交纳会费多寡分为基本会员、特别会员、赞助会员、责任会员及永久会员。会员中选出监察委员 9 人、执行委员 25 人、常务委员 7 人，任期皆为 2 年，最高权力属于全体会员大会。监察委员会的职责为督促会务进行，复决有异议的议案，审查本会预算决算等；执行委员会职责为执行一切会务，筹措经费，厘定规则，推举名誉会董等。

（3）集会

全体会员大会于每年 3 月间举行，必要时则召集临时大会。执行委员会及监察委员会均每月开常会一次。

（4）经费

活动费依靠会费及各项捐助,每两年举办一次征求大会。

（三）宁波旅苏同乡会

宁波旅苏同乡会于 1919 年成立,会所设于吴县故城阊门外南濠大街浙宁会馆内,会员共 900 余人,经费来源为会员缴纳的会费与会馆的房租收入。该会由旅苏宁波木业商人刘正康发起,刘担任会长一职直至 1939 年病逝。同乡会旨在"联情感而策进行",如 1922 年宁波遇到水灾,刘正康在会馆开办浙东游艺会,募集款项寄往灾区。抗战结束后,经重新登记,成立整理委员会,选举刘赓华(刘正康长子)为总干事,张卜熊、毛梅村、刘赓华、胡裕成、何仰周、孙松卿、史松泉等 7 人为干事,有会员 200 余人。

（四）坤震公所（浙宁会馆）

坤震公所由旅居苏州的宁波籍煤炭业商人于宣统元年(1909)创建。当时宁波商人几乎独占了苏州的煤炭行业,在苏州阊门外煤炭公所里,立有一块碑,碑文记载:在苏州经营煤炭业的,都是宁波籍商人;在光绪年间,于南濠大街 147 号创立浙宁会馆。1930 年改建成煤炭业同业公会。1944 年,该公会中的煤业与炭业分别组织公会,但仍共用原坤震公所之房屋。

（五）宁波旅盛同乡会

宁波旅盛同乡会建立于清晚期,会址在江苏盛泽宁绍公司内。由宁波旅盛泽的有识之士发起组织,以团结互助、联络乡谊、交换知识及办理公益事业为宗旨。

（六）常熟宁绍会馆

常熟号称江苏富饶地区,商业繁盛。宁波、绍兴两郡商人在此经营、留居,为时既久,人数亦多。有识之士深以没有一个团结同乡的组织为憾,因而在乾隆三十六年(1771)以叶林春为首集资置地,建义塿所,创立宁绍会馆。馆所由壬子春、袁一鸣、陈赓和、邵达先、俞景春、陈英华等人倡议建造,并奠馆基。嘉庆五年(1800),馆所落成,命名为修仁堂,堂庑园池,巍峨壮丽,又续建丙舍多间。太平天国战争爆发后,屋宇尽毁。后经同治、宣统两朝及民国时期的不断重修和添建,恢复旧观,并新立女嫔所、疗养所等。主事者时为胡禹范、袁生生、邵合兴、柳仁、宓洽茂等。

（七）宁波旅琴同乡会

宁波旅琴同乡会成立于 1928 年,会所位于江苏常熟县南门外君子居弄。其组织为委员制,举执行委员、监察委员、常务委员等,并设组织、文牍、交际、会计、庶务各股干事数人,制定有会章。会员 182 人,由会员会费作为收入开支。会员缴纳特别捐分名誉、基本、赞成、特别四种。常年费分甲、乙、丙、丁四级。创办宗旨是联合团体、爱护乡人、排难解纷、建设事业、协谋公益、力行义举。

（八）宁波旅扬同乡会

宁波旅扬同乡会 1928 年成立,会址在扬州江都县。扬州的仙女庙是清代长江下游地区粮食交易市场,宁波粮商不但直接参与交易,而且在仙女庙建起安澜会馆和安澜公所,开展商贸活动。成立时有会员百余人。

（九）宁波旅徐同乡会

宁波旅徐同乡会成立于清代初期。会址在江苏省铜山县东门大街浙江会馆内。

（十）宁波旅锡同乡会

宁波旅锡同乡会成立于清代初期。会址在江苏省无锡县西村里浙字第 5 号。

四、福建省的宁波旅厦同乡会

1920 年由旅居厦门甬商建立,地址在厦门市中山路 237 号。后由于环境关系及经费困难,中途停辍。1935 年,由福建省财政厅厅长徐圣禅及旅厦银行界商人陈仲久、李竹仙、王圣希等人发起重组。其宗旨为团结同乡,发挥自治精神。该会采取委员制,公选执行、监察等委员。经费依赖会费开支。会员人数为 700 人。

五、安徽省的宁波会馆

（一）宁波旅皖同乡会

1918 年由宁波、绍兴两府旅居安徽的商人在怀宁县发起成立。初定名为宁绍工商公所，后改称为工商联合会，1930 年后改称宁波旅皖同乡会。1936 年调查时会员人数为 146 人，经费由会员捐助。

（二）宁波旅芜同乡会

1923 年成立，会址在安徽省芜湖县四明路。其宗旨为联络同乡，发挥团结精神。

六、江西省的宁波旅赣同乡会

1929 年由甬籍人士创建，会址在江西省南昌市。当时在南昌市有一定数量的宁波商人，他们以宁波与南昌为对口进行通商与物资交流，加强促进与沟通。

七、山东省的宁波会馆

山东地区在 1915 年前已有宁波商人活动，并且集中在山东省城的济南城内，此后在青岛、烟台等地的宁波帮都成立了同乡会馆。

（一）宁波旅青同乡会

旅居青岛之江苏、浙江、安徽、江西四省同乡曾创办三江会馆，并设立学校。后因四省旅青同乡增加，范围过大，人们往往不知三江会馆是什么省的会馆，于是，1921 年 3 月由旅居青岛之甬籍商人发起成立宁波旅青同乡会。会员 400 余人，经费靠商号每月捐助及会员年捐维持。该会原在青岛市定陶路 9 号，后在寿张路建有规模较大的会馆，办理便利同乡之公益事业，如为已故贫苦同乡施棺、资助贫困同乡。

（二）宁波旅烟同乡会

1924 年 12 月由旅居山东福山烟台的宁波商人发起成立。主要办理教育慈善事业。初为会长制，1929 年改为委员制，设委员长一名，执行、监察委员数名，会务由执、监委员合议处理。会内设图书室、养病室各一所，经费皆由会员劝募而来。1936 年会员人数为 200 余人。

(三)宁波旅鲁同乡会

1915 年由旅居济南之甬籍各界人士设立。以联络乡谊、图谋公益为主要目的,并呈报当局备案。成立之初,发起募捐,得 3000 余元,在济南二马路租地 1 亩 5 分余。前后两次建筑房屋 6 所共 58 间,名曰"福宁里"。以所得租金为该会后续建所基金及推广慈善事业之用。同时,在旅济甬人中发起一文捐,每月收入积累成该会之基础。该会设有四股:总务、文牍、调查、会计。办事人员皆为义务,不给薪。后自建会所,购有田产。会员有 100 余人,办理一切同乡公益事宜。

1915 年由宁波旅鲁同乡会制定简章。规定该会宗旨为联络乡情、举办义举;凡旅居鲁省者无论何界皆可入会成为会员;该会举办义举分施给困难同乡路费,凡旅鲁省范围内之宁波同乡,遇有因事失业或贫困疾病不能返家者,得有同乡 2 人以上介绍,经查明后,酌给川资;又施给运枢费,凡旅鲁同乡遇死亡在外,在浙闽会馆停枢 3 年后无力运枢者,得由商号 3 家以上出具证明介绍,由该会代为运归;赊财,规定该会之寿财分福禄寿 3 种,如用"福"字者须预先付价,用"禄"字者随缴随取,而用"寿"字者则先声明贫苦情形,先免缴价。简章还规定:该会筹款方式分特别捐、一文捐和义务捐,选举总、副董事 2 人,主持事务,又设司季 4 人,兼任调查收款等事宜;每年开常会两次。

第四节　华中地区的宁波会馆

一、湖北省的宁波会馆

(一)汉口浙宁公所

乾隆四十五年(1780),宁波商人最早在汉口建立的会馆之一浙宁公所在九如桥成立,其宗旨亦是在联络同乡和维持商业。宣统元年(1909)更名为宁波会馆。至今,在汉口的宁波会馆建筑仍然保存完好,见证着武汉这座商业城市的发展历程。

（二）汉口四明公所

汉口四明公所，光绪十九年（1893）由旅居汉口之宁波商人共同创建。地址位于汉口居仁坊杨家堤街。筑有房舍多间，以供同乡病故者停柩之用，又设有祭祀拜堂。每年春秋两季，由公所组织同乡祭祀。

四明公所设董事多人，有住馆董事1人，负责具体日常事务。公所经费由同乡各商号共同捐助，分年捐、月捐与临时捐。光绪三十年（1904），在史晋生主持下增设义地。1927年后，改设理监事制度，并向社会局定期登记。1941年11月，该公所为处理战时与公所有关之各问题而成立临时事务委员会，历时5年。1946年，始因同乡返汉者日众而恢复原来的理监事制度。

（三）宁波旅汉同乡会

宁波旅汉同乡会1924年成立，为宁波旅居汉口商人创建，初设办事处于生成里，1926年建成会所于汉口市府东五路205—215号。主要办理教育、公益、慈善等事项。初期以会长制运行，首任会长为盛炳纪。1927年改为委员制。办有宁波旅汉完全小学一所，规模甚大，成效颇著，曾获汉口市政府奖励补助。会员约5000人。

宁波旅汉同乡会复会委员会于1946年2月在汉口成立。推定康辛潮、叶启章、屠企伯、范厚甫、周赞卿、裘欣木、胡宇挺、张高级、王鹤声等35人担任委员，互推民安保险公司经理康辛潮为主任委员，并呈请登记注册。办理宁波旅汉同乡会复会事宜及临时公益善举。该会设在汉口四明银行内，至1946年年底，以原同乡会复会成功而告结束。

（四）宁波旅沙同乡会

宁波旅沙同乡会，1921年由旅居湖北荆州市江陵县沙市五权街的宁波商人发起成立。1925年后因会所长期被军队占住，且商业萧条，经济困难，会务日渐停滞。1935年改组。会员300余人，经费由甬籍商号及会员年捐开支。

（五）宁波旅应同乡会

宁波旅应同乡会建会年代不详，会址在湖北省应城县内。

二、湖南省的宁波会馆

湖南地区的宁波商人主要在长沙市内活动,早期就建有浙江会馆。20世纪40年代,在阮陵的宁波商人又参与成立浙江同乡会组织。

(一)阮陵县浙江同乡会

浙江同乡会1943年2月由旅居湖南省阮陵县的浙江(宁波)籍人士发起建立。其宗旨为"增强抗建力量,促进团结精神,协助社会,联络情感及辅导同乡间各种事业"。规定其任务为:(1)关于会员人数登记事宜;(2)关于各团体或个人事业之协助事宜;(3)关于失学失业之介绍及指导事宜;(4)关于各项文化事宜;(5)关于妇女运动事宜。以曹士徵为理事长,梁永刚、梁友舫等15人为理事,下设总务、辅导、社会服务、文化、妇女等股。会费以会员月捐为主。

(二)宁波旅湘同乡会

宁波旅湘同乡会建立时间不详,会址在湖南省长沙市浙江会馆内。

三、河南省的宁波会馆

河南省的宁波会馆最早建于道光年间,地点位于郑州和开封二地。新中国成立后仍在活动。

(一)宁波旅郑同乡会

宁波旅郑同乡会1921年3月由旅居河南郑县的宁波人创建,会址在郑县三马路友爱里。设正、副会长各1人,下辖总务、教务、交际、宣传四课,分别执行会务。办有宁波旅郑公学,专供旅郑甬籍同乡子弟就读。1936年调查会员人数为325人。

(二)开封浙江会馆

开封浙江会馆为浙江旅汴同乡会前身,初建于道光二十三年(1843),馆址为财政厅东街,即现开封市中医院所在地址。由宁波人李国照和绍兴人金鉴清共同出资建造,最初为乡祠性质,仅办理施药、舍棺等慈善事务,后因到开封的浙籍商人渐渐增多,捐款也日益增多,到光绪年间,会馆在原址上除重修扩建外,又先后购买4处房屋,房屋增至169间,置土地120余亩,会员亦增至 230 余人,会务发达。1931 年,开封浙江会馆更名为浙江旅汴同乡会。

浙江会馆 1931 年更名后,其宗旨为敦睦乡谊、抚恤孤寡贫困及帮助同乡子弟求学等。旅汴同乡年满 16 岁以上者,不分性别、职业,便具有该会会员资格。会长任期一年,每年 3 月 1 日召开会员大会选举。1949 年会长为金天然、陈仲超。该会馆曾办有旅汴同乡义务小学一所。1957 年学校停办,校产收归公有。

第五节　华南地区的宁波会馆

在广东,宁波商人最看中的是广州。康熙二十四年(1685),清政府开放广州、漳州、宁波、云台山为通商口岸。到了乾隆二十二年(1757),清政府关闭了漳州、宁波、云台山三关,只留广州一口对外贸易。乾隆二十五年(1760)在广州成立垄断对外贸易的“公行”。一口通商更凸显了广州的口岸地位,为此大批的宁波商人纷纷去广州做生意,从事转口贸易。当时的宁波商人主要与“公行”打交道。慈溪商人冯泽夫说:“窃维中外通商,始于乾隆年间,广东之香港斯时皆用粤人为通事,以通其言语,即我帮业广号者,均与十三行交易。”①

一、广州的宁波(定海)会馆

宁波商人在广州经营有一定的规模和人数,以维护宁波同乡利益为宗旨。清嘉庆年间,宁波商人在广州创建宁波(定海)会馆。

二、汕头的宁波旅汕头同乡会

1927 年,旅居汕头的宁波商人发起成立浙江旅汕头同乡会。为发展贸易,许多宁波商人在汕头建立分支机构。光绪二十三年(1897),宁波商人在汕头创办银行,所创民信局,在光绪年间最盛时数量可达数千家,营业范围

---

① 王耀成.石库门的主人:一个商帮的文化背影[M].北京:作家出版社,2005:83.

遍及宁波、汉口、上海、烟台、香港等地的民间通信网。汕头成了宁波帮的一个重要发展地,同乡会组织就是宁波商人的保护伞。近代以来,汕头是宁波商人涉足的重要地方。宁波商人从汕头购进白糖等物,而贩去的是棉花。

第六节　西南地区的宁波会馆

一、重庆的宁波会馆

乾隆、嘉庆年间,慈溪人陈坤元壮游楚蜀。道光年间的慈溪商人董承宽,"法计然策,游历四方,上瞿塘,溯巴,既望蜀道之难,复出山海关之辽阳、塞外"①,宁波商人的足迹已经遍及四川。同治八年(1869),宁波商人进口川贝38担,计值4600银两,从四川贩运到宁波的川芎为550担,计值5500银两。② 由宁波人经营的上海著名的药铺童涵春堂,是沪上国药号,该药铺从四川贩运药材到沪进行批发。

(一)旅渝同乡湖宁公所

湖宁公所又名浙江会馆、列圣宫,为清初渝中八大会馆之一。清乾隆年间由湖州、宁波两府药材、瓷器行商所捐建,位于重庆储奇门内之四牌坊。其经费主要出自按货所取的一定抽头。至民国后渐停岁时团拜、办会宴请之举,会所亦经常为军队机关占住。全面抗战期间旅渝甬人曾议及将其改建为同乡子弟学校。1940年被日机炸毁,仅剩残垣断壁,后曾由浙江旅渝同乡会发起重建。

(二)浙江旅渝同乡会

1.同乡会的组织机构

浙江旅渝同乡会由原重庆浙江会馆改称而来。随着来重庆的浙江同乡

---

① 转引自:乐承耀.宁波经济史[M].宁波:宁波出版社,2010:250.
② 中华人民共和国杭州海关.近代浙江通商口岸经济社会概况:浙海关、瓯海关、杭州关贸易报告集成[M].杭州:浙江人民出版社,2002:120.

日益增多,一些重要的浙籍人士将原来的同乡会进行改组,1942 年正式成立,会址在重庆储奇门内之四牌坊。按政府民众团体组织办法,选举理监事 33 人,以褚辅成、陈其采、张强、王延松、马文车、徐青甫等 11 人为常务理事,以褚辅成为理事长。该会设五组,第一组办理文电收发、印信文卷保管、该会工作报告汇编、各方交际等事项;第二组办理会员征求、调查、统计等事项;第三组办理该会经费预决算、经费之出纳及报销等事项;第四组办理关于抗战建国之工作,宣传品及刊物出版等事项;第五组办理同乡之教育指导与资助、介绍工作及其他同乡公益事项。各组设主任一名。

2. 会务活动卓有成效

同乡会设财产管理委员会,以黄元秀、沈钧儒、陈其美、沈仲毅、吴启鼎等人为常务委员。该会成立后,成立筹募基金总队,分各属发动筹募款项。至 1943 年 4 月,共募集捐款 158 万余元。在战时曾办理侨胞救济工作,发动各府旅渝同乡会募助。同时,战时为促进浙省内政,曾屡电浙省当局,要求增加教育经费。举办农民贷款,保护散佚民间藏书等。1944 年举办浙江兵灾急赈,于浙省灾情之减轻襄力颇多。该会又曾办有国医施诊处,由该会聘请同乡名医四处为旅渝同乡施诊。

浙江旅渝同乡会浙灾赈款保管处理委员会,是 1942 年由浙江旅渝同乡会为妥善处理浙灾筹赈会划拨款项而成立的机构。任命虞洽卿、屈映光、马文车、王晓籁等人为委员。屈映光为主任委员,负责向同乡贫苦学生及难胞发放救济金,先后发放 110 余万元。

3. 组织募劝救济灾民

1943 年,日军发动浙赣战役,浙省又有 11 县被占。民众流离失所,急需赈济。由戴传贤、陈行、钱永铭、周佩箴等人倡议,联络在重庆的浙省各重要公团共同发起筹建浙灾筹赈会,以筹集赈款,救济灾黎。该会以戴传贤为理事长,推黄季宽等 94 人为名誉理事,陈行、钱永铭、周佩箴等人为常务理事。又成立劝募总队,以戴传贤为总队长,又以翁文灏为副总队长。又定 100 队,动员各界力量进行劝募,以国币 3000 万元为劝募目标。

(三)四明旅渝同乡会

1922 年由穆赓照、夏渔笙、刘善卿等人在重庆发起成立,设事务所于浙江金钱公会,会址在重庆四牌坊1号,办有补习学校1所。1928年建成新会所,1929年在新春联欢会上改称为宁波旅渝同乡会。

(四)宁波旅渝同乡会

宁波旅渝同乡会由四明旅渝同乡会改称而来,设在重庆四牌坊1号。该会宗旨为"敦睦乡谊,维持公益"。1939年1月,该会经重庆市国民党党部重新立案,并修订会章,实行改组。又组成宁波旅渝同乡会福利委员会,置医务、救济、慈善、法律、介绍及娱乐等六组,推动各项工作之进行。该会同时代办运送同乡灵柩返籍。又每年举办新年联欢会。1929年会员人数972人,次年增至1053人。在全面抗战时期,该会曾派员参加重庆市空袭防护团。

《宁波旅渝同乡会会刊》于1942年由宁波旅渝同乡会印行。会刊内容主要包括会务、商情、论著、乡邦掌故、乡讯、会员录等,刊前有蒋介石题词"敬乡乐群",王正廷、虞洽卿、翁文灏、俞飞鹏、陈布雷等人亦分别题词。

二、成都的宁波会馆

(一)成都四明公所

1938年由宁波旅蓉同乡会发起创建。经募集款项,在成都沙河堡购置地块,建筑公所,主要目的是为旅蓉同乡之亡故者提供寄柩之所。又购置义地为无力归葬者掩埋之用。四明公所成为这一地区的宁波籍商人合力经商、沟通物资流通渠道的一个重要机构。

(二)宁波旅蓉同乡会

1.筹集款项支持抗日

宁波旅蓉同乡会1935年在成都成立,但会务一直没有多大起色。1937年抗日战争全面爆发后,由于宁波来成都同乡日众,方有正式活动,理监事会亦得以成立。1940年,同乡会响应全国寒衣运动会之呼吁,向同乡劝募寒衣,集款数万,送至前线。1942年又筹集款项,在石马巷购置会所。1943年与杭州旅蓉同乡会一起组织浙江旅蓉同乡筹赈浙灾劝募大会。该会当时筹集法币10余万元,汇解重庆浙灾筹赈会。历任理事长有黄可铭、邬峻山、方善育、虞善卿等人。

2.印行会员录，制定章程

宁波旅蓉同乡会会员录由宁波旅蓉同乡会 1943 年印行。内容包括绪言、论著、本会章程、本会理监事名录、个人会员姓氏索引、个人会员录、团体会员录等，篇前有虞洽卿、陈布雷等人题字。

1943 年 6 月由该会第六届第五次理监事修订的《宁波旅蓉同乡会章程》共 9 章 21 条。包括：定名、宗旨、会员及名誉会董事、会员权利及义务、理事会及监事会、理监事任期及联席会议、附则等。其主要规定如下。

(1)本会以团结互助、联络乡谊、交换知识及办理公益事业为宗旨。

(2)会员分团体会员、个人会员两种。团体会员以同乡行号分甲、乙、丙三种。个人会员分永久、赞助、维持、特别、普通五种。又设名誉会董事，以关心会务确有劳绩或捐助巨款及人格高尚者，皆可经理监事会议审查聘请。会员大会为最高权力机关，每年召开会员大会一次。

(3)设立监事会，理事 9 人、候补理事 3 人，由会员大会选举产生；理事互推常务理事 3 人，常务理事互选理事长 1 人。理事会负责处理会务，执行会员大会议决之事项。如办理决议案及会中兴革事务、筹集经费、订立规则、编制预算等。每半月召开常会一次，必要时随时召开临时会。监事会设监事 3 人，互选常务监事 1 人，负责督促会务。对理事会决议案发生异议时，得提交理事会复决。

(4)设基金保管委员会，负责保管基金，可随时检查收支账款，每两个月开常会一次。

第七节　东北地区的宁波会馆

一、辽宁省的宁波会馆

自宋以来，宁波商人在辽宁地区的活动，主要集中在沈阳、大连两地，且颇显成就：在大连的奉化人成为大连西服业的开拓者；在沈阳的宁波商人以金融业而出名,左右了当地的经济发展。

（一）宁波旅连同乡会

宁波旅连同乡会创办年代不详。同乡会位于辽宁省大连市老精华眼镜制造公司旧址。辽宁大连港至宁波港是北号商帮的一条重要航线（自宋以来就已畅通）。宁波商人把江南产的粮食、棉花运往辽东,又把辽东盛产的大豆、马铃薯、玉米等运回宁波。大连是我国北方重要口岸之一,宁波商人不但经营北洋航运业,服装业也做得风生水起,奉化人成为大连西服业的开拓者。① 宁波商人以团结乡情、互相乐助为宗旨,创建了同乡会。

（二）宁波旅辽同乡会

宁波旅辽同乡会建立时间不详。同乡会位于辽宁省沈阳市内鼓楼北科学仪器馆。在沈阳（奉天）聚集了鄞县的海商谢占壬、王铭槐开设的胜字号银楼,镇海人陈廷挈的中国银行（任经理）,东三省银行总办、奉化红帮裁缝创办的协昌洋服店及宁波乐叔繁开设的继仁堂药铺等,这批甬籍商人经营的著名企业为当地经济繁荣做出了很大贡献。

第八节　港台地区的宁波会馆

一、香港的宁波会馆

宁波商人在香港地区经商历史悠久,20 世纪 30 年代就已成立了商人协会,拥有会员 4000 人。其中由一批著名人士牵头组织的同乡会馆至今仍相当活跃,为香港的发展和家乡的建设做出了不少贡献。

香港苏浙同乡会 1946 年成立,前身为 1939 年成立的旅港苏浙沪商人协会。现有基本会员、赞助会员近 4000 人。主要为来自江苏、浙江、上海的旅港同胞。该会以团结乡侨、服务社会为宗旨,热心教育与社会福利事业。

1953 年以来,香港苏浙同乡会先后创办苏浙小学、苏浙公学、沙田苏浙

---

① 乐承耀.近代宁波商人与社会经济[M].北京:人民出版社,2007:149.

公学及葵涌苏浙公学,还设有医疗中心、苏浙公墓、台北花园公墓和两所安老院,并从1992年起资助内地教育机构和赈灾事业。甬籍人士阮维扬、叶庚年、叶谋遵等先后担任该会领导人。

二、台湾的宁波会馆

台湾地区的宁波会馆以台北市宁波同乡会为主体。

1947年8月,旅台宁波籍人士叶启发、应昌期等20余人发起成立台北市宁波旅台同乡会,1949年年底改称台北市宁波同乡会,会员均为设籍在台北市的旧宁波六邑(鄞、慈、镇、奉、象、定)和新的因宁波行政区域变动而增加的余姚、宁海等地旅台宁波人。其机构设置,由会员大会选举产生理事25人,构成理事会并推举常务理事7人,正、副理事长各1人;监事7人,构成监事会并推举常务监事1人;下设10个委员会,负责出版、教育、福利等工作。现在宁波帮博物馆还藏有台北市宁波同乡会会旗,长143厘米,宽97厘米,会旗由名称与会徽构成。会徽的图案以变形的"甬"字为主体,四周用连在一起的六颗星代表围绕的旧宁波府附属六县,整体采用圆形设计,寓含团结之意。

1963年,台北市宁波同乡会新会所落成,会刊《宁波同乡》同时创刊,至今已创办400余期。成立50多年来,该会本着"联络乡情乡谊,发扬自助精神,推进社会建设,协谋同乡福利"之宗旨,举办各项会务和社会公益活动,使旅台宁波籍乡亲守望相助,现有会员8000多人,是台湾成立最早、规模最大、经济实力最强和最有影响力的同乡会社团组织。

2018年5月,祖籍北仑霞浦的毛家瑜当选台北市宁波同乡会第十八届理事长,长期协助其父毛葆庆先生从事社会公益事业,现担任财团法人毛葆庆音乐文化基金会执行长,同时担任菁英联谊会会长和台北市视障音乐文教基金会顾问。

近年来,该会会务渐趋向故乡宁波发展,多方开展与宁波的联谊和交流交往活动,由组团返乡参访到举办两岸宁波乡情书画展,从组织甬台两地宁波籍大学生互访到发动在台乡亲为家乡捐资,兴办公益事业,创办企业,成绩斐然。2017年8月,迎来同乡会成立70周年庆典之际,时任浙江省委副书记、宁波市委书记的唐一军先生专门发贺电表示热烈的祝贺,向在台的各位乡长及亲友致以亲切的问候。台北市宁波同乡会在沟通两岸、联结甬台方面发挥了重要的桥梁作用,自1988年以来,先后30多次组织乡亲回故乡参观访问,为深化甬台交流合作、推动两岸关系和平发展做出了积极贡献。广大乡亲情系桑梓、造福乡里,踊跃参与甬台文化交流,积极开展甬台经贸合作,主动回乡兴办公益事业,有力促进了两岸同胞的文化认同、心灵交融、利益共赢。

宁波海峡宾馆地处宁波市江北区育才路屠家沿,1994年由台北市宁波同乡会捐资建造,1996年6月竣工开业。建筑面积1500平方米,宾馆拥有客房、会议室、商业中心等配套设施,是宁波市首家台商独资的涉外旅游宾馆,为旅台甬籍同胞回乡探亲、投资贸易,开展甬台民间经济文化交流提供了极大便利。

第九节　海外开拓的宁波会馆

宁波商人不但在国内拓展商贸活动,在海外经商也蔚然成风。《鄞县通志》称:"邑人足迹遍履南洋、欧美各地,财富日增。"①《定海县志》也说,"国外日本、南洋,以及欧美,几无不有邑商足迹"②。旧属宁波地区各县统称宁波,商人亦以宁波人为荣,出洋过海当以日本和南洋为主。他们含辛茹苦,通过"三把刀子"闯天下,依靠宁波人的传统美德和勤劳奋斗的双手,创造了非凡的业绩。在创业过程中,为了团结海外宁波商人,根据不同的情况成立了会馆、公所、同乡会以及商会。由于浙江、江苏、江西三省以及上海地理位置相邻,从事贸易相似,于是在侨民数量较少的情况下,经常会共同组成"三江会馆",甚至开放省籍,欢迎各省华人参加,以组织维系海外同乡间的情谊。本

---

① 张传保,赵家荪,陈训正,等.鄞县通志(第二):政教志[M].影印本.宁波:宁波出版社,2006:1586-1599.

② 陈训正,马瀛,等.定海县志[M].台北:成文出版社,1970:591.

节论述的这些会馆主要指以宁波人为主体或有宁波籍人担任过领导的会馆。

一、日本的宁波会馆

日本国地处东亚,与中国一衣带水,宁波商人在日活动的历史相当悠久。明清时期日本有不少宁波同乡会馆,如中华会馆、三山公所、三江公所(长崎、神户、大阪均有)等。

(一)函馆同德堂三江公所

咸丰九年(1859),日本箱馆(函馆旧称)开港,成为国际通商港,负责与外国进行交易,同时设立外国人居留地,中国东南沿海的华人纷纷前往经商,大多从事水产贸易,而一衣带水的宁波商人更是不会放弃这个机会。同治八年(1869),箱馆改称为函馆。在异国他乡,为联络乡谊,克服语言交流等障碍,更好地商讨贸易,旅日华侨于光绪二年(1876)左右成立同德堂,又因华侨中浙江、江苏和江西三省的人数居多,并掌握着领导权,光绪六年(1880)同德堂改称为三江公所,会址设在富冈町三番地。宁波商人在公所中有着举足轻重的地位,杨厚载、刁永祥、张尊三、潘延初先后出任公所领导。光绪三十三年(1907),公所被大火焚毁。

(二)函馆中华会馆

光绪三十三年(1907)同德堂三江公所遭火灾后,宁波商人张尊三、潘延初等侨领倡议,在原址富冈町三番地建筑关帝庙,同时在三江公所的基础上成立函馆中华会馆。于是发动募捐活动,又从宁波等地雇请工人,历时3年于1910年建成,建筑形制为中国式庙宇。

函馆中华会馆进一步扩大了会员招募的范围,会员不分省籍均可参加,但宁波商人仍占据着重要的领导岗位。张尊三被推为首任董事长。张尊三为古林张家潭村人,因在日中贸易中的杰出贡献而被日本政府授予蓝绶褒章。

(三)横滨城内三江公所

横滨是日本第三大城市,市中心松影町、山下町的"中华街"是华侨聚居地区,以前称为"南京街"。街两端入口处建有中国式牌楼,牌楼中央镶有"中华街"3 个大字。大街两侧有 300 多家商店、100 多家饭店,完全由华人经营,其中有很大一部分是宁波商人经营的。光绪十一年(1885),宁波商人在横滨建立了三江公所(会馆)。

(四)长崎首府三江公所

日本长崎县首府,古称深江浦。光绪四年(1878),在日本长崎和衷堂创建了三江公所。

(五)神户三江会馆

神户三江会馆前身是三江公所,建于 1912 年 4 月 24 日,位于日本神户市中央区,现为 2 幢颇为气派的 8 层大楼。现任理事长是原籍慈溪的姜成生先生。

(六)大阪三江公所

日本大阪三江公所,建于光绪十三年(1887),其杰出代表人物是在日本有"关西财阀"之称的华侨巨商吴锦堂(慈溪人)。

(七)东京中华旅日宁绍同乡会

东京中华旅日宁绍同乡会 1922 年在日本东京成立,是旅居日本东京的浙江宁波、绍兴侨胞联络乡谊、团结互助的组织。1926 年会员人数达到130 人。

(八)东京宁波旅日同乡会

1922 年由陈锦徐、何秉发等人创建于日本东京神田神保町。1923 年关东大地震后,房产被毁,会务停顿。1950 年 5 月重建后,周新桥为会长,第二年迁址至东京都中央区银座。郑勇昌、张和祥曾先后出任会长。1957 年4 月取得财团法人资格,将会长制改为理事长制,任期 2 年,张和祥任首届理事长,且连任 16 届,1987 年 11 月逝世后由丁志明继任。该会以"敦睦乡谊、团结同乡、发展福利、为会员排忧解难"为宗旨。1995 年有会员 260 多人。

东京宁波旅日同乡会是宁波籍旅日人士的主要侨团之一,一直在为宁波和日本之间的友好往来而努力。除了经济贸易方面的合作,为了教育下一代不要忘了根,同乡会还组织华侨子女到宁波参加夏令营,以宁波市花"茶花"命名的"茶花杯"国际华裔学生书法大赛,至 2014 年已连续举办了 13 届。

现任宁波旅日同乡会理事长傅建兴,除了在家乡宁波投资办厂,如今更是为致力于推进海外华文教育而在宁波、日本两地奔波。

二、泰国的江浙会馆

泰国江浙会馆位于泰国首都曼谷,曼谷"唐人街"为泰国最庞大繁华的市场,亚洲旅游业最兴盛的地方之一。1923 年 7 月 26 日,泰国江浙会馆在以为旅泰的江浙乡亲提供丧葬服务的江浙山庄基础上成立,其中沪甬籍华侨占多数。全面抗战期间会务一度停顿,二战胜利后恢复活动。因旅泰华侨中江浙籍人士相对较少,为了会馆的持续发展,同时也为了团结广大华侨力量,更好地谋取社会福利,在第 11 届会员大会时修改会章,规定不分省份、派别均可入会,会员几乎包括中国各省籍人士,以进一步联络彼此之间的友谊。

泰国江浙会馆以促进会员"敦睦乡谊和康乐活动、举办社会福利事业、中泰文化交流、敬老扶幼及救灾恤难等慈善活动"为宗旨,倡建华侨公墓江浙山庄,办理江浙华侨葬丧事宜,守望相助,沟通乡谊,组织文化娱乐活动和参与社会救灾。

宁波人徐长寿、胡国材等先后出任会馆领导人,1992 年陆恩达(原籍镇海,现为北仑区)出任第 30 届理事长,蝉联至 2006 年。陆在泰国从事乐器业,经多年创业,目前陆氏钢琴企业已执泰国乐器工业之牛耳。

泰国江浙会馆是泰国著名的九属会馆之一,虽然会员规模不算庞大,但成绩斐然。因最初进入泰国的江浙老侨民主要是一些身怀绝技的能工巧匠,故而会馆的纪念日就是鲁班的生日,泰国一座座美轮美奂的泰式宫殿都留下了他们的智慧和汗水,新侨民则大多从事商贸行业。随着中国改革开放的深入,中泰之间的贸易和旅游业迅速发展,江浙会馆又建立了江浙商会,搭建商务平台,进一步促进经贸发展。现任泰国江浙会馆执行理事长暨泰国江浙沪总商会主席均为泰国环亚工程顾问公司董事长邱烨先生。

三、新加坡的宁波会馆

（一）新加坡三江会馆

新加坡三江会馆原名三江会所,1906 年由宁波人傅竺贤等发起成立,1927 年更名为三江会馆。后来会员招募范围逐步扩大至除广东、广西、福建三省之外的内地其他地区同乡。该会馆实际上是个总会馆,内含宁波同乡会、上海公会、温州会馆、两湖会馆、江西会馆、天门会馆及华北同乡会等 7个组织,自会馆成立之日起,宁波籍人士一直在其中发挥重要作用,胡嘉烈等长期担任会馆领导人。会馆以"促进乡谊精神,团结为国家和社会谋福利"为宗旨,开展各项社会公益活动。

（二）新加坡宁波同乡会

20 世纪初,镇海、鄞县等地前往南洋谋生者渐多,为联络乡情,1937 年胡嘉烈等在新加坡发起成立宁波同乡会,邵逸夫任首届会长,胡任同乡会复兴董事会第一、二届主席。在胡嘉烈支持下,同乡会积极开展会务和慈善活动,在旅新同乡中享有崇高威望。此后水铭漳、朱承民、顾宝庆、崔珏琛等先后任会长。

四、美国的三江公所

1929 年,旅美的浙江、江西、江苏三省籍人士共同创办了美国纽约三江公所。作为历史比较悠久的纽约传统侨团,三江公所是一个非政治性、非营利的以联络乡情、服务乡亲为目的的社团组织。因为公所致力于慈善事业,纽约又位于美国东部,故而会馆又名"美东慈善三江公所"。

三江公所活动的宗旨是:团结同乡,共谋福利,积极参加美国主流社会和华人社区的活动,积极促进与祖国家乡的交流和联系。首届主席团由林凯、林德宪、刘虎生等 23 人构成。现任三江公所主席吴恺,为美国世界艺术家协会中国区理事长、中国艺术文化促进会理事长、中国艺术家官网顾问、中国国礼特供书法艺术家。

五、德国的汉堡中华会馆

汉堡中华会馆又称旅汉堡中华公会,1929 年由鄞县人陈纪林发起成立。

会员开始以海员为主,后扩展到汉堡各行各业的华侨及年满 18 岁的其他国籍友好人士。

汉堡中华会馆 1968 年正式制定会章,以促进中德关系为宗旨,协助旅德华侨与当地居民和衷共济,并推动当地居民更好地接纳华侨。同时改会长制为理事长负责制,任期 3 年,可连选连任。该会馆致力于管理维护华侨公墓及兴办华侨子弟学校,为侨胞提供各种服务。首任会长陈纪林,历任会长或理事长有陈顺庆、何培生、张大勇等。1989 年有会员 500 多人。1995年宁波市荣誉市民陈名豪出任理事长。

附录　现代有代表性的旅外宁波会馆介绍

一、上海市宁波同乡联谊会

上海市宁波同乡联谊会又名上海市宁波经济建设促进协会,1989 年 2月,在邓小平"把全世界的'宁波帮'都动员起来建设宁波"重要指示的指引下而成立。会址位于上海静安区南汇路 69 号宁波联谊大楼,第一届会长李储文,名誉会长张承宗。该会为促进沪甬两地经济合作和家乡发展献计献策,办了许多有影响的大事。此外,海内外同乡慷慨解囊,成立甬协基金会,累计资助学生 2500 人次以上。

二、宁波旅港同乡会

(一)同乡会宗旨与人选

宁波旅港同乡会又名香港宁波同乡会,由李达三、刘培康、水启宁等发起,于 1967 年 4 月 9 日在香港大会堂正式成立。创会初期会务经费并不充裕,租尖沙咀宝勒巷 1 号作会址。该会以团结乡亲,守望相助,立足香港,情系乡梓,胸怀祖国,为香港的繁荣和家乡及祖国的富强而努力为宗旨。李达三、王统元、曹伯中、包从兴、王惟翰、金如新、顾国华、周亦卿、李宗德等先后当选会长。2009 年更名为"香港宁波同乡会"。

现任会长李本俊,是香港宁波同乡会创会会长及永远名誉会长、香港大紫荆勋章获得者李达三博士的长孙。生于宁波东钱湖镇的著名宁波帮爱国人士李达三博士在为香港做出重大贡献的同时,始终不忘家乡建设,希望通过教育让祖国变得更强,媒体统计了李达三在家乡教育上的捐款,仅 2015 年一年时间就达 7 亿多元。

(二)影响极大的社团

该会成立以来积极参与香港各项慈善、福利、救灾等活动,创办了宁波公学、宁波第二中学。同时加强与家乡的联络与交往,以各种方式支持和协助家乡建设。对内地发生的灾害如华东水灾,安徽、广东、广西水灾,云南地震等进行捐赠并派人慰问,为香港繁荣和祖国建设做出颇多贡献。会员已从创会时的 53 人增加到 1000 余人,是香港社会颇有影响力的社团组织。

(三)香港宁波公学

香港宁波公学地处香港观塘功乐道,由宁波旅港同乡会兴办。1969 年经同乡会创会会长李达三倡议,宁波同乡会成立以王统元为主席的建校委员会,筹募建校基金。同年获香港政府拨地约 5500 平方米作建校基地,又获免息贷款 270 万元作建校之用。同乡筹得捐款约 150 万元。建校工程由 1971 年开始,次年全部竣工,公学借用天主教小学与女子中学。于 1971 年 10 月先行开办,至 1972 年 9 月迁入新校舍。1978 年该校正式参加政府分期,转为完全津贴中学,到 1982 年由原来开办时所注册之私立不营利中学转为政府津贴中学。公学开办以来得到同乡会及旅港同乡的大力支持,使学校得到了较快发展。到 1997 年已毕业学生 6000 余人,是观塘地区一所校风淳朴、信誉卓著的中学。

(四)香港宁波第二中学

香港宁波第二中学地处香港观塘天村,是宁波旅港同乡会创办的第二所政府津贴英文文法中学。1983 年经会长包从兴、校董会主席王统元、校监李达三提议,宁波同乡会理监事会决定筹建宁波第二中学,同年获香港政府拨款 200 万元作建校设备费用,同乡会与热心同乡又捐献 330 多万元作学校补充设施与办学基金之用。1987 年 9 月,校舍启用并正式开课。该校成立以来,又受到宁波同乡会及旅港同乡不遗余力的支持,除了资助学校先进设备,而且还设立多项奖学金,学校发展迅速,很快成为本地区教学设施先进、学风良好的优质中学。

三、香港甬港联谊会

香港甬港联谊会1980年8月由王宽诚发起在香港成立。包兆龙、包玉刚、安子介、陈廷骅、曹光彪、包从兴等220位甬籍旅港人士成为创会会员,宗旨是:本着互尊互助的精神,加强宁波和香港两地的联谊和交往,充分发扬港胞爱国爱乡的优良传统,为促进宁波的经济发展和香港的繁荣稳定,为统一祖国、振兴中华做出应有的贡献。

香港甬港联谊会成立后积极团结海外乡亲,促进乡情乡谊,牵线搭桥,在引进外资、支持国家和家乡各方面建设做出了一定贡献。继创会会长王宽诚之后,王剑伟、忻礼轼、周鸣山相继担任会长,现任会长为姚祥兴。该会每月举行理监事会,还开展旅游活动,代购飞机票、宁波土特产,举办书法学习班、医疗保健讲座,等等。

四、香港浙江省同乡会联合会

随着香港回归祖国,香港与内地间的交往日益密切,同乡社团作为沟通两地的桥梁,其作用和地位也日益凸显。为加强与浙江省内各同乡会之间的联系和合作,香港浙江省同乡会联合会应运而生。1998年11月在香港成立,由在港的浙籍社团联合组成,是香港浙籍同乡社团中最具影响力的团体,简称"浙联会",以爱国爱港、联络乡情、推广教育、促进经济、共谋发展、造福桑梓为宗旨。浙联会以浙籍各地同乡会为集体会员,并积极吸收浙籍旅港人士,会员包括浙江省政协香港委员、各界专业人士、社团领导等。

1998年12月9日,浙联会召开了第一次全体会员大会,选出了理事会组织成员。第一任会长由宁波东钱湖出生的李达三博士担任,并连任一届(每届两年);第二任会长由宁波镇海县(现北仑区)顾国华先生担任;第五任会长是宁波籍"金融界才子"、大唐金融集团副主席李德麟先生。

香港浙江省同乡会联合会荣誉会长有安子介、邵逸夫、陈廷骅、曹光彪、查济民、查良镛、胡鸿烈;名誉会长有孔祥勉、包玉书、包陪庆、包从兴、沈炳麟、李和声、金如新、吴家伟、马临、陆增祺、陈元钜、倪铁城、邬维庸、叶仲午、叶谋遵、汤于翰、赵安中。

五、香港上海总会

香港上海总会创办于 1977 年,由甬籍人士王剑伟和沪籍人士黄梦花等共同发起,其前身为上海联谊会,1980 年更名为上海总会,是一个非营利性社会团体。该会以"关心社稷、服务社群"为宗旨,热心公益,不遗余力,长期以来积极支持国家建设,为促进香港发展和沪港合作交流做出了积极贡献,是香港的一个十分重要的同乡团体。

上海总会现有会员近 2000 名,多为香港社会贤达和沪籍商界翘楚,以来自上海、浙江一带的旅港同胞为主,也吸收了其他省籍人士,甚至海外侨胞及外籍人士为会员。其中,宁波籍人士占了绝对优势,如包玉刚、邵逸夫、陈廷骅、董建华等先后担任该会名誉会长;李和声、王惟翰、董伟、孙烈辉、邹星培、周鸣山、王绪亮、郑仲河、曹其东分别担任正副理事长。

六、香港舟山同乡会

历史上,舟山曾为宁波所辖,香港舟山同乡会成立于 1989 年 2 月,由香港舟山海外同乡会更名而来。首届会长杨良鏊,现任会长杨咏曼,并聘请董建华等著名旅港人士为名誉会长。其宗旨主要是联系旅港舟山同乡,促进相互之间沟通及交流,并为旅港同乡提供各种服务等。该会成立后,在大力开展会务活动的同时,加强与家乡的联系与交往,已捐资在家乡举办多项社会公益事业。

七、澳门苏浙沪同乡会

澳门苏浙沪同乡会 1996 年 8 月正式成立,曹其真任首届会长。其宗旨是:爱国爱乡爱澳门,团结同乡,为澳门的安定繁荣而努力,联络同乡,宣传祖国和家乡的改革开放及经济建设之活动,推动会员为家乡建设做贡献。会员来自社会各界,成立时有 250 多名会员。

八、澳门宁波联谊会

澳门宁波联谊会是澳门第一个宁波籍社团组织,2018 年 8 月 23 日成立,为促进甬澳人民相知相亲架起了新桥梁,为深化甬澳交流合作搭建了新平台。① 澳门宁波联谊会为非营利性社团组织,康成良就任第一届会长,陈捷、林卓华等任副会长。联谊会旨在团结引导在澳宁波籍乡亲,弘扬爱国爱澳爱乡优良传统,参与澳门经济、社会、文化、公益事业发展,推动宁波与澳门的交流合作。

九、日本兵库县浙江同乡会

浙江同乡会 1989 年成立,会址在兵库县。甬籍人士卢德财为首任会长,成立之初有会员 250 多人,其中宁波籍人士占大多数。该会以"促进会员间互相理解、亲睦友爱、增加团结"为宗旨,积极开展各项活动,加强与家乡的联系。

十、日本东京留日华侨浙江同乡会

1968 年由旅日宁波籍人士张珑堂、张珑庭和温州籍人士潘岩发等人发起在东京建立。潘岩发为首任会长,郑勇昌为顾问,此后,宁波籍人士王家福、刘京荣、张珑堂先后担任会长。该会成立以来,多次组团到祖国和家乡访问,并为加强旅日华侨与祖国的联系和中日民间交流做了大量卓有成效的工作。

十一、澳大利亚宁波同乡会

澳大利亚宁波同乡会于 2016 年 3 月在墨尔本市成立,会员近千人,经澳大利亚政府批准设立,是独立的公益性社团组织。同乡会旨在为澳大利亚的社会经济发展和家乡宁波的繁荣牵线搭桥,促进经贸、文化和科技等领域的合作与共同发展。祖籍宁波余姚的余姚精韬五金有限公司董事长徐柏聪先生被推选为同乡会创会会长,2018 年换届选举中徐柏聪连任新一届会长。

同乡会的宗旨是:团结宁波人,弘扬宁波人勤奋、诚信、果断、团结的品质,促进宁波和墨尔本乃至中澳之间的社会、经济和文化等交流。为了让更多侨胞及其子女感受到祖国的变化,2019 年暑期,同乡会与宁波市侨联合

---

① 朱宇. 澳门宁波联谊会成立,甬澳交流搭建起新平台[EB/OL].(2018-08-23)[2019-04-06]. http://news.cnnb.com.cn/system/2018/08/23/008781329.shtml.

作,带领 30 多名澳大利亚华裔学生回乡,通过参观王阳明故居、河姆渡遗址等文化地标,开展寻根之旅,唤起他们对故乡的热爱。

十二、澳大利亚浙江同乡会

澳大利亚浙江同乡会 1996 年 12 月在悉尼成立,主要由来自宁波、杭州等地的新移民组成。成立时有会员 195 人,联系会员 235 人。首届会长胡蓬,祖籍宁波,出生于杭州;副会长孙小力、陈伟、姚亦仕;秘书长岳伟民;监事长娄伟。现任会长姚亦仕,原籍宁波。

同乡会的宗旨是:倾述乡情,增进感情,为侨胞解决一些实际问题,加强与其他社团及大使馆的联系,特别是加强与家乡浙江的联系,以促进浙江与澳大利亚在各个领域的交流和合作,寻求共同发展。该会成立后积极开展各项联谊活动,同乡会还下设 21 世纪多元文化交流中心等组织,很好地推动了中澳文化的交流。

十三、美国中华宁波商会

美国中华宁波商会于 2011 年 2 月在曼哈顿华埠成立,是世界中华宁波总商会在美国的兄弟友会。首任并连任至今的会长胡运熹,同时也是世界中华宁波总商会副会长,自 1968 年来美后,胡运熹成功地在曼哈顿经营一系列超市和饮食产业,他认为华人经商之道就应该抛开地域之见,提倡良性竞争,发挥宁波人精明能干的经商特质,为会员谋福利。

美国中华宁波商会希望广泛团结华人社团、工商企业家和侨胞,促进中美商务协作和祖国家乡繁荣,同时也热切欢迎宁波籍以外的侨商加入。

十四、旅德宁波同乡会

1998 年 3 月 16 日,由宁波市荣誉市民陈名豪发起,在德国汉堡成立旅德宁波同乡会。由旅居德国的宁波籍华人华侨组成,会员近百人,是欧洲地区首个宁波同乡会组织。同乡会设理事会、监事会。首届理事会由 9 人构成,陈名豪当选为理事长,名誉理事长由姚绍裘担任,陈名馥、陈富得担任副理事长。

同乡会的宗旨是:联络感情,服务家乡,相互帮助,不论地区和信仰,海外宁波同乡是一家。

十五、新西兰宁波同乡会

新西兰宁波同乡会成立于 2015 年 5 月,是在宁波市政府有关部门的关怀和支持下,由旅居新西兰的宁波籍侨胞组织成立并在新西兰政府注册登记的公益性机构。同乡会主要由各个时期的技术移民、投资移民和留学生等群体组成,目前有会员 170 余人。会员在新西兰从事的行业涉及制造业、科技开发、贸易、房地产开发和服务业等。

同乡会的宗旨是:服务于新西兰的宁波老乡,增进乡情和对家乡发展的了解,增强侨胞们对祖国的向心力,促进新西兰与宁波及祖国的经贸交流,加强宁波与姐妹城市奥克兰的联系和交流。

第五章   宁波会馆的组织管理与基本职能

自明清后,中国工商史上出现过十大商帮,包括最早崛起的山西晋商、富裕而儒雅的安徽徽商、勇于冒险进取的广东粤商,还有伴随着官方的朝贡贸易及海禁政策而兴起的福建商帮,而后者早在宋代就已经通过海上贸易将福建会馆"落户"在宁波。除了上述根基厚重的大型商帮,还有陕西、山东、江西等地的商帮,各有特色并自立于商帮之林。相比之下,宁波帮属于后来者,但是发展迅速,活动区域遍布国内外,1984 年邓小平的一句"把全世界的'宁波帮'都动员起来建设宁波",让宁波帮闻名世界。

虽然早在明末,宁波的药业、成衣业等已经在京都建有会馆,但宁波帮的真正崛起却是在鸦片战争之后,以新兴的近代工商群体的姿态傲立于全国商帮之前列,所经营的药材业、成衣业、航运业、金融业等至今都闻名遐迩。探索其快速成长的原因,与宁波人对会馆的管理是密不可分的。宁波会馆的管理不能说是最好的,但却符合了会馆发展的需要、符合了当时的国情,最重要的是有一套适合自己实际情况的组织管理制度。

第一节 宁波会馆的组织体系

在中国商业史上,宁波帮之所以能后来居上,成为近现代中国经济舞台上的佼佼者,除了受惠于自身悠久的商贸传统的滋养外,还有一个重要的原因就是:这个群体精于管理,人才辈出,观念开放,善于接受新鲜事物,敢于冒险且与时俱进。虽然每个成功的宁波帮人士都有不同的经历,但总结起来大多有以下几个特点:独立创业,勤劳致富;以德兴业,诚信做大;与时俱进,开拓创新;理性经商,视野宽广;报效祖国,造福桑梓。① 可以说,宁波人所创建的会馆正是其精神的寄托。

旅居外地的宁波人,因为长期在异地经商打拼,远离故土,于是在客地定居后,为了维护客地同乡的利益,需要建立一个以地缘、血缘关系为基础的同乡组织来保护自己,同时联络感情,互帮互助。尤其是当"客死他乡"这种最为不幸的事发生时,有同乡组织能让自己魂归故里,是特别符合中国这样一个农业国度里人们对"身后事"异常重视的观念的。《四明公所义冢碑》中云:"久客他乡,死生莫必,……子若孤,莫知其所,良可悼叹。"②表明了宁波人对客死异乡的担忧。

除了同乡联谊的会馆,还有以相同行业的"业缘"为纽带组成的行业会馆。从事相同行业,同乡或者不同乡的商人和劳工,在异地打拼,为了应对在外经商、从业过程中遇到的困难,处理复杂的社会关系,便于业务上更好地交流,保护同行利益,遂组成同业组织、劳工团体,如药业会馆、庆安会馆、钱业会馆等。宁波人出外经商务工大多有亲帮亲、邻带邻的习俗,同行和同业的界定有时并不清晰,如四明公所便是二者兼具。

下面着重以同乡会馆和行业会馆中最有代表性的上海四明公所、宁波旅沪同乡会、庆安会馆、钱业会馆等为例,就宁波会馆的组织构成、经费管理

① 钱茂伟.宁波历史与传统文化[M].宁波:宁波出版社,2007:69-75.
② 上海博物馆图书资料室.上海碑刻资料选辑[M].上海:上海人民出版社,1980:259.

等做一介绍。

一、上海四明公所

(一)上海四明公所的会员组成

1.上海四明公所的会员情况

四明公所初建之时,即是"合四明同乡之游宦服贾者"组合而成,规定凡是同乡,不论贫穷富贵、职业高低贵贱,均可加入。在此后不断修改的章程中亦未明确规定公所会员的资格,使公所具有较强的社会影响力和渗透力,涵盖的会员范围极广。

至于四明公所会员的职业分布,根据1936年国立浙江大学对四明公所的问卷调查可见,四明公所会员的职业比例为:学,1%;农,1%;工,29%;商,39%;政,1%;医,1%;其他,28%。[1] 表明四明公所的会员大多还是来自工商界,这与旅沪宁波人从事贸易以及做劳工的人数较多有关。

2.上海四明公所的领导人

四明公所的最高权力机构为董事会。董事会握有议定各事及执行的权力,由创立者的后裔及原有董事组合而成,额定9人,缺额时由董事会公议推补。另由董事会推定一位值年董事,管理公所内一切事务,此人任期无规定年限,其产生亦不需会员选举。

公所的董事、总经理等领导者一直是由同乡人中有巨大贡献和能力超群的佼佼者担任。四明公所最初即由费元圭、潘凤占、王秉刚等有成就的旅沪商贾发起首创,他们也是公所最初的董事,此后公所的董事职务也多由一些有非凡成就的富商巨贾担任。其中最典型的便是在四明公所被毁后出巨资重修公所的镇海方家,这样的特殊贡献,使方家一直是旅沪宁波人中最具声望的家族之一,如方亨宁、方亨黉、方仁照、方基、方继善、方舜年、方积钰、方椒伯等,都是公所中举足轻重的人物。有一段时期,方家开办的方镇记商号甚至成为公所董事、经理等集会议事的场所。[2]

---

① 　何品.上海四明公所档案选(一)[J].档案与史学,1996(6):16-20."军界"原文空缺。
② 　上海博物馆图书资料室.上海碑刻资料选辑[M].上海:上海人民出版社,1980:430.

根据《上海四明公所大事记·董事表》的记录，镇海方家历年都有人担任四明公所董事。道光年间，方亨宁（字建康）、方亨黉（字建伦）、方椿（字梦香）；咸丰年间，方仁照（字浩然）；同治年间，方基（字性斋）、方继善（字黼臣）；1915 年规定董事会章程后继任者有方舜年（字樵苓）、方积钰（字式如）；1919 年，公义联合会董事为方积蕃（字椒伯）。这就使得董事这一职位的更替带有世袭的意味。另外如李也亭家族、严信厚家族、朱葆三家族等，因先后在四明公所内也发挥过重要作用，其后代也得以接任董事职位。以方家为首的世家大族在四明公所中的作用与影响，是传统社会功能的继承和延续，他们依恃其传统的功名身份和文化权威，始终保持着对基层社会的领袖地位，他们以增进家乡福利、保护桑梓利益为己任，承担了诸如公益活动、排解纠纷、兴修公共工程等社会工作，但同时也使公所具有一定的封建性和专制性。

作为民间团体组织的四明公所，领导者中也不乏绅商。因为有了绅商占主导地位，与官府的联系就有许多便利。四明公所董事中不少人都有官衔，如严信厚是花翎二品顶戴直隶待用道，叶澄衷捐班观察使、道台衔，虞洽卿也是花翎二品顶戴江苏试用道。这些具有"特殊背景"的商人担任公所董事，扩大了公所的社会影响，最典型的就是公所董事托请担任上海知县的定海人蓝蔚雯"援案详请编入官图，免常赋以为例"一事。公所自嘉庆年间创建后，一直缴纳常赋，蓝蔚雯应允将公所之地编入官图后，能详免税课，他还亲自撰文"泐石志之"，以使"后之膺斯责者，其曲体前人经画之难，而力行之也可"。① 自此，公所经费得以日渐充裕，但由于顾虑较多，也使一些人在对外交涉中因顾身家而更易妥协退让，这在第二次"四明公所事件"中表现得较为突出。

3. 个体会员与团体会员共存

四明公所的会员组成既有个体会员，又有团体会员。清末，随着宁波移民集团在上海迅速崛起，除了商贸、金融、航运等行业的成功开拓，还有大量的普通劳工在上海交通运输业、工业、手工业、服务业中占了很大比例。在

---

① 　上海博物馆图书资料室.上海碑刻资料选辑[M].上海:上海人民出版社,1980:260.

宁波人相对集中的行业,为了自身利益发展,都会组建一个个独立的同业组织或劳工团体,如当时上海三大轮船公司——太古、怡和、招商局轮船上的水手,码头上的扛夫小工等,均以甬人居多;在为寓沪外侨服务的厨师、仆役、洗衣妇中,亦有三四万甬人,于是四明长生会建于同治三年(1864)、头摆渡码头百官船户兰盆会建于同治五年(1866)、木业长兴会建于光绪五年(1879)、肉庄诚仁堂建于光绪十六年(1890),还有竹业同新会建于光绪十八年(1892)、内河小轮业永安会建于光绪二十四年(1898)……因为人才欠缺,组织管理不善等,加之都属于宁波同乡,最后这些同业或同事间结合的小团体都加入四明公所,以团体会员的形式,在服从四明公所的管理下还有自己独立的章程和理事选举制度,以处理本团体事务,若涉及全体同乡的,则提交到四明公所处理。据1916年的统计,四明公所内部竟附着了近百个同业或非经济性小团体,大体可分为五类。①

同业团体:同善会(渔业)、崇德会(海味行)、济安会(酒业)、永兴会(南货)、敦仁堂(猪业)、喻义堂(药业)、诚仁堂(肉庄)、兰盆会(头摆渡码头百官船户)、永安会(内河小轮业)、永生会(铜铁机器业)。

手工业团体:长寿会(石作)、年庆会(木作)、同义会(银楼)。

新式同业团体:钱业公会、五金公会、永济社(洋货)、泰西食物公会。

劳工团体:四明长生会、均安会(水手)、焱盈社(烧炉工)、集全会(马夫)。

非经济团体:惜字同仁会、大乘聚心会、清明协议会、善济万灵会、关帝会、焰口会、冬至会。

四明公所这一同乡组织自此又打上了同业团体的色彩,同时为了防止各会人事变迁,难以持久,不少小团体都将钱款、房产等归入四明公所,如长生会每年派人至会员处集资,并将盈余资金存公生息,兰盆会、长兴会、诚仁会、同新会、永安会、同议会、永生会等也都采取了这一方式,使各同业团体与四明公所的关系愈加紧密。

《上海四明公所档案选(一)》记载云:"凡甬人旅沪各业各帮大率有会,

按其名业共计百余,皆总汇于公所,故上海各社会以甬人为巨擘。"①这种同乡、同业组合的新结构,具有史学界所称的复合结构的特征,既增强了四明公所的影响力,也有利于宁波人在上海的发展。

(二)上海四明公所的民主化管理

在光绪二十四年(1898)"四明公所事件"中"仗义抗争"的沈洪赉由于表现突出,于光绪二十八年(1902)被推举为四明公所掌门人,他经过大力整治,如向同乡公布经费情况、对公所的组织结构进行创新改造等,使公所面貌大为改观。

他还在 1911 年提议创建公义联合会,规定由每年捐纳会费的各业会员组成,如会员属团体,则可派代表 1~10 人。由会员选举 9 名董事,从中推举 1 人为会长,任期 1 年(沈即为首任会长)。在董事会与公义联合会之下,设经理及事务员若干名,具体处理公所事务。经理、司账的任命需董事会与公义联合会共同决定,受两会共同领导。公义联合会的创立,一定程度上防止了少数人的专断,使多数会员有参决公所事务的权利,不仅起到监督作用,且负有辅佐董事会处理内外一切事务之责。

民国之后,公所的组织管理更趋民主,封建性渐渐减弱。1915 年,因会务渐至繁杂,公所议定改变原先"有事始集,会无定期"的状况,每年 4 月由董事会与公义联合会共同召集大会一次,"凡损益兴革诸大端,悉取裁于会议"②。每季开常会一次,如发生特别紧急事务时,可召集临时大会。同时推选一名董事担任值年董事,处理常务;另由公义联合会的董事负责报告会计账目,提议案件。在同年 8 月召开的临时大会上,议举由方积钰掌管银钱,周鸿孙掌管产业;公义联合会也公推唐盛廉为会长,陈征献、陈仁琅管银钱与产业诸事。1916 年 4 月,董事会与公义联合会召开常年大会,由方椒伯草拟的《上海四明公所章程》,对公所的宗旨、组织、事业做了更详细、明确的规定,确定公义联合会的董事为 6 人。1919 年 4 月,大会又修订了章程,增选公义联合会董事为 9 人,并推补洪贤钫代替故去的周林庆为会长,由此明确

①　何品.上海四明公所档案选(一)[J].档案与史学,1996(6):18.
②　彭泽益.中国工商行会史料集[M].北京:中华书局,1995:910-918.

确立了董事会与公义联合会共同领导的组织结构。可见,四明公所组织结构经过不断的发展完善,虽然仍带有传统组织及观念的痕迹,但已具有一定的民主萌芽的特点,如董事制、经理制及公义联合会的辅佐,使得公所作为传统同乡组织的同时又具备现代社团的特征,具有转型社会特有的时代烙印。

(三)上海四明公所的会务活动

从根本上而论,同乡团体的宗旨是维系、团结客居异地的同乡,这主要通过同乡团体经办的事业而得以体现,四明公所也不例外。设义冢、建殡舍,为同乡赊材、寄枢,最终帮助他们运棺回籍,是四明公所最主要的事业。公所最初创立时,就是为旅沪同乡"谋所以安旅榇"。为此,章程中对于停棺寄枢、赊材售材等事项都做了详尽的规定。对于贫困同乡,公所更是照顾有加,先于道光十六年(1836)设赊材局,贫困者可以先领棺木,随时量力纳资,永不向索;对于欲扶棺归葬而无经济能力者,则酌情给以资费,以遂其愿;后又于光绪三十三年(1907)定领枢资助例则,规定凡后人无力领枢者,报明原籍住址,公所可以代运到埠,如若自己承运,则资助洋二元。"所以安旅魄、恤孤贫,可谓委曲周挚矣。"①在安土重迁的中国社会,拥有同一个故乡,死后归葬故里,是旅居同乡最重要、最一致的文化认同,况且"上海距四明程甫千里,扶榇尚易,遽而掩埋,死者与其子孙,恐有饮憾"②。四明公所通过为乡人寄枢施材,不仅强化了地域观念,也增进了旅沪同乡的凝聚力。

公所初创时即设置殡舍,用以安置同乡枢棺。初时仅有厂屋 20 间,嘉庆十四年(1809)添建 30 间,道光十一年(1831)又添置 50 间。1924 年存放于公所内的棺枢即达 5209 具,1933 年达 3435 具。③

公所还规定,凡经三年未搬取的棺木,便安葬于公所义冢。光绪八年(1882),方继善等鉴于位于法租界的义冢"屡起交涉",因而在宁波甬江北岸购地置义山,称"甬公所",凡在上海四明公所停放一年的灵枢,于清明或冬

---

① 何品.上海四明公所档案选(一)[J].档案与史学,1996(6):16-20.
② 上海博物馆图书资料室.上海碑刻资料选辑[M].上海:上海人民出版社,1980:259.
③ 上海通社.上海研究资料续编[M].上海:上海书店,1984:289-304.

至运到甬公所,若再过一年仍无亲族收领棺枢,便由公所代为移葬义山,编号立碣。以后公所又陆续建造西厂、东厂、南厂及北厂。光绪三十二年(1906),昆新四明公所提出:愿捐若干经费,由上海四明公所接收棺枢,再转送宁波甬公所,然后由宁波府属的各县相应处理,解决"旅榇运甬,跋涉惟艰"的问题。此后,天津、南京、汉口、温州、湖州、太仓、吴淞等地的宁波同乡会馆也相继援引此例。上海四明公所除了处理旅沪同乡的停枢、运棺、赊材等事务,还接受外埠宁波同乡组织的委托,从上海运棺到宁波,四明公所因而成为外埠至宁波运棺的转运站。随着外埠转送公所的棺枢增多,1911 年又在甬公所增建接收外埠棺枢的义厂。

作为四明公所最根本、最重要的事业,棺枢的运送、赊材的规定都是记录在每次公所修订的章程里的。原本一般由帆船从内河经由杭州运至宁波,春冬各一次,每年送回宁波的棺枢达一千二三百具。光绪二十七年(1901)后,改由轮船运枢。公所与轮船招商局和英商太古公司商定,每年清明和冬至,由二公司分别承运四百具,余下三分之一仍由帆船运送。宣统元年(1909),公所与由甬人创建的宁绍轮船公司议定,专门由该公司运棺回甬,其他公司不再分载。据记载,仅 1933 年,公所保管的棺木有 3435 具,但运回故乡的却有 3824 具,又赊材 513 具。①

公所成立赊材局,然而亏本严重,至 1928 年,亏损已达 20 万元,于是同年 7 月,公推虞洽卿为总队长,募集赊材基金 20 万元。根据《四明公所募集赊材捐特刊》第一号登载,每具赊材成本约需 43 元 4 角②(见表 5.1)。1928 年 7 月 17 日,四明公所特地刊发了《四明公所募集赊材捐特刊》第一号,以后每星期三及星期六出版,至 1928 年 9 月 15 日第十五号结束,共收捐款 2828.5 元。③

---

　①　上海通社.上海研究资料续编[J].上海:上海书店,1984:304.
　②　葛虞臣.赊材估计表[J].四明公所募集赊材捐特刊(第一号),1928-07-17(2).
　③　葛虞臣.赊材估计表[J].四明公所募集赊材捐特刊(第十五号),1928-09-15(3).

表 5.1　上海四明公所赊材成本估计表

费用名称	单位数量/具	单价/具	总价
福建杉木	双连 3 支	6 元×2×3	约 36 元
合工	1	2 元 5 角	2 元 5 角
漆工	1	2 元 2 角	2 元 2 角
锯工	1	1 元	1 元
钉珠	1	1 元	1 元
铁环	1	4 角	4 角
锁子	1	3 角	3 角
合计	1		43 元 4 角

来源:根据《四明公所募集赊材捐特刊》第一号整理。

公所还兴办医疗机构,为贫民赠医施药。光绪三十二年(1906),公所在大殿两廊设施医局,一开始非常简陋,后投入 8 万元巨资在公所建造了一座巨大的院所,规定凡是来看门诊的贫民,不管是不是宁波人,一律免收诊费和药费;如果是宁波老乡,则待遇更优,除了免除门诊费用,如需住院治疗,则药费和餐饮费也都全免。据统计,仅 1933 年的住院病人就达 1951 人,而门诊病人更是多达 60343 人。

二、宁波旅沪同乡会

(一)宁波旅沪同乡会的组织结构

宁波旅沪同乡会的组织结构随着社会局势的发展,前后多有改变。同乡会成立之初的组织结构相对较为简单,据 1924 年《宁波旅沪同乡会会员题名录》:除了正、副会长及 28 名董事外,下设审查、评论、文牍、经济、会计、调查六科,分别处理同乡会日常事务。此后随着同乡会事务的日渐繁杂,其组织结构也日趋完备。1923 年设立理事长,由李征五担任,朱葆三、虞洽卿为正、副会长(1926 年 9 月,朱殁,虞升任会长,傅筱庵、方椒伯为副会长)。下设一、二科,还有审查委员、评事委员、调查委员、教育委员、出版委员等 16

类委员分管各项事务；1927年改组，于正、副会长之下，分别有监察委员、基金委员、常务委员、执行委员等，其下又设二科，励建侯为第一科主任，乌崖琴为第二科主任。1928年，扩二科为四科，分别负责慈善解难、会计事务、职业调查介绍、普及教育与风俗改良。1929年，根据修订后的会章，改会长制为委员制，选举虞洽卿为委员长，陈才宝等为执委，谢蘅牕等为监委，陈子埙等为基金委员。同时废四科，改设会务、学务两主任。1930年，按国民政府教育部令，组织校董会，废学务主任，推乌崖琴为常务校董。1937年，又改订新章，会务主任张申之以年高辞职，由常务理事方椒伯兼任（全面抗战期间，宁波旅沪同乡会按国民政府劝令，未召开会员大会及举行改选，由原任职员维持会务）。

可见，宁波旅沪同乡会的组织结构从早期的简单发展到后期的严密，变化较大。这一方面是为了适应事务发展的需要，另一方面是受到了政府机构设置的影响。如南京国民政府成立后采用委员制，同乡会也于1929年将会长制改为委员制；当南京政府确立了三权分立的体制后，同乡会也相应确立了会员大会制及执行、监督分立的制度。同乡会的最高权力属于每年召开一次的会员代表大会，其有权决定"章程之变更，理监事之选举，其他重要事务之决议"；会员代表大会须有总额过半数以上的会员代表出席，才得开议提案；提案之议决须经到会会员代表多数通过；如有特别紧急事项，由理事会决议，1/5以上会员代表署名，叙明理由，可召集临时会员代表大会；理事、监事召开常务会议时，先汇报此前会务执行情况，再各自提出新的议案，交由会议讨论，或附议或反对，最后表决，通过则由执行理事办理，并由监事负责监督。① 这一套严谨的组织制度使宁波旅沪同乡会的组织结构在一定程度上具有规范性、民主化的近代社会团体的特征。

（二）宁波旅沪同乡会的会员构成

同乡会对会员的资格有较为详尽的规定。其会员分为基本会员、赞助会员、特别会员、维持会员、普通会员等几类，均以年缴会费多少相区别。

---

①　郭绪印.老上海的同乡团体[M].上海：文汇出版社，2003：52-53.

1928 年的同乡会章程规定：凡旅沪同乡品行端正，经会员一人之介绍，年纳会费洋五角者为普通会员，洋一元者为特别会员，洋二元者为维持会员，洋五元者为赞助会员，洋拾元者为基本会员；捐资在一百元以上者为永远名誉会董。当然，各级会员在权利上并无差别："凡会董会员一律平等，均得享受本会各种利益，并有选举及被选举权……凡会员有不遵照会章缴纳会费者，停止其会籍。"①显然，将会员分等主要是出于筹募会费之虑，但规定会费的最低限额，也使最贫穷的同乡无法进入同乡会组织。从宁波旅沪同乡会编制的 1924 年和 1928 年会员题名录来看，1924 年题名录中的会员分为现任职员、特别名誉会董、永远会董、学务董事、公学校董、赞助会员、特别会员、普通会员等八个部分②，到 1928 年时，其会员构成除增加了"基本会员"一项外，没有大的变化。另外，对 1928 年题名录中"普通会员"籍贯的统计显示，共有约 844 名普通会员，其中鄞县籍 348 人，约占 41.2%，名列第一；镇海 150 人，约占 17.8%，居第二；其后依次为慈溪 116 人，约占 13.7%；定海 37 人，约占 4.4%；奉化 27 人，约占 3.2%；象山 2 人，约占 0.2%；其余未详。③同乡会为收"集合群力，增厚团结"之效，频繁地举行会员征集大会。同乡会第一次征集会员大会于 1916 年召开，第二次是在 1920 年，之后一般每两年举行一次（至 1948 年共举行过 15 次）。每次征集会员大会都是先成立征求总队，设总队长、副总队长、总参谋等，由甬籍名人充任，然后成立二三百个分队，分别在宁波同乡中征集会员，劝募经费。每次征集大会以一个月为期。各分队为响应"凡我甬人亦宜急起直追，协赞新猷，图本会之扩展"的号召，踊跃争先，因而每次征集大会都使会员人数大增，经费充实。据 1921 年《宁波旅沪同乡会纪念册》，可知 1920 年征集大会各队成绩，见表 5.2。

---

① 郭绪印.老上海的同乡团体[M].上海：文汇出版社，2003：52-53.

② 宁波旅沪同乡会.宁波旅沪同乡会会员题名录：民国十三年[Z].宁波旅沪同乡会，1924：312.

③ 宁波旅沪同乡会.宁波旅沪同乡会会员题名录[Z].宁波旅沪同乡会，1928：403.

表 5.2　1920 年征集大会各队成绩

名次	队名	永远会董/人	名誉会董/人	特别会员/人	普通会员/人	总积分数/分
第一名	宁机队	22	50	245	1894	6000
第二名	宁华队	20	39	187	520	4329
第三名	宁瑞队	18	39	166	299	4048

注：一元为一分，每年捐银一元者为普通会员，每年捐银四元者为特别会员，每年捐银十元者为名誉会董，一次捐银一百元以上者为永远会董。

宁波旅沪同乡会历届征集会员大会成绩见表 5.3。

表 5.3　宁波旅沪同乡会历届征集会员大会成绩表（截至 1937 年）

届次	年份	总队长	目标/元	实征会费/元	征得会员/人
第一届	1916	虞洽卿	2 万	25524	4005
第二届	1920	王正廷	10 万	122620	21032
第三届	1920	王正廷	2 万	33600	6813
第四届	1924	袁履登	3 万	43400	10705
第五届	1926	陈良玉	1 万	16400	7563
第六届	1928	徐庆云	2 万	50582	15147
第七届	1930	王伯元	2 万	32730	12678
第九届	1934	俞佐廷	3 万	41665	12883
第十届	1936	徐圣禅	2 万	30552	9960

来源：根据上海宁波旅沪同乡会档案整理。

三、庆安会馆、钱业会馆

庆安会馆于清咸丰三年（1853）由北号商帮捐资创建，组织会馆的目的是联络感情，保持同行团结，制定业务规章，共图事业发展。会馆公推行内年老长者为"号长"，并用高薪聘请当地极负盛名的晋绅为总办或"公行先生"，专职联络官府，谋保号商不受欺侮，同时也同各有关方面联络感情，搞好关系，谋求业务的扩展。与此同时，会馆内部管理井然有序，设习账、文案、司书、庶务、办事员、勤工、厨司等 20 余名工作人员。

在钱业同业公会方面，慈溪人秦润卿长期担任上海钱业同业公会会长，

1947 年全国钱业同业公会创立时出任首任理事长,为全国钱业领袖。杭州钱业同业公会也是由宁波帮发起创建的,慈溪人宓廷芳出任首任会长并长期担任。这也是宁波商人会馆迅速发展和凝聚力日益增强的重要内因。

第二节 宁波会馆的经费管理

经济是基础,会馆要生存与发展,需以经济为依托,因此经费是维持会馆日常运作必不可少的支柱。

一、上海四明公所

四明公所平时没有固定的经费来源,只是从赊棺寄柩、会员会费及房产出租中收取部分钱资,维持日常开销。凡遇紧急事件,一般由董事带头捐输,同乡自愿募捐相助。据《四明公所义冢碑》记载:道光年间由董事谢绍心、方亨宁等人发起募捐,以四百八十文为一愿,"共得一万六千愿有奇"[1],得以推扩冢地、增建殡舍;咸丰年间公所被毁,也是由董事方仁照、方椿、邵炳等人首输巨资,会员"应者坌集"而加以重建的;又如,1918—1922 年,公所的南北两厂、四明医院、浦东分所四大工程相继完成,共得募集之款五十二万余元,"出资者富豪名士固多,而劳动阶级与小商人却也都尽力相助"[2]。公所为报谢出力的众人,特于南厂大厅东序设崇报祠,西侧设彤辉祠,并增设长生禄位。1923 年,又特为朱葆三、周鸣孙、葛恩元三位董事在公所内建立纪功碑。

据《四明公所沈洪赉启事碑》记载:在光绪二十四年(1898)"四明公所事件"中仗义抗争的沈洪赉于光绪二十八年(1902)被推举为四明公所经理,他针对以往公所"用人十分糊涂,卖材无具数,买木头无根数,木行往来,则有付银子并无进货之数"这一情况,规定"凡出入账目,条分缕析"。[3] 光绪三十一年(1905),他又建议由各同业小团体推举代表轮流出任司月,每月稽核前

---

① 上海博物馆图书资料室.上海碑刻资料选辑[M].上海:上海人民出版社,1980:260.

② 上海通社.上海研究资料续编[M].上海:上海书店,1984:299.

③ 上海博物馆图书资料室.上海碑刻资料选辑[M].上海:上海人民出版社,1980:431.

月账册,年终汇总,刊册征信,向同乡公布经费情况。经过沈的大力整饬,公所事务大为改观。

之后,四明公所随着上海的崛起快速发展。四明公所由于管理有方,呈现出蒸蒸日上的发展趋势。而其他拥有独立经费的各行业会,规模较小、管理乏人、难以正常运作的,都愿意将自己并入四明公所。借助于四明公所,在沪的宁波工商业者免除了后顾之忧,还为自己的发展争取到了更多机会。

二、宁波旅沪同乡会

宁波旅沪同乡会的经费来源,除平时向各类会员征收会费外,还会举行征求会员大会进行比较集中的征集。第一次于1916年举行。征求会员大会的做法是:先成立征求会员总队,设总队长一人,副总队长一至二人,总参谋一人;征求委员由原任理事、监事担任,下设总务、秘书两处,并由征求总队分函聘请分队长二三百人;规定每个分队长承担基本指标为二百分(每分一元,视当时的币制进行调整);分别档次,规定普通会员为一元,赞助会员为一元以上至一百元以下,特别会员为一百元以上;每次征求会员大会以一个月为期,分四批揭晓。总队长、总参谋人选,一般均由同乡会的上层人物担任,如虞洽卿、方椒伯、俞佐庭、袁履登、黄延芳、张莲芳、黄振世等。分队长之人选,都由工商界人士担任。这些人中,绝大多数都能为宁波同乡办点有益的事业,当然也会有一些人,以征求大会作为提高自己社会地位的一种途径。每次揭晓的时候,往往前加后增,竞争激烈。以分队为计算单位,前十名为优胜队,争得第一名者更加兴高采烈。揭晓完毕之时,征求会员大会就宣告结束。同时重新改选理事、监事。

三、庆安会馆

庆安会馆是由当地九家北号船商集资十万多银圆所建,然后从每家抽一人成为会馆的组织者。

资金来源方面,庆安会馆规定行内每只船往返一次,缴纳银圆六十元,充作会馆所需经费和事业基金。可以说,正是有了庆安会馆承担起协调内部关系、疏通外部脉络的工作,北号商帮的航运业才得以顺畅地发展。会馆还办有社会福利事业,如成立保安会消防组织、设立庆安小学(现为江东区木行路小学)等,在维护行业发展的同时,也致力于福泽地方。

第三节 宁波会馆的基本职能

会馆作为民间的联谊性组织,是以地缘或行业为纽带建立起来的既能让同乡或同行聚会议事,又可以祭祀共同神祇的场所。其基本职能,归纳起来就是祀神、合乐、义举、公约四大基本职能。"祀神"是会馆的祭祀功能。通过祭祀活动,让会馆人员形成一种共同的信仰。"合乐"是会馆的娱乐功能。在很多会馆中都修有戏台等娱乐设施,为会馆人员提供了娱乐和聚会的空间。"义举"是会馆的公益功能,为会馆人员解决生活困难,为死者提供归葬的条件。"公约"是会馆的经济功能,使会馆人员共同遵守公共制度,保持社会秩序的安定。

这四种职能是相互关联的,特别是合乐、义举、公约都可以围绕祀神这一大主题同时展开。许多会馆本身就是在先建神庙的基础上发展起来,或是在建造的时候一并考虑。庆安会馆在建时就将祀神、合乐等功能一起考虑了,朝西的宫门写着"天后宫",朝东的院子门楣上至今还留着"北号公所"的名称,加上建筑为一庙二戏台的格局,前戏台专为祀神而筑,后戏台则为合乐而建,真正做到了"宫馆合一"。宁波人在外地创建的第一个手工业会馆浙慈会馆就设立在北京前门外晓市大街 129 号的财神庙里,是专供成衣行祭祀财神用的会馆。由此可见,"祀神"的职能是会馆建立之初最为首要的考虑目标。

一、祀神

祭祀活动是会馆的重大活动之一,常常在规定的日子由会馆内有威望的人主持。通过这种祭祀活动,一方面可以增强同乡之间的凝聚力,共同对抗来自本地商人的排挤;另一方面,通过增强所祭祀对象的权威,可以震慑市场中的违规行为。同时,因为商人经常辗转各地,他们通过祭祀也表达了心中美好的愿望。

祭祀是向神灵祈福消灾的传统礼俗仪式,被称为吉礼,也意为敬神、求神和祭拜祖先。进献歌舞一直是祭祀典礼上重要的内容,它源于"以乐祀神"的献乐制度,所以建筑格局中,"献戏"的戏台或戏楼都面朝正殿,为供奉的神灵进行演出。一般情况下,酬神演戏也就是给人演戏,神、人共庆,即把祀神和合乐两个职能合二为一了。但也有比较讲究的,如庆安会馆的双戏台格局,其职能就分得比较清楚,前戏台演戏的时候,普通民众要适时回避,不能一起观看,以凸显"酬神"之隆重。

(一)上海四明公所

上海的四明公所主要祭祀关公和土地神。公所奉关羽为关帝,除了源于传说"金人最怕关羽"(相传金兀术追宋高宗至宁波,毁屋无数,唯独对关帝庙不敢稍有毁损,因而人们认为关帝最灵验)外,更多的因素应该是关公是全国通祀的财神。故此四明公所创立时,最先建立的正殿即用来崇祀关公。

土地神,又称社公、社神、社火等。宁波人称社神为境主,为土谷之神,认为可以祈幸福、卜未来。"社火在中国近代学者与行政观念的分野中不属于宗教,因而它就必定属于迷信,所以历次破除迷信的运动,社火崇拜便首当其冲地受到冲击。然而它又屡屡死灰复燃,可见它在民间信仰中的根深蒂固。"①

四明公所在后来被毁重建后,增建了土地庙两旁的神龛来祭祀先贤董事。每逢元宵节,甬人必至公所祭拜土地神,五月十三祭拜关帝,七月初三建醮诵经。这些活动对于联络同乡情谊起了一定的作用。

四明公所戏台原祀祈酬神常有演出活动,1989 年,上海市园林管理处将此戏台移建于青浦大观园红楼梦系列景点内,即现在的青浦大观园戏台。

(二)庆安会馆

庆安会馆即甬东天后宫,和安澜会馆一起,都是供奉海洋保护神妈祖娘娘。

宁波于唐长庆元年(821)在三江口建城,成为"海上丝绸之路"的起点之一,与扬州、广州并称为中国三大对外贸易港口。宋时又与广州、泉州同时

---

① 　周时奋.宁波老俗[M].宁波:宁波出版社,2008:64.

被列为对外贸易三大港口重镇。产生于福建的妈祖信仰又与宁波有着非同寻常的关系。北宋宣和五年（1123），宋廷派给事中路允迪等从明州启程出使高丽，归国途中突遇狂风巨浪，船翻人溺，危急时刻路允迪等求祷于妈祖，得以济使顺归。宋徽宗闻此事后，封妈祖为"灵惠夫人"，并钦赐"顺济"庙额，妈祖信仰由此得到朝廷的认可，宁波遂成为官方首次对妈祖进行褒扬和倡导的重要之地，妈祖遂由民间区域性神祇升为全国性海神。此后历朝历代皇帝先后对妈祖进行了 36 次褒封，封号及至"天妃""天后"，并列入国家祀典。宁波地区的民间海神信仰主要人物有鲍盖、黄晟、罗清宗、观音、妈祖、姜毛二神、如意娘娘等，其中妈祖信仰由于与宁波的特殊关系，成为宁波地区所有海神中最受欢迎的神祇之一。而官府的不断崇祀、册封，又推波助澜地使妈祖信仰成为东南亚一带最负盛名的航海保护神。同样由于妈祖信仰与宁波的密切关系，在宁波地区，从宋至清，妈祖庙、天妃宫、天后宫以及"宫馆合一"的会馆类建筑不断新建，规模、数量上也一次比一次加大。

（三）宁波药业会馆（药皇殿）

宁波的药皇殿是宁波中药业兴旺发达的历史见证。"药皇"供奉的是神农氏即炎帝。传说"神农尝百草，始有医药"，神农氏因此被誉为我国中医药文化的创始人。

碑载，药皇祭祀仪式始于乾隆十八年（1753），此后每年的农历四月二十七日前后，药皇殿都要举办祭祀活动，演戏酬神，一直持续到全面抗战爆发之前。

"鹿原苍苍，寝我药皇。赫赫一生，万世景仰。创制耒耜，以垦草莽。教耕生谷，奠基农桑。……"2016 年 5 月，"药皇圣诞祭祀仪式"被列入海曙区第四批区级非物质文化遗产代表性项目名录。宁波国医堂成为传承基地，宁波国医堂张元奎院长成为代表性传承人。

二、合乐

（一）燕乐联系乡情

李鸿章在《重修安徽会馆碑记》中云："会馆之设于京师，以为宦游宴聚栖止之地，所以联洽乡谊也。"所以会馆的娱乐功能也是很重要的。

据清代同治四年(1865)《重修正乙祠碑记》：正乙祠（又称银号会馆），"始于康熙六年浙人懋迁于京者祠之，又奉神明，立商约，联乡谊，助游燕也"。这说明银号会馆就是宁波同乡为协调和保护同行的利益创办的行业会馆，其功能包括奉神、集会、饮食和燕乐等。这里的燕乐是指边吃边欣赏戏文曲艺的娱乐活动。

明中期以后，戏曲在江南地区特别盛行，观戏已成为人们生活中重要的休闲娱乐，其社会影响几乎遍及当时的各个阶层。如果说"议商事"是会馆内士绅、商人之间的利益交流，那么"助游燕"则是普通旅外乡人之间的情感交流，他们通过欣赏家乡戏剧，感受到家乡的气息，慰藉思乡之情绪。这种戏曲文化的碰撞也彰显了会馆的文化意义。

在封建社会，诚敬祖先，最好的礼物莫如奉献戏曲给祖先神灵欣赏。故宗庙里演戏必须把戏台正对神殿，如果是单戏台形制的会馆，那么在"娱神"的同时，也发挥了"娱人"的功能。宁波庆安会馆和安澜会馆都是双戏台的建构，其中前面的戏台便是对着供奉妈祖神像的正殿，这是取悦神灵的，后面的戏台就是纯粹为会馆聚会娱乐服务的。16条斜昂盘旋而成的"鸡笼顶"藻井，既有收音功能又有扩音功能，朱金木雕，金碧辉煌。各戏班都以能在这座戏台上演出为荣。

以庙办会、以戏聚人、借会兴商，将商业贸易与娱乐活动巧妙地结合，可以促进商戏共荣。

(二)娱乐功能的延续

京城的正乙祠也供奉有神祇，而戏台除了要祭神、娱神，同时也作乡人同行娱乐之用。历时三百多年，经过历代修葺，其古貌犹存，但原先的会馆功能早已消失殆尽，而其戏台的娱乐功能却一直延续，现在"正乙祠戏楼"被誉为中国戏楼文化发展史上的活化石。

正乙祠戏楼的布局是一东西长、南北短的长方庭院。戏台高三层，两侧设雕漆栏杆、红漆台柱，古色古香，伸入观众席中，南北两排包厢，加上可容纳观众数百人的大厅，人们可从三面看戏。因当年有不少名伶、名票在此献艺，正乙祠名声不胫而走。

浙慈会馆的戏台名气亦很大。其戏楼,除每年唱戏祭祀庆贺外,还可以借给其他没有戏台的小会馆,用于祭神、庆祝。著名的票房"春阳友会"的会址就设在浙慈会馆。

三、义举

会馆通过向同乡人提供义学、义诊、扶贫、助丧等服务,免除了老乡的后顾之忧。一方面使远道而来的同乡在生活、学习上有充分保障,另一方面扩大了会馆在当地的影响力,有利于会馆经济的发展。

(一)上海四明公所

嘉庆三年(1798),建成寄柩殡舍。嘉庆十三年(1808),再购入附近土地,增建殡舍 30 间,并建造土地祠和增辟义冢地。此后,又不断购地扩建,让同乡不用操心身后事。

宁波旅沪同乡会创建后,丧葬、教育等服务渐渐转移至同乡会。

(二)宁波旅沪同乡会

宁波旅沪同乡会以"团结同乡,发挥自治精神"为宗旨,致力于团结同乡、服务同乡、增进同乡福利、促进家乡建设等事业。同乡会的会务活动大体上有如下内容:同乡职业调查统计及介绍、同乡教育及社会教育、救济援助、改进习俗、提倡学术、排难解纷、促进本乡建设和其他同乡福利事项。总体而言,其事业可分为社会福利、社会教育及社会中介服务三个方面。

1.社会福利活动

包括遣返同乡、赈灾救护等。同乡会的遣返同乡事务主要是针对无法在沪立足而又无资回甬的贫困同乡,每遇此种情况,同乡会即设法助其返乡。无论其是否为会员,只要向同乡会提出申请,由同乡会出具证明,即可免费搭船回甬。1918 年,同乡会与宁绍轮船公司商定,由同乡会补贴宁绍公司,专设免费票,用于同乡遣返。如同乡会于 1922 年设立的心畲社每年资遣同乡回籍 1754 人。①

---

① 上海特别市社会局.上海特别市慈善社会团体调查表[Z].上海:上海档案馆,1931.卷宗号:Q117-4-1.

同乡会遣返流落、贫困同乡,对维持上海社会安定多有裨益。而每当上海发生战乱,旅沪同乡面临危难时,同乡会遣返工作的重要性就显得尤为突出。1932年"一·二八"事变与1937年"八一三"事变期间,同乡会都设立特务委员会,办理同乡救护、收容、遣送工作。如:1932年1月29日至4月8日,同乡会共收容9008人,遣返回籍6048人。"八一三"事变期间,同乡会在历时3个月的救护工作中,大规模募集经费,为收容的同乡难民无偿提供食宿医疗,同时派出百余名工作人员,租用救护车20多辆,从火线救出同乡难民8万余人,又在沪甬两地设立15处难民收容所;同时,同乡会还租用轮船4艘,免费遣送20余万同乡回籍。其工作规模之大、范围之广,在当时上海各社会团体中是首屈一指的。

平时,同乡会也一直承担向贫病同乡施医施药、施米施衣等工作。除了遣返旅沪同乡外,宁波旅沪同乡会作为宁波人在全国最具实力与影响力的同乡团体,还积极参与救援遣返外埠甚至国外的遇难同乡。如:1922年9月,日本东京、横滨发生大地震,同乡会即派员赴日,将当地同乡妇孺接回宁波;1931年8月,汉口爆发特大水灾,同乡会随即组成"急救汉灾会",又函各轮船公司,对于宁波同乡避灾回籍者,请予减费搭乘,同时派"新宁兴""甬兴"两轮,赴汉口将避难同乡直接接回宁波,并派出医士赴汉口进行救护工作。

每当宁波家乡发生天灾人祸时,同乡会也及时赈灾救济。1911年9月,宁属各县发生水灾,同乡会募集5万元赈济家乡灾民。1915年8月,同乡会联合绍兴七邑同乡会,设立"浙江宁绍义赈分事务所",募款赈济宁绍水灾;是月,同乡会又设法营救在崇明东沙头遇风搁浅的"甬兴"商轮。1920年6月,宁波粮荒,同乡会即合甬地士绅,设接济公所,采办大米,办理平粜。1921年和1922年,宁属各县接连遭受狂风暴雨致灾,同乡会又设专会筹款拨米。1930年,同乡会救济六横岛灾民。

为使旅沪同乡尽快在上海谋职立足,自食其力,宁波旅沪同乡会还为同乡提供无息小本贷金及职业介绍等帮助。无息贷金最早源于1911年同乡会设立的免利借钱局。此项活动至抗战结束后还在继续。职业介绍工作即由同乡会为无业同乡提供担保,介绍至工商行号(多是甬人经营的行号)工作。

2.社会教育活动

宁波旅沪同乡会不仅以安置、救助同乡为主要事业,而且以各种方式普及教育,增进学术,提高同乡文化知识水平。除了学校教育外,宁波旅沪同乡会还很重视社会教育的普及。[①] 社会教育以设立图书馆、举行学术演讲会等为主。1921 年同乡会新会所落成后,即在三楼开设了图书室及阅报处,且不限制读者籍贯。到 1928 年,此举受益人数达 3000 余人。[②] 自 1927 年 6 月起,同乡会还陆续编印《宁波旅沪同乡会月刊》,以“沟通经济与学术两方面,而使人文物力,得以相持而长”为宗旨,至 1937 年 7 月,共出 168 期。该刊作为“旅沪乡人之喉舌”,辟有《本会纪事》《公学报告》《七邑拾闻》《旅外同乡近讯》《明州轶事》《各界投稿》《案牍》《学务》《经济》《谈丛》等栏目,既向广大同乡通报同乡会的活动状况,又为其提供各地同乡和故乡的近闻,或发表同乡人士的言论,对增强同乡的团体观念、交流信息都颇有益处。另外,同乡会还在抗战前举办学术讲座 200 余次,如 1921 年 5 月 29 日举行的演讲会,主要内容是请英国留学生朱葆元硕士演讲人类进化之个人进化问题。同乡会积极致力于推进同乡子女教育和职业培训,提高旅沪同乡的整体文化素质,帮助其尽快适应、融入主流社会。

3.社会中介服务

宁波旅沪同乡会还承担了不少社会中介职能,对内为同乡排解纠纷,对外则代表桑梓、同乡权益,为争取相应的权利而不懈抗争。宁波旅沪同乡会承担的调解职能包括仲裁和申诉工作。前者一般是同乡有纷难需调解,委托同乡会办理时,同乡会即派人了解情况,辨明是非后作出决断。仅 1931 年 10 月,同乡会经办的此类事件就有近 10 例。申诉工作一般是同乡在与政府机关或外国势力发生争执时受了冤屈,无力抗争,而请求同乡会向各方代为交涉。同乡会在接到这样的委托后,或加以转函,或直接出面。如:

---

① 于珍.近代上海同乡组织与移民教育[M].北京:社会科学文献出版社,2009:106-110.

② 上海特别市社会局.上海特别市慈善社会团体调查表[Z].上海:上海档案馆,1931.卷宗号:Q117-4-1.

1930 年,同乡忻丁昌被法兵殴毙,同乡会即为其申冤索赔;1933 年,公共租界电力工人罢工,同乡会出面与工部局谈判,敦促工部局尊重工人意见。据统计,仅在 1931 年同乡会处理这样的申诉就达百余起,反映了旅沪宁波同乡对同乡会的信任和依赖。

　　宁波旅沪同乡会是在遭受在沪法国人先后两次以武力侵占四明公所的冢地后,为进一步维护桑梓、同乡权益而创建的,是近代上海最重要的社会团体,而当时最重要的报纸《申报》对会务活动的报道也非常丰富,从而让我们得知,除了在社会救济和办学方面做得特别突出外,宁波旅沪同乡会作为一个地方性群众组织也参与反帝活动,尽力为家乡人民及上海地方建设做贡献,其日常所办事务多样且繁复。从《宁波旅沪同乡会月刊》第 100 期资料可知,仅仅是 1931 年 10 月,同乡会所经办的事件就有 33 件(见表 5.4)①,且都以发函、面询、调解等为解决办法。

表 5.4　宁波旅沪同乡会 1931 年 10 月经办事件表

序号	日期	委托人	事由	解决办法
1	1 日	王东园	为史永兴往泗水埠请向公安局领照	函公安局
2	1 日	镇海县政府	为准函柯宝和创办汇丰农场准予给示保护	
3	2 日	洪楚世	为王茂昌病故请函四明公所领赊材	函四明公所
4	3 日	本会	为赈款事请袁履登委员将封翁寿仪拨给	
5	5 日	洪雪帆	为李礼赓房屋被封请函镇海县政府发还	函镇海县政府
6	6 日	洪昌寿	为姊王氏患病请送四明医院诊治	函四明医院
7	7 日	孙义慈	为日兵暴行事请调查同乡受雇日人,劝令其解职不合作	复函照办
8	8 日	镇海塘工委员会	为呈送修筑塘工计划经费表,请查收	提交执委会
9	8 日	陶乐成等	为房东断绝自来水,请协助	派员查询
10	9 日	胡全槐等	为房屋租期未满,二房东迳认业主翻造,请交涉	派员查询
11	9 日	浙江省政府	为准函查慈北莠民把持佃租案,已饬慈县府依法核办	

---

　　①　李瑊.上海的宁波人[M].上海:上海人民出版社,2000:256.

续表

序号	日期	委托人	事　由	解决办法
12	10 日	乌荇琴	为乌荇舫回甬,手枪被警查获,请函甬一区署长证明	函甬一区杨署长
13	10 日	沈德明	为妻被闻根宝诱匿,请设法	函托金廷苏君
14	10 日	李和甫	为弟因诱奸案被押,请函浙监狱省释	函浙江监狱长夏
15	10 日	旅万同乡会	为沈毅因保受累,请将谢保文设法捕还	函汇山捕房
16	11 日	张芝斋	为孙圭卿被诬,请函致高等法院彻查	函张君来会面询
17	11 日	李松龄	为侄玉堂被无轨电车碾毙,请函该公司将司机人严惩	函电车公司
18	11 日	振新小学	为校费困难,请函工部局将房捐免收	函工部局
19	12 日	柳复三	为弟林贤在广州服毒身故,请函广州宁波会馆查复	函广州宁波会馆
20	12 日	郑轶父等	为奉化棠吞汪阿苗做放花会,请函奉县政府严禁	函奉化县政府
21	13 日	袁安森	为王衍记工款纠葛,请调解	请张继光调解
22	14 日	刘侣生	为家被盗劫,县政府来票传讯,因职务关系不克到案,请函镇海县政府证明	函镇海县政府
23	15 日	本会	为宏源钱庄垫本纠葛,现已调解,请镇海县政府取消执行	
24	16 日	民生肥料公司等	为鄞县政府误解处置粪便条例,请为援助	函鄞县政府
25	18 日	竺渭豪	为撤田纠葛,请为协助	函浙省政府
26	20 日	救济妇孺会	为解送乌王氏一口,请资遣回籍	资遣回籍
27	22 日	本会	为王如宝案,请镇海县政府将该案经过情形见复	
28	24 日	旅粤同乡会	为柳林贤服毒案,如柳君之父来粤,自当协助	
29	25 日	金家兴	为甥薛金铃失踪,请为设法查访	函救济妇孺会
30	27 日	何绍裕	为佃业租额事,请奉化县政府出示布告	函奉化县政府
31	28 日	徐翊梁	为陆德兴灵柩运甬安葬,请函江海关领照	函江海关
32	29 日	郑其宇	为妻逃逋,请函各机关查访	函救济妇孺会各机关查访
33	30 日	董美珍	为被张伟亮诬控卷逃,请为申雪	嘱来会面询

四、公约

会馆不仅是经济活动的组织者,更是经济行为规范的制定者,同时也对违规活动进行仲裁。会馆在建立之初就制定了各种详细的规定来规范各个商号的行为,有的还经注册税契,受到法律保护。

例如,当时的庆安会馆是按运货或进货的数额抽取厘金,作为常年香灯经费,同时又用积累的厘金购置房地产,作为永久性的祭业(即庙产)。这些祭业由会馆选举董事会负责管理,并定期公布收支情况。同时还把产业的范围、面积等详细开列,刻碑永记,以防止被人侵占或吞没。会馆的祭业收入除部分用于香灯开支外,还顺带投资兴办各种公益和福利事业。宁波庆安会馆的管理井井有条,内设司账、文案、司书、庶务、办事员、勤工、厨司等,各司其职,还办有保安会消防组织,聘请校长、教师办小学。

但是,会馆毕竟是非官方的基层组织,因而其惩罚并不具有法律效力,且会馆的参与者多为同乡,即使出现违规现象,会馆作为"仲裁者"虽有权做出惩罚,然而惩罚的措施也多以罚饭或者罚戏来体现,甚至最终不了了之。随着商业上的逐年萧条,南北号的那些巨商大贾渐失祭神求福的热情,那些为船商跑腿的伙计也改投了其他门径,市内天妃宫曾一度变得冷清。其财产甚至被北洋船舶各商号贪财小人觊觎变卖,以至于清光绪三十年(1904)鄞县知县周给发了一份庆安会馆的告示:"示仰各号人等知悉,尔等须知庆安会馆捐资集腋成裘,置买房产,租息以供祀事修理所买房产,不准变卖以垂永远,自示之。后倘敢故违许该董等指名禀县,以凭惩办,决不宽贷,务违,切切,特示。"[①]这份告示是否真正起到效用就不得而知了。

---

①　黄浙苏.信守与包容:浙东妈祖信俗研究[M].杭州:浙江大学出版社,2011:100.

第六章 宁波会馆的变迁轨迹与价值评估

"会馆"作为一种独特的文化现象,是旧时代科举制度和工商业活动的产物,随着社会制度的变革、自然和人文环境的改变,会馆这个团体组织的性质、功能乃至名称等均会产生变化。本章通过对史料和遗存沿革的罗列对比,探索宁波会馆的变迁轨迹,同时对会馆遗存进行价值评估。

第一节 宁波会馆的变迁轨迹

宁波会馆从初创到发展至今经历了不同的社会时期,作为一个社会团体组织,社会结构、经济文化、科学技术以及价值观念等变化都会导致会馆的组织体系和职能发生改变,这个变迁的过程从宏观上看是对社会环境的适应过程。

一、初期创建的会馆有多重性质

随着时代的发展,宁波会馆的分工越来越细,名称和性质也从笼统走向明确。

在会馆发展前期,背井离乡的宁波人不是上京做官,就是赶考和外出经商,这些外出打拼的宁波人多为同乡共业的关系,建立的会馆既是同乡组织又是同业组织,二者之间的界限并不分明。

在政治文化中心的首都和省城杭州,有专为同乡考生服务的科举试馆,这是在"学而优则仕"思潮盛行的时候,宁波各地乡绅为支持赶考举子创办的会馆,但也可以用于同乡停留和聚会,故而在京城的宁波会馆大多是具有多重职能的地域性会馆。

二、同乡会馆功能细化且分工明确

民国时,会馆只有两种功能:一种是用于为科举士子应考或京官提供住宿;一种是用于停柩、春秋祭祀,有的还附义冢。可以说,虽然创建者仍然是以商人为主,但是进入民国后会馆功能的细分,导致宁波会馆名称也有了相应的变迁。《鄞县通志》对初年尚存的旅外的 30 个宁波会馆的具体情况做了分析,简述如下。

第一,如果会馆的名称标明是"试馆",那么这个会馆的性质一定还是科举试馆,是为科举考试和官宦住宿服务的,如表 6.1 所示。

表 6.1　民国初年的宁波试馆

序号	名称	地点	创建时间	性质	发起人
1	镇海试馆	北京	清季	试馆	
2	慈溪试馆	北京	嘉庆年间	科举应试及京官住宿	同乡官宦捐资设立

来源:根据《鄞县通志(第二):政教志》整理。

第二,如果会馆的名称仍然含有"会馆"或"公所",那此时的会馆已经没有早期同行的性质,而是以祭祀、筹募运柩和同乡救济为本职,有的附义冢、有的没有,如表 6.2 所示。

第三,如果会馆的名称里含有"舍",那就是附有义冢的会馆,其性质就是专门为同乡的身后事服务的,如表 6.3 所示。

表 6.2　民国初年有运枢职能的宁波会馆

序号	名称	地点	创建时间	性质
1	鄞县会馆	北京	明季	停枢,春秋祭祀,附义冢
2	宁波会馆	苏州	康熙三十九年 (1700)	商议公事,同乡救济,筹募运枢基金
3	浙宁会馆	上海	嘉庆二十四年 (1819)	先为祭祀,后可能有商栈、住宿之功能
4	四明公所	成都	民国二十八年 (1939)	寄枢,附义冢
5	四明公所	南京	光绪二十三年 (1897)	寄枢,附义冢
6	四明公所	汉口	清季	寄枢,同乡救济,附义冢
7	四明公所	杭州		寄枢,附义冢

来源:根据《鄞县通志(第二):政教志》整理。

表 6.3　民国初年有运枢职能且附有义冢的宁波会馆

序号	名称	地点	创建时间	性质	发起人
1	四明精舍	北京	民国二十四年 (1935)	寄枢,附义冢	宁波旅平同乡会募资兴建
2	四明丙舍	烟台	光绪十六年 (1890)前后	寄枢,附义冢	旅烟宁波商人

来源:根据《鄞县通志(第二):政教志》整理。

三、同业公会取代了封建行会

行业会馆名称丰富,从古代起就有"行会",后逐渐演变成"行帮""公所""会馆",其间还有各种冠以"会""堂""庙""殿""宫"等的别名共存,例如庆安会馆又名"北号公所""甬东天后宫",一般都由行业领头人集资而建,具有浓厚的封建色彩。

1840 年第一次中英鸦片战争后,中国社会进入近代化时期,中国与西方之间的贸易逐渐增多,这就给相关行业造成了非常大的压力。为了提高本行业的竞争力,原本的同乡会馆或同业会馆也逐渐通过合并、重组等方式联合起来,扩大规模,以增强抵御风险的能力,并经过改革,增强在行业中的竞争力。同业公会就是在这样的背景下诞生的,而中国工商行业组织从传统的行会转向现代工商同业组织的节点就是同业公会的产生。

新兴的同业公会在做大做强后,与传统的行会最明显的不同是其是一种资产阶级性质的新式行业自治与管理组织。比起传统行会,同业公会有了更高的入会门槛,维护的是资产阶级的整体利益,其经济职能方面也表现出资本主义的竞争特征,是为资产阶级服务的组织。同业公会成立之后,很快就取代了传统封建行会的组织职能,与政府有了更多的沟通。

同业公会组织作为同行业成员组成的商业团体,民国以前在宁波已有一定程度的发展。到民国时期,宁波同业公会更是迎来了一个全面、快速发展的阶段。据 1912 年统计,当时宁波城区行业组织性质的殿、会、馆或公所,有鲁班殿、药皇殿、钱业公所、木材同业公所等 19 所之多。1918 年,我国历史上第一个关于同业组织的法规《工商同业公会规则》由北洋政府农商部颁行,稍后的《工商同业公会规则施行办法》《修正工商同业公会规则》等仍由北洋政府颁布,让工商同业组织的近代化转型有了法律规范。之后,政府进一步介入,1929 年 8 月 15 日,国民政府颁布《商会法》,规定工商同业公会为设立商会的发起单位,并为商会的会员。是年 8 月 17 日,国民政府又公布《工商同业公会法》,要求同一区域内经营的工业或商业者均要设立同业公会,不允许一行多会的现象出现,统一公会宗旨为"以维持增进同业之公共利益及矫正营业之弊害"。国民政府对同业公会的控制逐步加强,最后,连名称都需统一为同业公会,监控同业公会的大小事宜,当选的董事或委员甚至要宣誓服从国民党,同业公会的性质从民间组织变成了由国家法律直接制定规则的新式商人团体,原来的会馆、公所等传统商人团体退出了历史舞台。

在政府的强势干预下,民国时期的宁波工商两业商户纷纷组织同业公会,以公会会员资格加入商会。到 1931 年,《鄞县通志》记录的同业公会有 65 个,会员 2731 家。1932 年制定的《浙江省宁波商会章程》规定:同业公会为商会的下属组织。

新中国成立后,这些民国时期发展起来的同业公会被纳入宁波市各工商业联合会进行改造或改组,宁波旧商会在被新型工商团体组织替代后停止运作。①

在旧时的行会乃至一些行业会馆,手工业等靠劳力吃饭的行业,工人和师傅是可以一起入会的,他们遵守行业规则,参加同行的组织活动。新式的同业公会是资本家的同业组织,雇工作为与业主利益对立的团体,是没有资格成为同业公会会员的。其实工人很早就有发起组织工业团体,但是政府害怕工人以聚众罢工为要挟,故严禁工人组织成立。雇工与业主的纠纷案件中九成以上是劳资问题。1927年,在共产党人的领导下,宁波工会成立。

行业性的工商会馆随着财产的移交而退出历史舞台,但是会馆中的同乡会却随着侨胞增多而越来越红火,工会的形式也一直延续至今。

四、宁波会馆在北京地区的变迁

根据清代《乡试鄞县会馆核实录》和《详细帝京舆图》,宁波在京会馆有9处:宁波会馆(府馆)、四明会馆(商帮馆)、薛家湾鄞县会馆、盆儿胡同鄞县会馆、小甜水井胡同慈溪会馆、镇海会馆、中兵马街慈溪会馆、余姚会馆、东小市路浙慈会馆(成衣业馆)。② 鄞县、慈溪作为注重科举的大县,到京城赶考的举子和经商人士也众多,所以就有一县多馆的现象。当时有鄞人自豪地说:"京师会馆以数百计,公车之士借以栖息其间。吾郡府馆外,鄞、慈、镇海并有县馆,皆赖诸先达拮据经营,而富家巨室往往邮寄多金,共襄厥事。以故四方之人谓乡谊之厚,莫吾乡若也。"③这都是宁波乡人重视科举和对同乡慷慨互助的反映。

光绪三十一年(1905),清廷下诏废除科举制,会馆渐趋式微,原来专门为接待参加会试、殿试的同乡举子的试馆就成了同乡会的会馆。"光绪三十

---

① 胡新建.宁波商会组织发展变迁史研究[M].杭州:浙江大学出版社,2016:131.

② 中共宁波市鄞州区委党史办公室,宁波市鄞州区人民政府地方志办公室.鄞州记忆:百姓修志文集[M].杭州:浙江人民出版社,2013:255-257.

③ 中共宁波市鄞州区委党史办公室,宁波市鄞州区人民政府地方志办公室.鄞州记忆:百姓修志文集[M].杭州:浙江人出版社,2013:255-257.

二年(1906),行业会馆、工商会馆统一纳入京师商务总会管理。1928 年,在京权贵多数南下,会馆失去经济支柱,财力日趋紧张,难以维持,房产或租或卖,会馆逐渐败落。"①鄞县会馆亦是如此,由于民国战乱,1924 年重修后的会馆中最重要的"助葬"功能渐渐向宁波其他县市区旅京者开放,最后发展到凡是宁波旅京者都可参与,以鄞县人为多数的"鄞县会馆"更名为"四明会馆",此后再无以鄞县为主体的会馆出现,宁波第一个会馆鄞县会馆历经三百多年后彻底消失。

　　名称上,民国时期由于行政上撤销"府"的称号,宁波府改称为"浙江省第六行政督察区",下辖鄞县、慈溪、镇海、奉化、象山、定海、宁海七县,于是宁波会馆也改称宁波七县旅平同乡会,地址仍在小甜水井胡同 6 号。为修改会章及改选同乡会职员等,需召开大会,1939 年还用宁波旅平同乡会名义向当时的北平市社会局写过呈文报批。1943 年,宁波同乡会到市军管会登记核准后,由理事会制改为委员会制,从事团结同乡进行学习改造、扶助生产等事宜。1946 年,更名为"浙江省鄞慈镇奉象定南等七县旅平同乡会",并召开成立大会。大会通过了新章程并进行了选举。当时的筹备主任为鄞县人俞英勋,是源泰兴呢绒号的经理,后被选为会长。从《宁波旅平同乡会章程》中可知会馆的性质、任务、组织、运作等情况。如第二章"宗旨"规定:"本会以联络同乡感情,办理同乡公益为宗旨。"又如第三章"会务"规定:"甲、维护同乡;乙、排难解纷;丙、筹办教育;丁、介绍职业;戊、施送医药;己、酌赠川资;庚、酌送棺费;辛、担任埋葬;壬、运送灵柩;癸、其他公益。"还规定每年三月召开会员大会,报告会务、集体议事、选举职员等。说明此时的宁波旅平同乡会已经是比较纯粹的同乡会馆了。

　　北京档案馆对宁波会馆的档案资料保存得较为完善,有 1893 年的《浙江宁波团拜公费总金帐簿》,1923 年的《浙江宁波试馆开会登记簿》,1933 年的《浙江宁波旅平同乡会总清册》,1935 年、1936 年、1937 年的《浙江宁波旅平同乡会账簿》,1936 年 3 月—1938 年 7 月的《宁波旅平同乡会改选职、修正会章的呈文及社会局的批复》,1939 年 5 月—1945 年 7 月的《浙江宁波旅平

---

①　林福临,王廷柱,邢丛罗,等.北京市宣武区志[M].北京:北京出版社,2004:696.

同乡会选举呈文和社会局的批复》,1943—1946 年的《宁波会馆馆员名册及职员名录》《宁波会馆捐簿》,等等。上述经济情况和机制变换情况充分反映了清末和民国以来在北京的宁波会馆的变迁情况。

在北京的宁波会馆建筑基本上集中在王府井大街旁的小甜水井胡同。清军入关后,满汉分居,内城作为官府和旗人的居住地,于是宁波各会馆都迁到了崇文门外的北五老胡同。到了清末,内城开禁,宁波各会馆又都迁回到原来的老根据地——小甜水井胡同周围。1949 年新中国成立后,一般会馆的房产由市房地产部门接管,经过修缮整理,并且有效分割后,分给原先没有房子的市民居住。对于已作为学校等单位使用,或有文物价值的会馆,经过政府批准,列为各级文物保护单位保留下来。

五、会馆遗存的历史沿革

作为珍贵的文化遗产,现在能保存下来的宁波会馆建筑遗存因具有历史性、科学性和艺术性,大多已经成为文物保护单位。本部分以宁波地区的三家行业会馆遗存即庆安会馆、钱业会馆和药业会馆(药皇殿)为例,讲述在特定的社会环境下会馆复杂又多变的变迁之路。

(一)庆安会馆

道光三十年(1850),宁波北号商帮捐资十万银圆准备创建行业会馆“北号公所”。咸丰三年(1853)建成,取名“安庆”,后改为“庆安”,又名“甬东天后宫”。咸丰四年(1854),北号商帮集资七万银两购买英国退役军舰并命名为“宝顺”轮,成为我国第一艘机动船,开启了洋务运动的先河;清同治以后,北号公所与南号公所联合,成立“南北海商公所”。1944 年,鉴于学龄儿童失学者众多,在庆安会馆内设立庆安小学。

新中国成立后,庆安会馆仍作为江东区木行路小学使用,同时有江东区校办工厂一起共用。1981 年 12 月,庆安会馆被列为宁波市重点文物保护单位。1989 年 12 月,庆安会馆被公布为浙江省重点文物保护单位。1990 年,校办工厂搬迁后,庆安会馆归属江东区文教局下属单位江东区青少年宫使用管理。1992 年,庆安会馆由江东区文保所接管,馆内部分建筑继续归由木行路小学使用。

1997 年 2 月,宁波市文物保护管理所接管庆安会馆,其间对馆内原有的承租户进行清退,同时成立庆安会馆维修工程办公室,委托天一阁古建筑公司进行全面维修,制定维修工程初步方案。2000 年,宁波市文化局成立宁波博物馆筹建办公室,庆安会馆由筹建办公室接管,并进行维修。2001 年 4 月市计委立项,8 月份进行公开维修招标。维修工程由华升建筑集团公司中标,12 月初完成维修工程,并作为浙东海事民俗博物馆场所,恢复了妈祖文化——天后宫场景陈列,同时对外开放。2001 年,庆安会馆被国务院公布为全国重点文物保护单位。2016 年 6 月,庆安会馆成为世界文化遗产"中国大运河"的遗产点。

(二)钱业会馆

宁波钱庄业在民国之前即有迅猛的发展。为统一管理钱庄业,宁波很早就成立了钱庄业的封建行会组织——钱业同业组织,在江厦街滨江庙一带设有公所。同治三年(1864),宁波钱业同业组织形式上称为钱业会商处,进行钱市交易;同年,在重建被太平军兵火所毁的滨江庙公所时订立了《宁波钱业庄规》。1923 年,因原有公所"湫隘不足治事",62 家大小同行共出资91910 元(银圆),开始建造钱业会馆,至 1926 年竣工并投入使用。

钱业会馆建立后,宁波各大钱庄的钱市交易一分为二:现金买卖和货币兑换仍在滨江庙,同业拆借和利率行情则在新会馆办理。1929 年 2 月,钱庄业隆重召开会员大会,制定了内容详尽的《宁波钱业公会章程》《宁波钱业营业规则》《宁波钱业公会议事细则》,修订了原有的《宁波钱业庄规》。1931 年1 月,宁波钱业公会改称为"鄞县钱业同业公会"。1933 年始,全部交易集中于钱业会馆,而滨江庙老会馆移作宁波公安局第一分局第一派出所之用。1946 年 8 月,抗战胜利后的第一届会员大会重新修订了章程和营业规则。1953 年 3 月,钱业会馆在最后五家钱庄(晋祥、晋恒、通源、立信、慎康)清产核资、宣布倒闭后,将会馆本体房屋连同所有的财产移交宁波市民政局,彻底退出了历史舞台。

1953 年—1963 年 7 月,钱业会馆相继成为宁波店员工会、邮电局、宁波市人民委员会招待所的所在地。1963 年 7 月—1987 年 9 月,为宁波市商业局幼儿园所借用。1986 年 9 月 9 日，人民银行宁波市分行、宁波市商业局、宁波市文管会签署了三方协议：人民银行宁波市分行出资 80 万元，作为商业幼儿园另行择地建造园所的补偿，商业幼儿园则将钱业会馆的使用权交还人民银行宁波分行。1987 年 9 月，商业幼儿园依约搬出了钱业会馆。同年，人民银行宁波市分行自筹资金 40 万元，对会馆进行了较大规模的修缮，用作分行所属的金融研究所的办公之地。1989 年，作为近代钱业会所的一个典范，钱业会馆被浙江省人民政府批准为省文物保护单位。

1994 年，宁波市钱币博物馆在钱业会馆内成立；同年 9 月 28 日，作为金融系统自办的博物馆，正式对社会公众开放，共展出各个年代的货币 1999 枚。1997 年，钱业会馆被宁波市人民政府命名为爱国主义教育基地；同年，为迎接香港回归祖国，钱币博物馆举办了"香港货币历史展"。2001 年 4 月，因机构改革的需要，钱币博物馆闭馆谢客，人员归入人民银行宁波中心支行各处室。2004 年 4 月，人民银行总行批准建立宁波钱币博物馆，按人民银行宁波中心支行直属单位进行管理；同年，对钱业会馆进行了全面维修。2006 年 5 月 25 日，钱业会馆被评为第六批全国文物保护单位。

2006 年 11 月 8 日—9 日，中国钱币与银行博物馆委员会成立大会在宁波华侨豪生大酒店召开。2007 年 11 月 9 日，宁波钱币博物馆第二次开馆，向社会开放，"宁波金融史迹陈列"首展仪式同时举行；2007 年 11 月 10 日"宁波金融史迹陈列"向社会开放。

（三）药业会馆（药皇殿）

宁波药皇殿始建于清康熙四十七年（1708），由宁波知府陈一夔和商士曹天锡、屠孝澄等发起倡建，雍正九年（1731）毁于大火，乾隆六年（1741）又有 20 余位药商发起重建，并成立了药皇殿崇庆会。乾隆年间又多次增建，嘉庆十二年（1807）再次进行重修。药皇殿的创建主体是宁波本邑的药材商人，并且得到了政府的大力支持，此后一直作为宁波药材商人之会馆。嘉庆十二年所立的药皇殿祀碑中载："甬江航海通衢，货殖都会。商皆设有会馆，以扼其宗，则纲举而目张。兹药皇圣帝吾药材众商之会馆也。"

抗日战争全面爆发后，时局不稳，药业逐渐没落，药皇殿历经近 300 年的沧桑风雨之后,也逐渐被废弃并改作他用,神像也不知所终。幸存的药皇殿仅剩前后两个殿堂及西厢房,但殿内外木雕、砖刻、石雕还十分完好,建筑代表清中期宁波工匠水平。新中国成立以后,曾辟作咸塘街小学和医药仓库,也开过服装店、珠宝店,后在城市建设中渐趋衰败。2001 年,宁波天一广场中央商务区(CBD)地块开发,药皇殿原址受保护且被海曙区政府公布为区级文物保护单位,并由宁波大红鹰药业股份有限公司投资 500 万元进行原址修缮工作。2017 年 9 月,药皇殿里的宁波国医堂隆重开诊。药皇殿现被辟为宁波药史陈列馆。[①] 内设国医大讲堂,有中药材标本展示和宁波近现代中医名家介绍,另外还有科普宣教和中医药健康书籍可以免费阅读。经常开展的公益活动主题以文化、健康、养生等为主,为市民、游客提供各类中医药知识及便民服务。

宁波国医堂聘请了宁波当地仍活跃在临床一线的耄耋名中医,设有宋氏妇科、范文虎中医内科、张沛虬中医内科、"药皇圣诞祭祀仪式"传承人张元奎主任的肝胆内科,等等,在宁波国医堂药皇殿中医门诊悉数坐诊,大力传承和弘扬中医文化,以期将药皇殿这个宁波的药业会馆建设成为宁波中医药传承研习、传播推广的窗口以及中医药文化交流基地。

第二节　宁波会馆的价值评估

在不同的历史阶段,由于性质、功能等的变化,会馆的价值也会改变。研究和评估宁波会馆的价值,对我们进一步保护和利用会馆,更好地建设城市文化具有现实的参考意义。下面以世界文化遗产——庆安会馆、钱业会馆和四明公所为例,对会馆价值做一简单剖析。

---

① 顾嘉懿.祭祀药皇仪式时隔 70 多年重回药皇殿:修缮后的天一广场药皇殿下月开门迎客[N].宁波晚报,2017-05-25(A2).

一、庆安会馆的价值评估

(一)庆安会馆是世界文化遗产"中国大运河"的核心遗产点

咸丰三年(1853),浙江漕粮始行海运,庆安会馆(包括其南侧的安澜会馆)成为浙江清代漕粮及南北贸易河海联运的主要管理和服务设施,南北号船商在浙江漕粮海运中发挥重要作用。南北海运常需要在长江口附近寻找一个转口港,当时上海尚未兴起而杭州湾巨大的潮差缺少成港的条件,而宁波的内河船溯姚江而上正好沟通开掘于六朝的浙江运河,这条古运河在萧山的西边越杭州湾可通大运河,因此宁波实际上处于中国南北海运和内河航运主干线的交叉点上,为大运河提供了河海联运、接轨内外贸易的黄金水道与优良港埠。宁波三江口既是大运河连接世界大通道的南端国门,又是中国"海上丝绸之路"的起航点,中国大运河因为有了这个河海交融的点而具有了开放性。

作为大运河的唯一出海口和"海上丝绸之路"的主要始发港,宁波在经历了历史的辉煌后成功转型为当下现代化的国际港口,其将内河航运系统与世界海路交通动脉相衔接的独特地位,在全国绝无仅有。河海联运已成为宁波城市的突出特色,"海上丝绸之路"文化与运河文化已成为宁波历史文化底蕴的主要载体,而其具体陈述者和物质承载体之一便是庆安会馆。

(二)庆安会馆是妈祖文化传播的实物载体

妈祖信仰在诸多方面契合了人类对真、善、美的认同,如扶危济困、治病救人、赐人以平安吉祥等。庆安会馆又名"甬东天后宫",是浙江省现存规模最大的天后宫,为妈祖信仰的发展和传播发挥了重要作用。保护这些文化遗迹,有利于社会主义精神文明建设,有利于和谐社会的构建。

(三)庆安会馆是清末浙东建筑及装饰工艺的典范

第一,庆安会馆主体建筑坐西朝东,面向三江口,14米高的巍峨大殿、16条斜昂盘旋而成的精美戏台以及高耸的马头墙等展现了浙东地区传统建筑富有变化的建筑形体和空间,具有较高的美学价值。

庆安会馆主体建筑的平面布局,采用了中国传统的院落和空间围合手法,沿中轴线层层递进,最前面设照壁和接水亭,接着设置宫门和仪门,再是大殿和后楼,层叠有序,使整个建筑群形成层次分明、深度有序、充满文化意蕴的建筑风格。馆内前后天井均置有戏台,飞檐翘脚轻盈活泼,分别为大殿供奉的妈祖神像和会馆会员演戏娱乐,突出了天后宫与会馆两个不同功能,这种"宫馆合一"的性质从内容到形式都具有和谐感、节奏感,体现了让人感官愉悦的建筑美感。

第二,庆安会馆建筑上有 1000 多件朱金木雕和 200 多件砖雕、石刻艺术品,我们俗称"三雕"或"三绝",均采用了宁波传统的雕刻工艺,体现了清代浙东地区雕刻艺术的高超水平,具有很高的艺术观赏价值。

砖雕主要分布在宫门门楼和马头墙墀头上部,雕刻题材广泛,构图布局严谨,人物造型生动,雕刻刀法细腻,画面层次丰富。石刻最引人注目的便是正殿的蟠龙石柱和凤凰牡丹石柱,4 根单体柱子,颜色青白,质地较粗,整柱高 4 米,采用了高浮雕和镂空雕刻相结合的雕刻技术,形态逼真,构思独特,为国内罕见的石刻精品。与此对应的山墙墙基的石刻装饰则是采用了宁波本地的梅园石,平面雕刻细腻生动,与石柱的粗犷形成鲜明对比。朱金木雕是浙东地区的传统手工艺,在建筑的梁、枋、雀替、栏杆等木构件中广为使用。朱红色的彩漆和金箔合用贴在木雕构件上,光彩夺目。雕刻题材丰富,有民间故事、戏剧传奇、飞禽走兽、奇花异草等。雕刻手法多样,有高浮雕、镂空雕、浅浮雕和透雕等,技艺精湛,使建筑呈现出富丽堂皇、高贵典雅的气势。

（四）庆安会馆建筑具有很高的科学价值

第一,庆安会馆是浙东地区传统建筑的典型代表之一,真实记录了该地区建筑的传统工艺、技术和材料,具有很高的科学价值。

第二,庆安会馆在建筑结构、构造和工艺上极具浙东地方传统特色,在建筑技术史上有一定的科学研究价值,为江南建筑文化的研究提供了实例。

第三,庆安会馆的选址及格局是我国古代堪舆学与庙宇建筑的结合,在江南庙宇建筑中具有一定的代表性。

（五）庆安会馆对城市的发展具有较高的社会价值

第一，宁波是近代中国航运业的主要发祥地。宁波旧时就有南号、北号船专业分航运输，特别清代海禁废弛后，宁波港海运更为发达，贸易兴盛。咸丰四年（1854），为保证航运的顺利进行，打击海盗，建造庆安会馆的董事又集资购买了配备大炮、弹药的"宝顺"轮，自此中国出现了自办的第一艘火力轮船，开启了中国近代洋务运动的先河。

宁波帮航运业一直处于国内翘楚地位。清末就有宁波商人郑良裕和虞洽卿分别创办通裕航业集团和北轮埠股份公司，成为国内最早创办及规模最大的两大民营航运集团，紧随其后的宁绍商轮公司也是国内主要的民族航运企业。其中虞洽卿创办的北轮埠股份公司更是行业之冠，为当时中国最大民营航运集团，而虞洽卿也作为全国航业领袖，长期担任上海航业同业公会理事长（主席）。他们的后代，如郑良裕之子郑锡棠和虞洽卿之子虞顺懋也长期出任同业公会的执委或常务理事。此外，宁波帮航运业著名人士还有创办中国航运公司的董浩云，后成为世界级的航运家，另有捐赠建造宁波大学的宁波人士包玉刚，则成了世界船王。作为航运管理机构的庆安会馆，是宁波航运业发展的见证，其创建者南北号船商对于促进航运业的发展起到了重要作用。

第二，庆安会馆是宁波城市的窗口，对宁波的经济发展起到了重要作用。庆安会馆地处宁波三江口，是宁波著名的旅游景点，现为国家 3A 级景区、国家三级博物馆、浙江省爱国主义教育基地、宁波市十佳旅游景点，具有较高的旅游观赏价值。

二、钱业会馆的价值评估

（一）宁波钱庄业在我国金融史上占有重要的地位

宁波钱庄业发源于明中叶，发展于清初，至清乾隆十五年（1750）以后进入鼎盛期，式微于民国时期，新中国成立后退出历史舞台。

宁波的钱庄业是商贸经济兴旺发达的产物，在近代史上，曾和宁波帮的兴起和发展有着密切的联系，是宁波帮鼎盛的支柱产业之一，为当时城市的繁荣、商贸经济的发展提供了良好的资金平台，也对当时中国的政治、经济、军事、文化事业的发展发挥了重要的作用,在我国金融发展史上占有重要的地位。

翻开宁波城市发展史,我们看到:宁波自古以来就是重要的对外贸易港口,是"海上丝绸之路"和"海上陶瓷之路"的始发港。优越的地理条件和人文精神,带动了商贸的兴旺,而商贸的繁荣、兴旺,更推动了钱庄业的产生和发展。至乾隆三十五年(1770),市中滨江一侧,已出现了一条全部开设钱庄的钱业街,而钱业街所在的江厦地区不仅是宁波本市的商业中心,更是全国性的海洋渔产、中药材的集散地,也是东南一带唯一的金融中心,江厦街的繁华并不亚于后来的上海外滩,有"走遍天下,不及宁波江厦"之说。

清道光、咸丰年间,宁波钱庄已达一百多家,融资范围遍及全国各大商埠。鸦片战争后,宁波商帮快速发展,活跃在近代工商业的各个领域,并迅速跻身于全国十大著名商帮之列,形成了以宁波帮为核心的江浙财团。宁波的钱庄业也随着宁波帮的大批发运销商业和海上航运事业的发展而快速发展,充分发挥着调节资金的作用。旧上海九大钱业资本集团中,宁波人开设的占了五家,钱庄的足迹更远达武汉、天津等大商埠。因此,有人把宁波的钱庄业和山西的票号并称为旧中国金融业的两大支柱,确有一定的道理。

(二)钱业会馆的建筑具有很高的艺术价值

钱业会馆的整座建筑青墙红顶,精致小巧,中西合璧,十分耐看,充分代表了民国时期的建筑水平,具有很高的艺术价值。会馆坐北朝南,由南至北收缩呈梯形,所有建筑在一中轴线上。前后分成两大部分,前进廊舍环绕、中间为明堂、戏台,两侧厢房内各立有一块石碑,记述宁波钱庄业发展历史及会馆建造情况;后进濒临姚江,建有议事厅,为钱业议事之用。厅前大片庭园花草与前部分隔,清静幽雅,私密性强,四周砌筑清水高墙。内部及天井内立面为宁波地区传统的木结构形式,外立面山墙、山花清水砌筑,屋脊为瓦条垒脊,屋顶为当时最流行的红色洋瓦。就规模和投资来看,钱业会馆均冠于当时各地的同类会馆,会馆内部石刻碑记皆出于著名文人、书法家和石刻家之手,具有一定的研究价值。

会馆建筑饰有精美的石雕、木雕、砖雕,这些雕刻形制精美、做工考究,于细微处恰到好处地点衬出会馆建筑的高雅、精致,与会馆当时所处的宁波金融业最高决策地的地位相吻合,且有很高的艺术性。

(三)钱业会馆的历史价值和现实意义

由于目前全国各地的金融会所已不多见:上海的北市钱业会馆已被拆除,浙江湖州市的钱业会馆也是近几年才重建的,全国各地至今未见有钱业会馆的相关报道。因此,作为全国范围内唯一保存完好的早期钱庄业会所,钱业会馆的历史价值和现实意义是显而易见的。

第一,它不仅是宁波金融业发展历史的见证者,从一个侧面反映了宁波金融的概貌,更重要的是它的存在,为研究我国尤其是宁波的金融和贸易发展、研究宁波钱庄业和宁波帮兴起、发展的关系,提供了翔实的实景资料。

第二,宁波钱庄业首创的"过账制",曾意味着现代金融业的票据交换办法在我国的开始,不仅远比除英国伦敦以外的世界各国实行的票据交换形式要早,而且扩及邻近各县,形成了社会性的大会计制度,为宁波钱庄业的发展做出过贡献。

第三,宁波钱庄业的信用手段,包括票号在汇兑业务经营上的各种做法、卓有成效的汇划制度、灵活的利率和运行方式,不仅在当时调剂了资金、活跃了经济,对当今的金融业仍具有一定的指导和借鉴作用。第四,钱业会馆还是爱国主义教育基地。在这里,彰显的是宁波人的前辈们奋勇搏击商海、不畏艰险创业的顽强拼搏精神和纵横四方、笑傲商海的辉煌业绩,教育意义深远。

三、上海四明公所的价值评估

四明公所是宁波人在上海创办的最早的同乡同业会馆,是旅沪宁波商人和手工业者的行会组织。现公所仅存红砖白缝的高大门头一座,上刻定海贺师章书"四明公所"四个金色大字。而这面单薄的门楼仿佛依旧诉说着不曾被遗忘的往事,见证了中国人民早期为反对帝国主义扩张英勇斗争并取得胜利的历史。

"四明公所事件"前后共发生两次,都是法国殖民者为扩大侵略势力而一手制造的流血事件,也是中国人民自发反抗殖民者暴行的斗争。

当年董事谢绍心、方亨宁等人倡议，以四百八十文为一愿，集资兴修，共集资一万六千余愿，至道光十六年（1836）添建殡舍，增建冢地，修缮告竣。但鸦片战争后西方国家按照条约在上海租借土地，道光二十九年（1849），公所被划入法兰西租界，为此后的纠纷埋下了隐患。

同治十二年（1873），法租界当局商议在四明公所义冢地上开筑宁波路和西贡路，并要求公所迁坟让地。同治十三年（1874）三月十八日，华人在法租界的抗议活动遭到法租界军队和公共租界商团的镇压，华人被打死6名，受伤20人，酿成血案。在民众的强烈要求和公众舆论的推动下，中法有关方面屡经交涉，结果中国偿银3万两，法租界放弃筑路计划。

光绪二十四年（1898）五月，法租界背弃前约，以修造学校、医院为由，欲强行征收四明公所地产。七月，法总领事发出最后通牒，限令四明公所交出产权，并大开杀戒。30万旅沪宁波人群情激愤，掀起声势浩大的反抗怒潮，举行各类罢工。后经清政府与法国政府多次交涉，达成四项协议：（1）确定法租界的扩张；（2）维持四明公所土地权；（3）四明公所坟地不得掩埋新尸或停柩，旧坟陆续起运回籍；（4）在四明公所土地上可以开筑交通所需的道路。公所地产终得以保全，但由于清政府的软弱无能，法租界扩张目的得逞，四明公所的权益受到了极大损害。

1898年的"四明公所事件"得到了各阶层旅沪宁波人的响应，以严信厚、叶澄衷等为首的四明公所董事会在斗争中发挥了首倡、联络和领导作用。

"四明公所事件"是近代上海（宁波）人民反抗外国殖民暴行而造成的流血事件，是反对外国侵略的民众活动，是中国近代第一次政治罢工，具有强烈的反帝色彩。1986年，上海市文物保管委员会和南市区人民政府重修四明公所门楼，现为上海市纪念地点。

第七章　宁波会馆的保护与当代利用

　　随着近代民族工商业的发展，清末民初，一些新型的公会、商会就开始逐渐取代会馆、公所。尤其是 1929 年国民政府颁布了《工商同业公会法》，会馆、公所都已成为工商各业的同业公会以及专门从事社会慈善和处理民政事务的同乡会馆。新中国成立后，宁波市人民政府对各类社会团体进行整顿并统一调整，因会馆建筑普遍制作考究、装饰精美，所以基本用作学校、幼儿园、工厂仓库等。改革开放后，这些会馆建筑基本都作为文物保护建筑保留下来，会馆文化研究也日益受到重视。

　　为了进一步鼓励更多的单位和个人研究会馆文化，方便会馆文化调研及活动的开展，1995 年 10 月，中国文物学会会馆专业委员会成立。① 中国文物学会会馆专业委员会是以研究会馆文化及会馆保护、会馆开发相结合

---

　　① 中国文物学会会馆专业委员会的原名为"中国文物学会会馆文化研究会"。1994 年 11 月 5 日，中国文物学会下达了同意组建"中国文物学会会馆文化研究会"的批复，同时报请国家文物局审批。1995 年 7 月 10 日，国家文物局颁发了关于同意成立中国文物学会会馆文化研究会的批复文件，并同时报请民政部社会团体登记管理司审批。民政部社会团体登记管理司审查后，为更显专业特色，更名为"中国文物学会会馆专业委员会"，使之成为更具专业性质的社会团体。1995 年 10 月 10 日，民政部社会团体登记管理司正式颁发批复文件，同意成立中国文物学会会馆专业委员会，并批准刻制行政公章，除了涉外活动必须报请上级主管单位批准外，会馆专业委员可以在全国范围内开展社会活动。

的学术研究团体。业务范围为学术交流、业务培训、展览展示、书刊编辑、国际合作、咨询服务等,自 2008 年起,每年召开一次会议,旨在为各地会馆单位和会馆研究的专家学者搭建起相互交流的平台。近几年,中国文物学会会馆专业委员会在天津、上海、宁波、洛阳等地召开年会,除了交流各地会馆研究的成果,弘扬民族文化外,与会代表还围绕"中国会馆保护及在社会发展中的作用""会馆文化的区域性特征""会馆建筑保护、会馆文化研究、会馆的保护与展示利用"等主题进行了学术交流,共同探讨会馆文化在促进地方经济社会发展过程中的作用。中国文物学会会馆专业委员会为中国会馆文化的研究提供了一个崭新的平台,可以支持和团结各地会馆单位及会馆研究的学者、专家积极开展工作,努力挖掘会馆文化,研究会馆历史遗产,探讨会馆在新时期的功能利用。

第一节　庆安会馆的保护与当代利用

一、庆安会馆的保护

1997 年 2 月,宁波市文物保护管理所全面接管庆安会馆,其间对馆内原有的承租户进行清退,包括庆安会馆的附属用房全部腾空,同时成立庆安会馆维修工程办公室。

鉴于会馆的历史地位、文物价值,宁波市历史文化名城保护委员会、宁波市文化局筹备修复庆安会馆。准备工作之一便是先会同古建公司的技术人员对庆安会馆的建筑状况进行实地勘察。对比历史资料,残损情况分为四种:首先是原址建筑缺失,如原有的照壁、接水亭所在的位置已成马路,仪门、前戏台、前厢房和花厅等建筑在供小学使用时为扩大学生运动场地而被陆续拆毁;其次是为了方便学校、工厂使用,大殿、后殿等两侧承重山墙被肆意穿墙开窗;再次是因年久失修,当时建筑屋顶普遍漏雨,建筑构件糟朽十分严重;最后是馆内的"三绝"——砖雕、石雕和朱金木雕都遭受人为破坏,残缺不全,连俗称"鸡笼顶"的戏台藻井上的盘花拼板也脱落严重。

1997年2月18日,根据查勘结果,在庆安会馆召开了维修方案技术论证会。经过与会领导和古建筑专家探讨研究,确立了"维持现状,局部恢复原貌"的维修原则,制定了针对性的修缮方案。①

同年8月11日,施工人员进入庆安会馆现场,庆安会馆首期工程南首偏房维修工程正式开工。南首偏房坐落在会馆后殿左首,是七间二弄的重檐楼房。由于在接管以前,该楼一直是校办工厂的生产车间,长期的重物积压使偏房西山墙地面下沉,致使西边拼柱梁倾斜,经维修后得以校正。西边次间和梢间的两根栋柱因劈裂糟朽已失去承载能力,只得用相应的材料更换。厢房东西两侧的配间和重檐已被拆除,维修时按原建筑规制重建。维修东西山墙及马头墙顶,南面围墙修复后增砌至原有高度。屋面瓦片全部翻修,更换残破望砖,重砌元宝屋脊。南首厢房整体维修于当年年底全部完成,在竣工验收会上得到了专家的肯定。

宫门维修作为二期工程于1998年2月15日开始施工,主要内容有砖雕修复、卷棚修复、重砌磨砖墙、整修四线屋脊及部分雀替花板等。宫门门楣原装帧有14幅砖雕,很多已面目全非,其中2幅全部脱落。施工人员采取了对图案中的主要人物用同样的砖料进行修补,而对损伤较轻的其他部位进行加固维持原貌的办法。至于2幅脱落砖雕应重刻什么内容,由于没有资料,只能从周围破损的砖雕中寻求有关线索,经过仔细辨别和研究,确认了脱落的砖雕与旁边2块砖雕的内容反映的是古代百姓渔樵耕读的日常生活。维修后4块砖雕远看浑然一体,近看肉眼能分辨出修复材料颜色不一致,达到了博物馆展陈修复的良好效果。在剔除门面石灰过程中,还意外地发现了庆安会馆原来的直立匾额保存完好,在增补了周围的二龙戏珠砖雕后,"天后宫"三个贴金大字格外醒目。

大殿明、次间的石雕龙凤檐柱是庆安会馆石刻作品中的代表作,技艺高超的古代工匠采用了镂空雕法,在整块石料上一气呵成,龙腾云海,凤鸣苍穹,形象生动,雕工精湛,纹理走势自然流畅,为石刻艺术的精品。其中龙凤

---

① 江怀海.庆安会馆维修概况[M]//许孟光.宁波文史资料(第20辑):宁波文物古迹保护纪实.宁波:宁波出版社,2000:206-210.

石柱的头有缺失,该次维修故意未修复。据史料记载,庆安会馆每年都要举办各类祭祀活动。每年农历正月初一至十五,会馆要组织庙会活动,其他如风神、吴帝、龙王生日都会举行供祭活动,但以农历三月二十三的天后诞辰日祀祭大典最为隆重。是日,会馆内外整洁一新,庭中纛旗飘舞,殿内珠灯齐明,祭台上供奉着各商号提供的丰盛的祭品,祭祀典礼由地方官员或绅士主持,从祭人员依次参拜,渔民信徒扶老携幼前来祭祀叩拜以祈求航海平安,祭祀活动中有民间文艺表演,秧歌、舞狮、戏剧等节目奉于戏台,人神共娱,热闹非凡。[①] 据传,有一年前来看戏的人实在太多,会馆宽敞的明堂人满为患,几无立锥之地,许多人只得附壁攀高而观,以至于大殿龙凤石柱上的凤头都被攀拉折断。

会馆仪门、前厢房及前戏台的重建工程是开工以来工程量最大的项目。重建方案是以 1960 年南京工学院绘制的庆安会馆纵剖图和现存的屋基基础为依据制定的,仪门原 6 根檐柱改为蟠龙石柱,以增加会馆建筑的艺术氛围。重建工程于 1999 年 11 月 1 日动工,到 2000 年 12 月底,全部的重建项目完工。

庆安会馆附属建筑位于庆安会馆东侧,北面部分为两个相邻的四合院建筑。据实地调查,这里为历史上庆安会馆董事会聚会场所,许多关于会馆及航运的重大事宜在此决策;为庆安会馆撰写碑记的清代学者董沛亦曾居住于此。这两处文物建筑均因年久失修破损严重,尤其是安澜会馆,部分建筑已面临倒塌的危险。在 2000 年 6 月开始的宁波滨江核心区旧城改造中,对这两处文物的保护有较大的争议。维修组在进一步挖掘文物价值和历史内涵的基础上,多次向有关职能部门提出了庆安会馆、安澜会馆和庆安会馆附属建筑保护利用的综合方案,得到了市规划局等有关部门的大力支持。2000 年 9 月,在市城乡建委重大建设项目管理办公室的主持下,确定了安澜会馆迁移至庆安会馆南侧进行异地保护、庆安会馆完整保护的基本方案。

维修完成后,根据庆安会馆建筑原貌和天后宫的功能定位,将之辟为浙

东海事民俗博物馆,于 2001 年 12 月正式对外开放。

2012—2017 年,庆安会馆对馆内的石刻砖雕进行了科技保护。

二、庆安会馆的当代利用①

自对外开放以来,庆安会馆以会馆活动、陈列展览、社区联动等形式向市民和游客展示会馆文化、妈祖文化、宁波港口历史,然而如何深入挖掘会馆历史文化内涵、创新保护利用方式,仍是庆安会馆亟待研究的重要课题。

(一)利用庆安会馆文化积淀的资源优势,助推宁波旅游经济发展

1.以大运河(宁波段)申遗为契机,提升庆安会馆知名度

2014 年 6 月 22 日,中国大运河在卡塔尔首都多哈召开的第 38 届世界遗产委员会会议上被成功列入《世界遗产名录》,宁波成功跻身世界文化遗产城市行列,而庆安会馆作为大运河(宁波段)"二段一点"的核心组成部分,正式成为宁波市首个世界文化遗产点。为推动大运河保护管理事业持续健康发展,申遗成功以来,庆安会馆通过进一步改善会馆环境,完善陈列展示内容,同时以宣传大运河遗产点知识、扩大遗产点的知名度为目的,进行系列宣传推广活动,更好地展示了庆安会馆的历史文化内涵。而申遗成功后,作为中国大运河的重要组成部分之一,运河沿线若干的文化遗产节点都将由运河串联成统一的整体,庆安会馆的价值因此必将获得极大提升。同时,申遗成功后的中国大运河,很可能采用流域联合营销的策略,打造中国大运河统一品牌,就如同西班牙打造朝圣旅游路线——圣地亚哥之路一样,统一途经各城市的路线和旅游标志,以区域联合的运作模式获得共赢。这将有效扩大和提升庆安会馆的知名度与吸引力,为宁波旅游经济带来新的增长点,让庆安会馆作为河海联运的航运管理设施的价值得到更充分的展示。

2.以文化产业发展为动力,拓展庆安会馆利用空间

对于全国重点文物保护单位庆安会馆而言,保护和利用显得尤为重要。作为珍贵的历史文化遗产,首先需要进行保护,而保护的最终目的则是让广大人民群众有机会、有兴趣置身其中,接受其熏陶,并将悠久的历史文化一

---

① 黄浙苏,丁洁雯.论庆安会馆的当代利用[J].中国名城,2011(6):48-52.

代代传承下去。那么,究竟如何契合百姓的文化需求和审美趣味,充分利用并生动展现庆安会馆的珍贵价值呢? 笔者以为,除了进行陈列展示、开展惠民活动,还需依托文化产业的发展。近年来,庆安会馆立足自身历史文化资源,不断摸索文化产业发展之路。

2001 年 12 月 10 日,依托庆安会馆开辟的浙东海事民俗博物馆正式对外开放。当时的基本陈列有"宁波与'海上丝绸之路'图片展""妈祖祭祀实景""妈祖与中国红"等,临展有"千年海外寻珍图片展""发现宁波——考古二十年成果展"等。此外,庆安会馆以及相邻的迁移复建的安澜会馆所展示的建筑文化是博物馆参观的重要内容。尤其是庆安会馆前后双戏台,金碧辉煌,建筑上饰有 1000 多件朱金漆木雕和 200 多件砖雕、石雕艺术品,人物、花卉、飞禽、走兽等,栩栩如生,精美绝伦。正殿使用 32 根粗大木柱承托顶梁樽架,气派非常,配以 4 根龙凤牡丹的石檐柱,堪称石雕艺术珍品。作为浙东地区民间会馆建筑的范例,庆安会馆对公众的开放,具有很强的文化震撼力和视觉冲击感。浙东地区优秀的建筑工艺,名闻天下的朱金木雕、灰塑、石雕等,令人叹为观止。

但是随着宁波博物馆的建成,作为宁波博物馆基本陈列内容雏形的"宁波与'海上丝绸之路'图片展"被撤走,浙东海事民俗博物馆的基本陈列难以有好的主题、好的藏品加以展示。2008 年,庆安会馆与宁海民营企业合作,由此 70 件由宁海民营企业家尤飞君提供的古船模型"驶"进了庆安会馆,在馆内成功举办以古代船模为主要展品的大型展览活动。此次活动涉及船型广泛,制作工艺精良,展厅配有文字说明和多媒体演示,生动展现了宁波历史悠久的造船史和海外贸易活动,获得了社会民众的极大好评。2008 年 6 月 9 日在"中国·宁波船史展"陈列正式开放的同时,由尤飞君发起并完全出资的中国古船研究所也正式"开张",邀请了国内 20 多位顶级古船研究专家进行探讨,促进了中国古船文化学术研究与交流。

众所周知,近年来宁波民办博物馆发展方兴未艾,形式多样,类型丰富,已在全国产生广泛的文化影响力。2008 年,当一些企业家、收藏家着眼于以择地建馆舍办博物馆时,宁海县一位企业家、古船研究爱好者尤飞君先生却把自己的古船博物馆搬进了庆安会馆,开启了民办博物馆的一种新模式。

中国宁波船史陈列至今已有十余年,参观者均非常认同船模的价值。陈列内容与庆安会馆所要诠释的文化内涵相得益彰。2009 年,浙东海事民俗博物馆被国家文物局评为国家三级博物馆;2013 年,被公布为第八批省级爱国主义教育基地;2015 年,成为宁波首批中小学生社会实践大课堂资源基地,船模陈列受到中小学生的极大欢迎。

中国古船研究所在此作为研究阵地,还出版了《中国古船图鉴》,中国古船专家席龙飞教授为之作序。庆安会馆与尤飞君之间的合作是共赢的。这种由民营企业家提供展品、拥有展品产权,国有博物馆提供场地和管理的合作方式,是对宁波市民办博物馆探索其创办意义和存在价值的先期试验和有效观察评估。

同时,在保护原则允许范围内,庆安会馆考虑策划会馆旅游剧场,以"时尚、旅游、文化"为主题,以反映宁波地域特色和文化底蕴的优秀剧目为演出内容,以"夜宴"为常态项目,集演艺、茶馆、旅游产品开发为一体,对会馆的历史文化进行综合性开发和利用。若能立足自身优势,盘活文物资源,接轨市场需求,拓展会馆文化产业,庆安会馆必将有效实现民众需求与文化遗产利用之间的衔接和互动,打造宁波旅游经济的新亮点,成为文化遗产保护与利用完美结合的典范。

(二)发挥庆安会馆文化传承的载体功能,助推宁波城市文明建设

作为妈祖文化的载体,庆安会馆见证着妈祖信仰庇佑民众、教化民众、感动民众的悠久历史;作为珍贵的文化遗产,庆安会馆激发着宁波人民的自豪感和自信心,积蓄着宁波人民开拓创新的精神底蕴。因而,有效发挥庆安会馆文化传承的载体功能,将推动宁波建设和谐文明城市的进程。

1. 以妈祖精神为指引,传承发扬传统美德

宁波所处的浙东地区是最早接受妈祖信仰的地区之一,繁荣兴盛的海上贸易、通畅发达的海外交通,促进了妈祖信仰的传播。妈祖信仰的深刻文化内涵就在于孝悌忠信、慈悲无私、公正平等、尊重生命、泽被众生等。历代政治家、思想家和文学家都很重视发挥妈祖的教化功能,使其成为促进国家昌盛、民族团结、民生富饶的推动力。作为中华民族优秀文化遗产之一的妈

祖精神一直影响着宁波这座历史文化名城的精神和信仰。而庆安会馆作为妈祖信仰的实物载体，更应义不容辞地承担起传播妈祖慈善精神的重担。

庆安会馆现有《妈祖祭祀场景展示》《天后圣迹图》等八幅壁画，《明州与妈祖》连环半景画以及"妈祖与中国红"等基础陈列，真实而艺术地展现了妈祖行善的事迹，具有极强的感染力和影响力。在此基础上，庆安会馆还可以妈祖的文化内涵为导引，设计和引进孝悌忠信、有容乃大、尊重生命、友善助人等相关主题的临时陈列，利用周边社区文化节举办宣传妈祖精神的主题活动。同时，还可与政府合作，定期或不定期举行"送温暖、献爱心"活动，配合做大做强"爱心宁波"特色文章。会馆的建筑和陈列是静止的，而妈祖文化和妈祖精神是流动的，是可以传播并影响他人的。如何深入传播妈祖文化的精髓，让驻守在宁波城市中心的庆安会馆，成为人们心中向善仁爱的朝圣之地，如何有效发挥妈祖精神在宁波和谐城市建设中的积极作用，这将是庆安会馆价值利用所需深入研讨的重要课题。

2.以文化遗产资源为基点，传承并发扬爱国情操

2002年，庆安会馆被宁波市人民政府命名为爱国主义教育基地；2013年，被公布为第八批省级爱国主义教育基地，其宗旨在于以生动活泼的形式，广泛、深入、持久地加强爱国主义教育和宣传，激发爱国热情、培育民族精神。为充分利用文化遗产，有效进行爱国主义教育，庆安会馆自开放以来，重新编写了导游词，准确生动地向青少年学生和游客解说庆安会馆的历史、艺术价值，确保爱国主义教育深入有效地进行；同时，对未成年人、离退休干部、现役军人和残疾人等实行免票，在"爱国主义教育周"、"国际博物馆日"、寒暑假等重要节假日期间，通过免费对外开放、举办文化讲座、"大篷车进院校"等活动，以"迎进来、走出去"的方式，不断发挥文物的社会教育功能，充分扩大爱国主义教育基地的受惠面。在此基础上，庆安会馆将爱国主义教育作为一项长期的系统工程，努力构建民众与会馆历史文化之间稳定深厚的关系，通过不断探索爱国主义教育的新方法、新途径，发挥庆安会馆在当代宁波社会主义精神文明建设中的重要作用。

（三）发挥庆安会馆文化沟通的纽带作用，积极开展对外文化交流

作为海上丝绸之路的启碇港，宁波自古至今都尤为重视与海外的沟通

往来,承载着妈祖信仰与商帮文化的庆安会馆,便成了一条文化沟通的纽带。它以妈祖信仰,牵系起海峡两岸信众的族群归属和文化认同;它以商帮文化,牵系起海内外宁波商人的集体记忆和爱乡传统。

1. 以共同的妈祖信仰,联络海峡两岸的同胞情谊

妈祖信仰作为一种族群性认同的象征符号,因其在台湾的广泛普及,在当代中国被赋予了不可忽略的重要功能。学界普遍认为,台湾的妈祖信仰最早来自于大陆,并由东渡的闽粤移民传入,已有众多的中外史籍和文化遗迹相佐证。与此同时,在漫长的历史发展长河中,妈祖也已成为中国东南沿海一带民众共同信仰的保护神,世代传承。宁波作为妈祖信仰的提升地,除拥有众多信众外,还因象山“如意娘娘”的传说,拉近了与台湾信众的距离。“如意娘娘”是浙江沿海渔民在歌颂劳作及祈求平安中产生的信仰,此后演化为宁波象山石浦、台湾台东小石浦共同朝拜的习俗。此习俗于 2008 年被列入国家级非物质文化遗产名录,也是目前国家级“非遗”中唯一涵盖海峡两岸民俗文化的条目。可以说,妈祖信仰的传播在当代中国的特定文化语境中,所代表的是一个族群共同体的符号,海峡两岸的中国人祭拜妈祖,目的是共同祈求两岸有个光明的未来。作为宁波和浙东地区妈祖信仰重要实物载体的庆安会馆,已义不容辞地加入了搭建海峡两岸文化交流平台的队伍中。2007 年,庆安会馆馆长赴台湾参加妈祖信仰与妈祖国际研讨会,揭开了与台湾学界往来交流的序幕;2009 年,庆安会馆承办海峡两岸妈祖文化学术研讨会,来自海峡两岸的 60 位造诣深厚的妈祖文化研究专家、学者共聚“海上丝绸之路”的启碇港城——宁波,以宁波与海峡两岸妈祖文化互动研究为重点,深入探讨新时期海峡两岸开展妈祖文化学术交流的途径与模式,具有重要的现实意义和深远的历史意义。庆安会馆应以这些经验和成果为基础,继续深入浙东地区的妈祖文化研究,加强与海峡两岸妈祖文化研究学者的交流与往来,充分利用“如意娘娘”省亲、妈祖诞辰祭典等妈祖信俗中的重大节日,做大做强系列民俗节及民俗活动。同时,以妈祖信仰为中心点,拓展研究海洋文化及海洋民俗,进一步深化和扩大海峡两岸的共同记忆,为两岸的和平发展与统一事业夯实信仰基础。

2. 以悠久的商帮文化,牵系海内外宁波商人的爱乡情结

宁波自古以来发达的商业经济造就了悠久的商业文化和优秀的商人。现今仍有超过 30 万的宁波籍商人分布在世界 64 个国家和地区。宁波帮商人一直拥有爱乡、建乡的优良传统。据不完全统计,自 1982 年至今,宁波商人向宁波市 2000 多个项目捐赠,折合人民币已超过 12 亿元,捐赠内容涉及教育、医疗卫生、公益福利和文化体育等社会事业,对宁波城市建设、社会发展起到了重要作用。因而,加强与宁波帮的沟通交流,深入对宁波帮的相关研究,对于宁波的发展意义重大。2009 年建立的宁波帮博物馆,可视为搜集宁波帮记忆的场所;而庆安会馆则是宁波帮集体记忆的一处实物载体,在此可缅怀往日宁波帮的辉煌岁月,深刻感受宁波帮久远的年代、创业的历程、爱乡的传统。为有效发挥庆安会馆的纽带作用,可考虑在会馆里组建各行业俱乐部,延续会馆的行业聚会、协商等功能,同时也为海外宁波帮提供返乡聚会的场所。如此既可以继承宁波商帮文化的传统,加强各行业内以及行业之间的交流合作,同时也为第二代海外宁波帮提供了寻根的文化据点。一百多年过去了,宁波商帮仍在不断发展,而作为曾经是行业聚会、商帮共谋发展活动场所的庆安会馆,其旧时的功能在当代社会的重生,对于庆安会馆自身的发展、利用以及宁波社会发展意义重大。

综上,庆安会馆作为宁波市重要的历史文化遗产,其最大的价值并非安静地伫立在三江口见证时间的流逝,而应深入挖掘其所承载的会馆文化、妈祖文化、商帮文化和海洋文化,紧随现代社会的发展进程,适时地发挥其往日的功能,使会馆在记录和展示历史文化的同时,在当代社会获得新的生命活力,与城市建设、社会发展同步前进。从某种意义上而言,文化遗产的保护不仅是为了传承,更是为了弘扬和利用。因此,紧紧把握适度原则,以深入研究为根基,以社会发展为导向,以现实需求为突破口,庆安会馆的价值利用,才会在当今达到最大化。

三、浙东海事民俗博物馆(庆安会馆)与社区文化建设①

(一)浙东海事民俗博物馆推动庆安社区文化建设的基本做法

2002年,"三江灯火暖家园"元宵灯会活动拉开了庆安会馆与庆安社区联合举办的首届"民俗文化教育节"的序幕,这个教育节至今已连续举办十届。庆安会馆的历史文化资源经由生动活泼、形式多样的活动得以有效传承和发扬,而"民俗文化教育节"等在庆安会馆内举办的文化活动已成为庆安社区文化建设的重要载体,在合作中得以不断推进。社区居民在浙东海事民俗博物馆的文化惠民系列活动中切实受益。

1.利用会馆历史文化,创设社区居民第二课堂

作为一座社区内的博物馆,浙东海事民俗博物馆尤为强调文物藏品对社区民众、区域社会和生活发展的意义,将自身定位为社区居民的终身学校、生动的百科全书,以帮助社区居民直观地认识和了解所在社区的传统文化,了解社区成长和发展的历史,使他们更加关注社区文化的发展进程。浙东海事民俗博物馆内主要设有"妈祖祭祀场景展示""妈祖与中国红""宁波与'海上丝绸之路'史迹"等基本陈列,以及"中国·宁波船史展""宁波妈祖文化与会馆文化"专题陈列,详尽阐述了庆安社区所处的三江口区域古往今来的历史文化内涵。与此同时,馆内近年来先后举办了"中国非物质文化遗产保护成果展""传说中的那片海""千年海外寻珍图片展""海洋珍稀动物展""中国会馆图片展""妈祖信俗成功申报世界非遗图片展""庆安会馆整体功能提升规划图片展""宁波古城风貌展"等,为前来参观的社区居民提供了拓宽知识视野的平台,有效利用庆安会馆历史文化资源对社区居民精神文化生活形成积极影响。经过多年的发展,浙东海事民俗博物馆已成为社区居民学习、了解浙东地区的妈祖信仰、海事民俗、会馆商贸活动及其建筑艺术特色形象的生动的文化课堂。

2.利用会馆节庆活动,打造社区居民活动舞台

传统意义上的博物馆,是历史物质证据收集、保存和展现的场所,而社

---

① 黄浙苏.浙东海事民俗博物馆与社区文化建设[C]//上海中国航海博物馆.文化力量与博物馆的挑战.上海:上海古籍出版社,2013:57-60.

区内的博物馆更偏重于接触社区居民物质生活、精神生活的各个方面。因此浙东海事民俗博物馆除了陈列展览以外，还经常通过博物馆文化活动等形式来实现文化功能，这些形式都是鲜活动态的社区文化的组成部分。博物馆从各方面了解社区居民的需求后，适时推出各类有意义的活动。每年的春节、国庆，浙东海事民俗博物馆都会利用馆内戏台举办越剧折子戏演出，传统地域曲目深受社区居民的欢迎。端午节包粽子、元宵节煮汤圆、中秋节赏月音乐会等活动的开展，也让社区居民在古建筑里深刻感受到中华传统节日的喜庆氛围。而民间故事、民间戏曲、民间手工作品、民间文化采风成果展示、生活民俗、美食民俗等主题民俗文化系列活动，与每年的"博物馆日""文化遗产日""'海上丝绸之路'文化节"等特殊节庆里举办的陈列展览、专题讲座、学术研讨会等密切结合，在更好地传承和弘扬中华文明和民族精神的同时，在社区居民中形成了尊重历史、尊重文化遗产的优良传统。富有宁波特色的文化遗产成果被送入社区，送到每个社区居民的身边，让他们零距离感受到文化遗产的魅力。在保护和传承历史文化遗产的同时，浙东海事民俗博物馆持续丰富着庆安社区居民的精神文化生活，并已成为社区居民共享文化盛宴的重要场所。

　　3.利用会馆场地资源，构建社区居民沟通平台

　　居民是社区的主人，也是社区记忆的主体，居民与社区之间有着独特的精神和物质联系。社区是人们聚集的一种形式，人们在这个特定的区域里相互交往、相互影响，以社区为归属地，形成眷恋感和依附性，这便是民众的社区意识。社区博物馆在社区日常生活中，如同生活基础设施一样，发挥着实质性作用，成为社区公共服务体系的重要组成部分。以浙东海事民俗博物馆所处的庆安社区为例，由于庆安社区属于老龄化社区，社区居民平均年龄为55岁，其中60岁以上的居民占总居民人数的42%，文化程度以初中以上者居多。庆安社区内老龄人群聚集，具有精神文化需求高、交流沟通需求高、出行活动不便等诸多特点。而浙东海事民俗博物馆毗邻庆安社区，场地空间大，历史文化积淀丰厚，活动丰富多彩，自与庆安社区合作组织活动以来，多次举办包粽子、煮汤圆、赏月、观剧、联欢等各类参与性强、互动性强且文化内涵深厚的活动，让社区居民在热闹祥和的氛围中感受幸福温暖，在内

容丰富的活动中学习知识、传承文化,在相互的沟通与交流中增进邻里间的了解和友谊。浙东海事民俗博物馆及其举办的各项活动极大地丰富了社区居民的精神文化生活,已成为社区居民交流、沟通情感的重要平台。

十余年来,浙东海事民俗博物馆的发展与庆安社区息息相关,在与当地居民的互动中,成为社区发展的文化支点,深刻影响着社区文化建设与社区居民的精神文化生活。当下的社区早已不仅是生活社区,还扩展为经济社区和文化社区。这就要求浙东海事民俗博物馆的社区功能在时间和空间上不断延伸,以便适应社会发展的需要。从博物馆与社区的关系看,博物馆应当是所在社区不可或缺的组成部分,成为社区文化建设的坚实阵地。

(二)浙东海事民俗博物馆与社区文化融合发展的思考

近年来,宁波市博物馆建设取得明显成效。截至 2017 年年底,宁波共有博物馆、纪念馆、陈列馆 158 家,平均每 5 万人拥有一家博物馆,达到了发达国家的标准。[①] 如何最大限度地利用已有的资源,对于满足本市人民群众的文化需求、推进文化强市建设意义重大。而博物馆作为文化教育阵地,其宣传教育功能应首先在社区得以发挥,继而才能对更多民众产生辐射效应。

浙东海事民俗博物馆服务社区文化建设尚处起步阶段,没有形成完整的规模和体系,主要存在三个问题:一是缺乏科学规划,投入不足;二是社区居民的参与意识有待进一步加强;三是博物馆的文化遗产保护、研究以及展示服务水平需要提高。针对浙东海事民俗博物馆与社区文化的融合发展,笔者提出了以下几点建议。

1. 加强统筹,合理规划

浙东海事民俗博物馆作为庆安社区内的博物馆,应立足保护地域文化遗产、维护文化多样性、完善公共文化服务体系。要坚持"规划先行"的原则,加强博物馆相关文化遗产和环境资源的调查,紧紧围绕突出地域文化特色,科学制定发展规划。深入调查和挖掘社会民俗等文化遗产资源和环境资源,加强文物保护基础工作,不断地充实博物馆的文化内涵,为社区的文

---

① 陈青.开馆十周年,宁波博物馆参观人次突破千万[N].宁波日报,2018-12-06(A15).

化建设提供文化保障和智力支持。

2.突出重点,深入研究

依托浙东海事民俗博物馆所承载的海洋文化、商帮文化、妈祖文化、会馆文化,积极展开深入研究,将其发展成为具有丰富文化内涵和鲜明个性特点的博物馆。深度强化博物馆整体保护文化遗产的功能,使博物馆成为保护、展现集体记忆的文化空间。注重周边自然环境保护,做到文化遗产与社区居民、自然环境的和谐相处。

3.多方协作,共促发展

浙东海事民俗博物馆作为庆安社区文化多样性保护的阵地,也是社区自然环境保护的"桥头堡"。要立足庆安会馆历史文化遗产资源和特色,多方协作,逐步建立博物馆可持续发展的长效机制。同时,积极争取相关部门的配合支持,整合资源,加大投入,不断完善馆内基础设施,提高展示服务水平。

4.动员民众,文化惠民

作为社区内的博物馆,浙东海事民俗博物馆应加强宣传,以多种方式调动社区居民特别是年轻人保护文化遗产、参与博物馆文化活动的积极性,形成全民参与文化遗产保护的和谐局面。通过馆内高水平的陈列展览及相关文化活动,普及科学的生存与发展理念,确立并增强社区居民对当地文化的认同感与自豪感,引导社区居民投身文化遗产保护和博物馆的发展建设。

第二节 钱业会馆的保护与当代利用

一、钱业会馆的保护

钱业会馆坐北朝南,占地面积约 1500 平方米,建筑面积约 1150 平方米,是全国唯一保存完整的钱庄业的历史文化建筑。20 世纪 80 年代初,中国人民银行对钱业会馆的保护高度重视,拨出专项资金 120 万元,腾清原被宁波市商业幼儿园使用的建筑,对会馆进行了较大规模的修缮。除已整体缺失的戏台外,对门楼(厅)、大门外的盘龙砖雕,厢房、正厅、后厅、亭子、议事厅等区域的木雕、砖雕都进行了不同程度的修复。

2004年,钱业会馆已是浙江省文物保护单位。由于距上一次维修已有15年,馆体出现破损与老化:围墙滴水、小青瓦残缺;局部榫卯松动;会馆的戏台除基础地面、柱础及部分柱子留存,其余部分整体缺失;大厅后面的生活附属用房被整体拆除,改建为二层砖混办公用房,与会馆的建筑风格不相协调等。中国人民银行宁波市中心支行在市文保部门的帮助下,委托有关设计单位对钱业会馆修缮方案进行了多次认证。基于会馆的基础地面、梁檩柱枋等大木梁架、装饰构件保存较好的情况,最后确定了"局部复原、重点修缮"的修建方案。修建过程中,除必须采用的加固材料外,其他所有维修更换的材料均使用原材料、原尺寸、原工艺,以更好地保护文物建筑的建筑风格和特点。

修建后,已拆除的戏台按原样得到了恢复;已改建的二楼附属用房按图纸进行了重建;部分破损、风化的部位得到了更新、调换;对与文物建筑不相协调的部分进行了清理和剔除;一楼房屋、天井、二楼议事厅按旧时钱庄业的营业场景进行了"实景模拟布展",以确保钱业会馆的合理利用。

2006年5月,钱业会馆被国务院公布为第六批全国重点文物保护单位。

二、钱业会馆的当代利用

30多年来,这一国家级重点文物单位在得到很好维护和展示的同时,也成为宁波金融历史、钱币收藏的学术研究主阵地。中国人民银行宁波市中心支行金融研究所以及宁波金融学会、宁波钱币学会的办公场所均设在钱业会馆。

1989年第一次修缮完毕后,人民银行宁波市分行曾于1994年9月28日,在钱业会馆内成功创办了宁波钱币博物馆,配备了专门的管理人员,并向社会公众做了陈列开放;1994年,举办"历史货币陈列展",展出了我国从商代至民国时期的历代货币近2000枚;1997年,为迎接香港回归,举办"香港的历史和货币展";2006年11月,举办"宁波金融史迹陈列展",并首次以实景模拟布展的形式,向广大市民再现了旧时钱庄业的总体格局和营业场景。这些展览吸引了广大公众,参观人次超过十万。

宁波钱币博物馆是全国第一家由金融系统自己操办且对外开放的行业博物馆。宁波在申报"历史文化名城"过程中,曾将钱业会馆定位为金融博物馆,央行也想把钱币博物馆办成金融博物馆,再现宁波金融业的发展脉络,但因博物馆的实物史料不足而搁浅。

2000 年提出发展 10 个行业博物馆时,曾再度提出将钱业会馆开辟为宁波金融博物馆,并制订出钱业会馆保护与利用规划。后因种种原因未能付诸实施。2006 年 5 月,钱业会馆被国务院公布为第六批全国重点文物保护单位,在国内金融行业文化遗产中独领风骚。于是在人民银行宁波市中心支行党委领导的重视和关心下,钱业会馆进行了整体修缮和陈列改造提升。

自 2012 年年底宁波钱币博物馆重新设计布展以来,历时半年,于 2013年 5 月 22 日正式对公众开放。宁波钱币博物馆分"宁波钱庄实景展示""中华历代货币展""红色货币展"等几大部分展出,内容在原有的"宁波钱庄金融史迹陈列展"的基础上增设了"中华历代货币展""货币常识与分级展""货币书法艺术展""红色货币展",形成了多元化的钱币知识普及体系。

进入钱业会馆,首先能看到的就是"宁波钱庄实景展示",展示内容分为两部分:其一为"钱庄模型陈列室",该陈列室以大同行钱庄为模型,按一定比例制作而成,让观众对旧时宁波的钱庄有一个直观的感性认识,对钱业会馆是宁波钱庄业的缩影的理念产生认同感;其二是"宁波钱庄史料陈列室",向观众介绍宁波钱庄业的产生、发展的历程和宁波独有的钱庄文化,特别是宁波钱庄首创的"过账制"对当时钱庄业的影响,同时对宁波钱庄的日常运行、内部管理、风险控制等也有详细介绍。[①]

钱业会馆二楼作为"中华历代货币展厅"进行陈列,共有三个展览,分别是"中华历代货币展""货币常识与分级展""货币书法艺术展"。"中华历代货币展"以时间为轴线,按年代顺序,突出介绍每个时期的货币的历史文化特点,以普及大众钱币知识为前提,向观众展示我国独特的货币文化。展览共展出并介绍了我国从商代至抗战时期的历代货币代表 3000 余枚,其中尤为珍贵的

---

① 　任力刚.宁波钱币博物馆馆藏速览[J].金融博览,2013(12):66-69.

是一枚"浙东抗日根据地货币",这是全国唯一发行过的金属抗币。①

钱业会馆不仅在行业系统有所作为,如举办了"宁波市金融系统企业文化建设图片展""红色货币:'浙东地区北敌后抗日根据地货币'专题展"等,而且与国有博物馆合作,在宁波美术馆举办"中国民生记录:票证文化展",配合中国人民银行总行钱币博物馆与银行博物馆委员会"红色货币"专题展览,赴中国钱币博物馆参展。此外,还走进学校、社区,举办古代货币历史文化知识流动展与讲座,安排接待社区组织开展以"相约钱业会馆,欢度金秋重阳"为主题的敬老活动,被评为宁波市爱国主义教育基地。钱币学会还主办《宁波钱币》刊物,承担社科课题合作研究项目,成为社科界、文博界一个非常活跃的社会组织,多次荣获先进单位称号。

回眸和总结中国人民银行宁波市中心支行对钱业会馆的保护、利用与管理实践,有研究者认为,宁波钱币博物馆之所以在宁波行业博物馆中一枝独秀,主要原因是主管部门的重视。2001年4月因资金短缺和编制限制等原因该馆曾被迫关闭一段时间,行业主管部门充分认识到这一经验教训,认为行业遗产对一个行业的发展与创新具有不可替代的镜鉴和启迪作用,于是开始重视行业文化遗产的保护利用。今后如能做到以下三点,钱业会馆将会更上一层楼。

首先,现在的行业博物馆是目前尝试或推进中国博物馆理事会制度建设的一个重要突破口,目前民办博物馆尚不具备资金等条件。宁波钱币博物馆现在是由中国人民银行宁波市中心支行内设机构来管理,今后如以宁波金融学会或宁波钱币学会作为博物馆法人单位,管理博物馆事务,将会更好地促进理事会制度的建设和执行。其次,钱业会馆作为三江口重要的标志性文化遗产,应在政府相关部门的支持下,继续争取央行和地方政府的重视,制订保护规划,控制和完善周边环境。最后,如能继续发掘、收集藏品,加强研究和整理,未来还可以争取使宁波金融博物馆"面世"。②

---

① 任力刚.宁波钱币博物馆馆藏速览[J].金融博览,2013(12):66-69.

② 王进.会馆的保护利用与博物馆建设[C]//黄浙苏.会馆与地域文化:2013中国会馆保护与发展(宁波)论坛论文集.北京:文物出版社,2014:293-299.

参考文献

一、著作(含志书、译著)

[1] 北京市政协文史资料委员会.北京文史资料精选:崇文卷[M].北京:北京出版社,2006.

[2] 北京燕山出版社.京华古迹寻踪[M].北京:北京燕山出版社,1996.

[3] 陈汉章.象山县志(中册)[M].点校本.北京:方志出版社,2004.

[4] 陈礼章,胡亚伟,张福宏.津门宁波人[M].宁波:宁波出版社,1999.

[5] 陈守义.鄞县籍宁波帮人士[M].北京:中国文史出版社,2006.

[6] 陈玉堂.中国近现代人物名号大辞典(续编)[M].杭州:浙江古籍出版社,2001.

[7] 慈城文保站.光绪《慈溪县志》节选本[M].影印本.宁波:宁波出版社,2003.

[8] 东陈村志编纂委员会.东陈村志[M].宁波:象山县机关印刷厂,1999.

[9] 范金民.国计民生:明清社会经济研究[M].福州:福建人民出版社,2008.

[10] 费正清.剑桥中国晚清史:1800—1911年(上)[M].北京:中国社会科学出版社,1993.

[11] 根岸佶.中国行会研究[M].东京:斯文书院,1932.

[12] 郭绪印.老上海的同乡团体[M].上海:文汇出版社,2003.

[13] 何九盈,王宁,董琨.辞源[Z].北京:商务印书馆,2015.

[14] 胡新建.宁波商会组织发展变迁史研究[M].杭州:浙江大学出版社,2016.

[15] 胡元福.奉化市志[M].北京:中华书局,1994.

[16] 黄浙苏,钱路,林士民.庆安会馆[M].北京:中国文联出版社,2002.

[17] 黄浙苏.信守与包容:浙东妈祖信俗研究[M].杭州:浙江大学出版社,2011.

[18] 冀春贤,王凤山.明清地域商帮兴衰及借鉴研究:基于浙江三地商帮的比较[M].郑州:郑州大学出版社,2015.

[19] 江苏省博物馆.江苏省明清以来碑刻资料选集[M].北京:生活·读书·新知三联书店,1959.

[20] 蒋一葵.长安客话[M].钞本重印.北京:北京古籍出版社,1982.

[21] 乐承耀.近代宁波商人与社会经济[M].北京:人民出版社,2007.

[22] 李华.明清以来北京工商会馆碑刻选编[M].北京:文物出版社,1980.

[23] 李珹.上海的宁波人[M].上海:上海人民出版社,2000.

[24] 李伶伶.程砚秋全传[M].北京:中国青年出版社,2007.

[25] 李一宇.中国文化的由来[M].北京:中国档案出版社,2010.

[26] 梁启超.饮冰室文集[M].上海:广智书局,1902.

[27] 林福临,王廷柱,邢丛罗.北京市宣武区志[M].北京:北京出版社,2004.

[28] 林士民,沈建国.万里丝路:宁波与海上丝绸之路[M].宁波:宁波出版社,2002.

[29] 林士民.再现昔日的文明:东方大港宁波考古研究[M].上海:上海三联书店,2005.

[30] 刘侗,于奕正.帝京景物略[M].崔瞿,校注.上海:上海远东出版社,1996.

[31] 刘侗,于奕正.帝京景物略[M].孙小力,校注.上海:上海古籍出版社,2001.

[32] 梅朋,傅立德.上海法租界史[M].倪静兰,译.上海:上海社会科学院出

版社,2007.

[33] 宁波市档案馆.《申报》宁波史料集(一)[M].宁波:宁波出版社,2013.

[34] 宁波市政协文史委.宁波帮与中国近现代服装业[M].北京:中国文史出版社,2005.

[35] 彭南生.行会制度的近代命运[M].北京:人民出版社,2003.

[36] 彭泽益.中国工商行会史料集[M].北京:中华书局,1995.

[37] 彭泽益.清代工商行业碑文集粹[M].郑州:中州古籍出版社,1997.

[38] 钱茂伟.宁波历史与传统文化[M].宁波:宁波出版社,2007.

[39] 全汉昇.中国行会制度史[M].上海:新生命书局,1934.

[40] 阮元,杨秉初.两浙𫐄轩录(第11册):补遗卷1—5[M].夏勇,整理.杭州:浙江古籍出版社,2012.

[41] 上海博物馆图书资料室.上海碑刻资料选辑[M].上海:上海人民出版社,1980.

[42] 上海市工商业联合会,复旦大学历史系.上海总商会组织史资料汇编[M].上海:上海古籍出版社2004.

[43] 上海通社.上海研究资料续编[M].上海:上海书店,1984.

[44] 盛闵春.武林遗韵:口味下城之历史[M].杭州:浙江大学出版社,2006.

[45] 师毅.北京科举地理:金榜题名的历史遗迹[M].北京:世界知识出版社,2015.

[46] 苏州历史博物馆.明清苏州工商业碑刻集[M].南京:江苏人民出版社,1981.

[47] 孙新土.樟香留影:庄桥人文视角[M].宁波:宁波出版社,2007.

[48] 唐廷猷.中国药业史[M].北京:中国医药科技出版社,2001.

[49] 陶红亮.海洋传奇:海上丝绸之路[M].北京:海洋出版社,2017.

[50] 汪林茂.浙江辛亥革命史料集(第一卷):20世纪初的浙江社会[M].杭州:浙江古籍出版社,2014.

[51] 王康久.北京卫生大事记(第一卷):远古—1948[M].北京:北京科学技术出版社,1994.

[52] 王日根.中国会馆史[M].上海:东方出版中心,2007.

[53] 王日根.明清民间社会的秩序[M].长沙:岳麓书社,2003.

[54] 吴慧.中国商业通史(第四卷)[M].北京:中国财政经济出版社,2008.

[55] 徐珂.清稗类钞(第五册)[M].北京:中华书局,2010.

[56] 象山县政协文史资料委员会.象山文史资料(第三辑)[M].内部资料.1988.

[57] 许孟光.宁波揽胜[M].宁波:宁波出版社,1996.

[58] 许孟光.宁波文史资料(第 20 辑):宁波文物古迹保护纪实[M].宁波:宁波出版社,2000.

[59] 徐兆昺.四明谈助(下)[M].桂心仪,周冠明,卢学恕,等,点注.宁波:宁波出版社,2000.

[60] 薛理勇.老上海会馆公所[M].上海:上海书店出版社,2015.

[61] 杨馥源.儒魂商魄:慈城望族与名人[M].宁波:宁波出版社,2007.

[62] 俞福海.宁波市志[M].北京:中华书局,1995.

[63] 虞和平.资产阶级与中国近代经济及社会[M].北京:中华工商联合出版社,2015.

[64] 于珍.近代上海同乡组织与移民教育[M].北京:社会科学文献出版社,2009.

[65] 赵尔巽.清史稿[M].北京:中华书局,1977.

[66] 赵逵."湖广填四川"移民通道上的会馆研究[M].南京:东南大学出版社,2012.

[67] 赵逵,邵岚.山陕会馆与关帝庙[M].上海:东方出版中心,2015.

[68] 赵晔.越绝书[M].济南:齐鲁书社,2000.

[69] 张传保,赵家荪,陈训正,等.鄞县通志(首册)[M].影印本.宁波:宁波出版社,2006.

[70] 张传保,赵家荪,陈训正,等.鄞县通志(第一):舆地志[M].影印本.宁波:宁波出版社,2006.

[71] 张传保,赵家荪,陈训正,等.鄞县通志(第二):政教志[M].影印本.宁波:宁波出版社,2006.

[72] 张传保,赵家荪,陈训正,等.鄞县通志(第四):文献志[M].影印本.宁

波:宁波出版社,2006.

[73] 张传保,赵家荪,陈训正,等.鄞县通志(第五):食货志[M].影印本.宁
波:宁波出版社,2006.

[74] 张廷玉.明史[M].北京:中华书局,1999.

[75] 张守广.宁波商帮史[M].宁波:宁波出版社,2012.

[76] 中共宁波市鄞州区委党史办公室,宁波市鄞州区人民政府地方志办公
室.鄞州记忆:百姓修志文集[M].杭州:浙江人民出版社,2013.

[77] 庄丹华.宁波商帮文化[M].北京:北京理工大学出版社,2012.

[78] 周东白.大理院判例解释商法集解[M].上海:世界书局,1928.

[79] 周时奋.宁波老俗[M].宁波:宁波出版社,2008.

二、论文

[1] 蔡禹龙.清末杭州考市简论:以《申报》的记载为中心[J].历史教学(下半
月刊),2011(8):9-14.

[2] 戴光中.甬商与徽商和晋商之比较研究[J].宁波大学学报(人文科学
版),2004(5):41-45.

[3] 冯筱才.乡亲、利润与网络:宁波商人与其同乡组织,1911—1949[J].中
国经济史研究,2003(2):63-73.

[4] 葛虞臣.赈材估计表[J].四明公所募集赈材捐特刊(第一号),1928-07-17
(2).

[5] 葛虞臣.赈材估计表[J].四明公所募集赈材捐特刊(第十五号),1928-09-
15(3).

[6] 何品.上海四明公所档案选(一)[J].档案与史学,1996(6):16-20.

[7] 黄浙苏.论妈祖信仰对宁波海上丝绸之路发展的作用[C]//第三届中
国·天津妈祖文化旅游节组委会.2006中华妈祖学术论坛论文集.内部
资料,2006.

[8] 黄浙苏.浙东海事民俗博物馆与社区文化建设[C]//上海中国航海博物
馆.文化力量与博物馆的挑战.上海:上海古籍出版社,2013.

[9] 黄浙苏,丁洁雯.论庆安会馆的当代利用[J].中国名城,2011(6):48-52.

[10] 吕作燮.南京会馆小志[J].南京史志,1984(5).

[11] 吕作燮.明清时期的会馆并非工商业行会[J].中国史研究,1982(2):66-80.

[12] 任力刚.宁波钱币博物馆馆藏速览[J].金融博览,2013(12):66-69.

[13] 王进.会馆的保护利用与博物馆建设[C]//黄浙苏.会馆与地域文化:2013中国会馆保护与发展(宁波)论坛论文集.北京:文物出版社,2014.

[14] 王万盈.《东南孔道:明清浙江海洋贸易与商品经济研究》简介[J].宁波大学学报(人文科学版),2010(4):3.

三、其他

[1] 顾嘉懿.祭祀药皇仪式时隔70多年重回药皇殿:修缮后的天一广场药皇殿下月开门迎客[N].宁波晚报,2017-05-25(A2).

[2] 明州智见汇.追忆冯根生:冯家是宁波慈城最具声望的大家族之一[EB/OL].（2017-07-05）[2019-04-06].https://zj.zjol.com.cn/news/689901.html.

[3] 宁波旅沪同乡会.宁波旅沪同乡会会员题名录:民国十三年[Z].上海:宁波旅沪同乡会,1924.

[4] 宁波旅沪同乡会.宁波旅沪同乡会会员题名录[Z].上海:宁波旅沪同乡会,1928.

[5] 王增芳.中国大运河申遗成功,宁波从此有了世界级文化名片[N].东南商报,2014-06-23(2).

[6] 朱道初.试馆与会馆:士人赴考的栖身之所、会文之地[N].宁波晚报,2013-06-23(A7).

[7] 朱宇.澳门宁波联谊会成立,甬澳交流搭建起新平台[EB/OL].（2018-08-24)[2019-04-06].http://news.cnnb.com.cn/system/2018/08/23/008781329.shtml.

附　录

一、宁波会馆相关文献辑录

（一）宁波旅沪同乡会沿革

宁波旅沪同乡会沿革①

　　清宣统二年，鄞人施嵋青捐私有全部财产创办旅沪同乡会，复经热心同乡赞助，会始成立。初设事务所于四马路，继迁二马路，复迁河南路。彼时绝无基金，会费所入仅敷开支。然任事者皆勉力维持，历办公益、排解等事不胜缕指。虽会务屡经挫折，几致中断而迄不少懈。及民国五年五月经同乡会议，以会所出于租借，规模狭小，终非永久之图。欲期会务发达，非确立基础，自建会所不可，爰经迭次劝募集有成数，乃于九月间在西藏路购基地二亩八分有奇，计费银五万六千两，始行建筑。以西首一部分为会所，东首一部分为市房，以其租入充常费。复以建筑之费不敷尚巨，乃续行劝募，并发行公债，以房租收入为基金。总计集款二十余万金，公债三万金。于八年八月招工承造。会所为五层西式楼房，凡费十余万金。至十年五月落成，于

　　① 金普森，孙善根.宁波帮大辞典[M].宁波：宁波出版社，2001：423-424.

十五日行开幕典礼,更修订章程,重组职员。于会内设办公、宴会、娱乐、憩息等处所;于会外设教育同乡子弟之各小学。逐日所办会务及收支经费,皆公开发表于月刊中,又每岁于落成纪念日开全体会员纪念大会一次,报告一年中会务经过,并于春秋二季公祭创办人施氏。自清末迄今,凡三十年,会务仍趋发荣滋长之势云。

(二)上海四明公所己未年修订章程(1919)

上海四明公所己未年修订章程①

第一章 宗 旨

第一条 本公所以建丙舍、置义冢、归旅榇、设医院等诸善举为宗旨。

第二章 定 名

第二条 本公所由旅沪之四明七邑同乡组合而成,因定名曰"上海四明公所"。

第三章 董事会

第三条 本公所设董事会,以创办人后裔及原有董事组合之,额定九人,缺额时由董事会公议推补之。

第四条 董事会为本公所全体之代表,有议定各事及执行之权。

第五条 董事会每年以一人为值年董事,主持本公所一年内一切事务,轮流更替,系义务职。

第四章 公义联合会

第六条 公义联合会系同乡之各团体各业行号及热心捐助经费者组合而成,以保存物产、监察事务为职志。

第七条 凡同乡之每年捐助常年经费在十元以上者,得为会员;团体商号之捐助常年经费者,得推定代表为会员,每一团体以十人为限,商号以一

---

① 宁波市政协文史委员会.上海四明公所史料[M].北京:中国文史出版社,2011:349-355.

人为限,其特别捐助在一百元以上,募捐在三百元以上者,均得为会员。

第八条　公义联合会设董事九人,董事中互选会长一人,任期一年。

第九条　公义联合会中之各会各业,推定司月董事,每月一人至十人,稽查本公所账目。

第五章　员　役

第十条　本公所设经理一人,司账二人,司事及工匠、仆役无定额,由经理酌用。

第十一条　经理、司账职务重要,须得董事会、公义联合会董事会赞成为合格。

第六章　职　务

第十二条　董事会及值年董事担负本公所内外一切事务之责任。

第十三条　公义联合会董事协助董事会担负本公所内外一切事务之责任。

第十四条　司月董事担负按月轮流稽查本公所账目之责任。

第十五条　经理担负本公所照章应办职务,听董事会及公义联合会董事之指挥;司账、司事暨各员役由经理任用,各任其本分之职务,听经理之指挥。

第十六条　本公所自经理以下各员须有荐保,按月开支薪俸。不准私自挂宕,倘有亏欠银钱,由保人如数赔偿。

第七章　会议及选举

第十七条　本公所每年定于夏正四月开常年大会一次,由董事会会同公义联合会召集之,举行选举、报告账略、提议事件。遇有紧要事故得召集临时大会。

第十八条　大会之议长于到会董事中公推之。

第十九条　董事会、公义联合会董事每季开常会一次,于三、六、九、十二月之第一星期举行。凡本公所一切事务均由开会时协议决定。如遇特别事故得召集临时会议。

第二十条　董事开会以值年董事为主席,如因事未到,另推他董事代理之。须有董事三分之二以上之到会方能开议;得到会者过半数之同意方可议决。议决事件须记载议事录,由主席签字照议施行。

第二十一条　公义联合会董事每年于常年大会时,由会员投票选举之,续举连任。如遇缺额,以得票次多数者递补。

第二十二条　本章程第七条规定之会员,均有选举及被选举权。

第八章　产业银钱

第二十三条　本公所产业由董事会中互选一人,公义联合会董事中互选一人,会同掌管一年,期满重行选举,续举连任。

第二十四条　本公所产业契据由掌管董事检点后存入本公所库中铁箱内,其钥匙由掌管董事各执其一,库门钥匙由经理掌管。

第二十五条　本公所银钱由董事会中互选一人,公义联合会董事中互选一人,会同掌管一年,期满重行选举,续举连任。

第二十六条　本公所银钱账目仍照向例于阴历每月十八日由司月董事稽查一次,至年终由值年董事汇核签字,刊刻账略以供众览。

第二十七条　本公所出租房屋所收入之小租,准提一半作为办事人酬劳,由经理酌量分派。

第二十八条　本公所遇有捐助善举、赈济及变更田产、营业股票契约等事,均须董事会、公义联合会全体公决施行。

第二十九条　各会公款助入公所者,仿照存款生息之法以周年六厘计息,应付各会中元设醮之用,惟捐数不满五百元者不在此例。

第九章　寄　柩

第三十条　本公所寄停灵柩,须凭各捐款之团体、商号或董事担保。

第三十一条　本公所普通停柩以一年为期,期满不来领取,即由本公所运至甬厂再停一年,若仍不来领则移至义山安葬,不得徇留。

第三十二条　灵柩扛力视柩之大小、路之遥远以定工值,又进厂时应收封口费、开门费,均以专章规定之。

第三十三条　本公所运柩回甬,每年分清明、冬至二期,或用轮船,或用帆船,由经理人随时察看情形,酌量妥办。

第三十四条　寄停之柩,其家属实系贫苦无力领运回籍者,得觅保至本公所报明住址,代为运送,惟运送到埠时无人接受,须由保人负其责任。

第三十五条　凡已葬之柩,该家属如愿起掘领回,其一切费用须该家属自行筹备。

第三十六条　南北两厂停柩之所,除普通统厂外,特构高敞之屋,分为厅、堂、舍三等,须遵照另定专章按等纳捐,以一年为期,期满展缓,得再纳捐转票,仍以一年为期;如不转期,即移入统厂,照本章程第三十一条普通停柩一律办理。

第三十七条　殇孩之柩另有专厂,得以纳捐寄停,其入普通小厂者,须照章带交埋葬费,每具洋贰角,随到随葬,不得徇留。

第三十八条　外埠四明公所有愿助永远葬费者,视城镇之大小、灵柩之多寡,酌定捐款数目,准其将旅榇运入甬厂停寄,惟一切费用仍须该埠公所自理,入厂之后均照本公所章程办理。

第十章　赊材售材

第三十九条　本公所赊材专为同乡无力者而设,须凭有捐款人来票领取,如日后该家属有力偿还材价,准其照数归偿,注销赊账。

第四十条　凡捐助赊材洋一百元者,每年可以票取赊材一具,捐至一千元者可取十具,捐款多寡以此类推,惟一年之中取未足额,不得于次年接续计算。

第四十一条　材厂购买木料管理工作以及赊材、售材各事,皆由经理人负其专责,由各董事监督之。

第四十二条　发售之材分等定价,别以专章规定之。

第十一章　医　院

第四十三条　凡旅居同乡之患病者,得以觅保至本公所报明病症,缮写保单,送院医治,其膳宿医药等概不取资,病症轻者亦得自赴施医处求诊,另有医院专定章程遵守办理。

第十二章　附　则

第四十四条　本章程经董事会、公义联合会公议施行,如有变更时,仍须大会公议。

（三）宁波旅沪同乡会章程(1945)

　　1911 年 2 月，宁波旅沪同乡会在四明公所召开成立大会，公推沈仲礼为会长，虞洽卿、朱葆三为副会长。1928 年《宁波旅沪同乡会章程》规定"本会以团结同乡，发挥自治精神"为宗旨，1945 年章程则宗旨扩展为"集合同乡力量，推进社会建设，发挥自治精神并谋同乡之福利"。社会福利救济、社会教育等成为宁波旅沪同乡会的主要事业。社会福利救济事业方面，包括帮助遣返同乡、救护赈灾、职业介绍和无息贷会等。①

　　1928 年《宁波旅沪同乡会章程》还规定："凡旅沪同乡品行端正，经会员一人之介绍，年纳会费洋五角者为普通会员，洋一元者为特别会员，洋二元者为维持会员，洋五元者为赞助会员，洋拾元者为基本会员；捐资在一百元以上者为永远名誉会董。"②

宁波旅沪同乡会章程③

（中华民国三十四年十一月第十届会员大会
第九次修正，呈请上海市党部社会局备案）

第一章　总　则

　　第一条　本会为鄞县、慈溪县、镇海县、奉化县、象山县、定海县六县旅沪同乡组织而成，因六县系旧宁波府所属，故定名曰宁波旅沪同乡会。

　　第二条　本会以集合同乡力量推进社会建设，发挥自治精神并谋同乡之福利为宗旨。

　　第三条　本会之事业如左：

（一）关于同乡职业调查及统计事项；

（二）关于同乡子女教育及社会教育事项；

① 潘君祥，陆志濂，等.上海买办中的宁波帮[M].北京：中国文史出版社，2009：175.
② 上海市档案馆藏，全宗号：Q117；目录号：4.
③ 《鄞州慈善志》编纂委员会.鄞州慈善志[M].杭州：浙江人民出版社，2015：586-589.

（三）关于同乡之救助事项；

（四）关于改进同乡习俗事项；

（五）关于提倡学术增进知识事项；

（六）关于同乡之职业介绍事项；

（七）关于促进本乡建设事项；

（八）其他关于同乡之福利事项。

第四条　本会设会于上海虞洽卿路480号。

第二章　会员及会费

第五条　凡旅沪同乡品行端正，经会员二人之介绍，均得入会为本会会员。年纳会费如左：

（一）基本会员，二千元；

（二）赞助会员，一千元；

（三）特别会员，二百元；

（四）普通会员，二十元。

第六条　上列会费经理监事会之决议得随时修正之，但须提请下届会员代表大会追认。

第七条　凡会员不缴纳会费者得停止其会籍。

第三章　组　织

第八条　本会设理事二十五人，由理事互选理事长一人、副理事长二人、常务理事四人，组织理事会。设监事七人，由监事互选常务监事二人。

第九条　本会经理事会之决议得设立左列各项委员会：

（一）经济委员会；

（二）各种专务委员会；

（三）临时特种委员会。

前列各委员会委员人数第一款三人，二、三两款无定额。

第十条　本会经理事会之决议得聘请同乡硕彦或声誉素著者为名誉理事或会董。

本会所设之学校其校董亦得经理事会决议聘请之。

第十一条　本会办理会务设会务主任一人、副主任一人,由理事会决议聘任,之下设总务、文书、会计三处,各处办事员由会务主任任免之。

第四章　职员选任及任期

第十二条　本会理事、监事由会员代表大会到会代表在会员中投票选举之,选举用双记名式连记法,以得票数多者为当选,其次多数理事十二人为候补理事,次多数监事三人为候补监事。

第十三条　理事长、常务理事、常务监事、监事任期二年,连选得连任。

第五章　职　权

第十四条　会员代表大会之职权如左:

(一)章程之变更;

(二)理监事之选举;

(三)其他重要事务之决议。

第十五条　理事会之职权如左:

(一)处理本会会务;

(二)召集会员代表大会并执行会员代表大会决议案。

第十六条　理事长主持会务,理事长有事故时由常务理事、年龄较高者代理之。

第十七条　常务理事处理日常会务。

第十八条　监事开会以常务监事、年龄较高者为主席,并得各别行使,其职权如左:

(一)稽核本会之簿据;

(二)如认理事会决议案有不当时,监事会有咨请复议之权;

(三)审核各种事业之进行状况。

第十九条　经济委员会综理银钱出入,编制预算决算。

第二十条　专务委员会、临时特种委员会分任本会各项事务。

第六章　集　会

第二十一条　本会每年开会员代表大会一次,由理事会定期召集之,报告会务提议应兴应革事项。职员任满举行选举,如有特别事项得召集临时会员代表大会。

第二十二条　会员代表大会须有代表总额过半数以上之出席方得开议,提议事项经到会代表过半数之决议行之。

第二十三条　经监事会之决议得咨请理事会召集临时会员代表大会。

第二十四条　理事会每月开常会一次,由理事长召集之。遇有必要时经理事五人以上之提议得开临时理事会。理事会开会须有全体理事过半数之出席方得开议,出席理事过半数之同意方得决议,常务监事、监事得列席与议,但无决议权。

第二十五条　理事监事遇必要时得开理事监事联席会议、经济委员会各种专务委员会、临时特种委员会,其会议规则由理事会订定之。

第二十六条　理事会开会时候补理事、候补监事亦得列席,如理事出席不足法定人数时,候补理事得行使代表权,但不得超过理事三分之一。

第七章　经　费

第二十七条　本会经费如左:

(一)会员所纳之会费;

(二)资产收益;

(三)向同乡募集之特别捐;

(四)其他收益。

第二十八条　本会经费之出纳每届年度由经济委员会造具资产负债表册,送请理事会审核会计师证明,再由监事会提出,于常年会员大会要求其承认。

第八章　附　则

第二十九条　本章程经呈主管官署核准施行,如有未尽事宜,经理事监事联席会议之决议得提出,于会员代表大会修正之。

第三十条　本章程内应订之各项附属规则由理事会决议订定之。

（四）台北市宁波同乡会章程（1947）

台北市宁波同乡会章程①

第一章　总　则

第一条　本会名称为台北市宁波同乡会（以下简称本会）。

第二条　本会为依据人民团体法设立之社会团体，非以营利为目的。

第三条　本会以联络乡谊，发扬互助精神，推进社会建设，协谋同乡福利为宗旨。

第四条　本会以台北市行政区域为组织区域。

第五条　本会会址设于台北市。

第六条　本会之任务如左：

（一）关于会员之征求；

（二）关于同乡经济事业及家庭状况之调查或访问；

（三）关于同乡慈善事业倡导及互助；

（四）关于同乡子弟学校及养老扶幼事业之举办；

（五）关于同乡求学子弟成绩优良者之奖助；

（六）关于同乡公墓之建设及管理；

（七）关于会员书报阅读之供应；

（八）关于会员康乐福利之举办倡导；

（九）关于会员联谊同乐等各种集会之举办；

（十）关于会员间纠纷之调处；

（十一）关于会务或乡情之报导；

（十二）关于会员建议或委托之处理；

（十三）关于行政机关咨询或委托事项之承办；

（十四）关于社会活动之推进事项；

（十五）关于其他合于本会宗旨之事项。

---

①　金普森，孙善根. 宁波帮大辞典[M]. 宁波：宁波出版社，2001：448-451.

第二章　会　员

第七条　凡设籍在台北市赞同本会宗旨年满二十岁有行为能力之旧宁波府属鄞县（包括四明）、慈溪、镇海、奉化、象山、定海（包括瀚州）、三门及余姚、宁海各县同乡，填具入会申请书，经理事会审查，缴纳会费后，即为本会会员。

本会会员分左列三种：

（一）荣誉会员；

（二）永久会员；

（三）基本会员。

第八条　有左列情形者，不得为本会会员：

（一）有违反三民主义之言论行动者；

（二）违背国家民族利益者；

（三）褫夺公权者；

（四）有不良嗜好者；

（五）营不正当职业者。

第九条　会员违反本章规定，就本会决议，或其他不法行为，致妨害本会名誉，经监事会或会员五人以上检举，经理事会审查通过者，得按其情节轻重，分别予以"警告""停权""除名"等处分。但除名处分，须经会员大会之同意行之，必要时亦得由理监事联席会议通过，报请主管官署核准行之，并提请大会追认。

第十条　会员有左列事情之一者，为出会：

（一）丧失会员资格者；

（二）经会员代表大会决议除名者。

第十一条　会员得以书面叙明理由向本会声明退会（但应于一个月前预告），经理事会决议后行之。

第十二条　会员经出会或退会，已缴纳之各项费用不予退还。

第十三条　会员经除名后，须缴还一切凭证及清缴欠费。

第十四条　会员均有发言权、表决权、选举权、被选举权与罢免权。每一会员为一权。

第十五条　会员有遵守本会章程、服从本会决议、按时缴纳会费及其他一切依法应尽之义务。

第三章　组织及职员

第十六条　本会以会员大会为最高权力机构；理事会为执行机构，并于会员大会开会期间代行其职权；监事会为监察机构。

第十七条　会员大会之职权如左：

（一）订定与变更章程；

（二）选举或罢免理事、监事；

（三）议决入会费、当年会费、事业费及会员捐款之数额及方式；

（四）议决年度工作计量、报告及预算、决算；

（五）议决会员之除名处分；

（六）议决财产之处分；

（七）议决团体之解散；

（八）与会员权利义务有关之其他重大事项之议决。

第十八条　本会置理事二十五人、监事七人，由会员大会选举之，分别成立理事会、监事会。选举前项理事、监理时，同时选出候补理事八人，候补监事二人，遇理事、监事出缺时，依序递补，以补足原任者余留之任期为限。理事、监事、候补理事、候补监事之当选名次，依得票多寡为序，票数相同时，以抽签定之。

第十九条　理事会之职权如左：

（一）议决会员大会之召开事项；

（二）审查资格；

（三）选举或罢免常务理事、理事长；

（四）议决理事、常务理事、理事长之辞职；

（五）聘免工作人员；

（六）拟定年度工作计划、报告及预算、决算；

（七）其他应执行事。

第二十条　理事会置常务理事七人,由理事互选之,并由理事就常务理事中选一人为理事长。理事长对内综理会务,对外代表本会,并担任会员大会、理事会主席。理事长应视会务需要到会办公,其因故不能执行职务时,应指定常务理事一人代理之,不能指定时,由常务理事互推一人代理之。

第二十一条　监事会之职权如左:

(一)监察理事会工作之执行;

(二)审核年度决算;

(三)选举或罢免常务监事;

(四)议决监事或常务监事之辞职;

(五)其他应监察事项。

第二十二条　监事会置常务监事一人,由监事互选之,监察日常会务,并担任监事会主席。

第二十三条　理事、监事之任期四年,连选得连任,理事长之连任,以一次为限。理事、监事之任期自召开本届第一次理事会之日起计算。

第二十四条　理事、监事均为无给职。

第二十五条　理事、监事有左列情事之一者,应即解任:

(一)丧失会员资格;

(二)因故辞职,经理事会或监事会决议通过者;

(三)被罢免或撤免者;

(四)受停职处分期间逾任期二分之一者。

第二十六条　本会置总干事一人,干事、助理干事、服务员若干人,由理事长提名经理事会通过后聘任之为有给职,并报主管机关备查,解聘时亦同。

第二十七条　本会理事、监事人不得兼任会务工作人员。

第二十八条　本会得设办事处、各种委员会、小组,其组织简则由理事会拟订,报经主管机关核备后施行,变更时亦同。

第二十九条　本会得由理事会聘请名誉理事长一人,名誉理事、顾问若干人(均为义务职),其聘期与理事、监事之任期同。

第三十条　本会设组织、财务、福利、总务、公共关系、海外联络等六组,各设组长一人，由理事互选兼任之。

第四章　会　议

第三十一条　会员大会，分定期会议与临时会议二种，由理事长召集；召集时应于十五日前以书面通知之。定期会议每年召开一次；临时会议于理事认为必要，或经会员五分之一以上请求，或监事会函请召集时召开之。

第三十二条　会员不能亲自出席会员大会时，得以书面委托其他会员代理，每一会员以代理一人为限。

第三十三条　会员大会之决议，以会员过半数之出席，出席人数过半数或较多数之同意行之。但左列事项之决议以出席人数三分之二以上同意行之：

（一）章程之订定与变更；

（二）会员之除名；

（三）理事、监事之罢免；

（四）财产之处分；

（五）团体之解散；

（六）其他与会员权利义务有关之重大事项。

第三十四条　理事会每一个月召开一次，监事会每二个月召开一次，常务理事会每一个月召开一次。必要时得召开联席会议或临时会议。前项会议召集时除临时会议外，应于七日以前以书面通知，会议之决议，各以理事、监事过半数之出席，出席人数过半数或较多数之同意行之。前项会议，除监事会由常务监事担任主席外，均由理事长担任主席，理事长因事故缺席时，由常务理事互推一人，为临时主席。

第三十五条　理事、监事应出席理事、监事会议，理事会、监事会不得委托出席；理事、监事连续二次无故缺席理事会、监事会者，视同辞职。

第三十六条　本会应于召开会员大会十五日前，或召开理事会、监事会七日前，将会议种类、时间、地点连同议程函报主管机关及目的事业主管机关备查。会议记录应于闭会十五日内函报主管机关备查。

第五章　经费及会计

第三十七条　本会经费来源如左：

（一）入会费（缴纳数额不得超过全年常年会费总额二分之一）。

（二）会员缴纳会费，标准如左：

1.荣誉会员：每年缴付新台币一千元。

2.永久会员：一次缴付会费新台币五千元（嗣后无须再缴）。

3.基本会员：每年缴付新台币五百元。

（三）向同乡募集之特别捐款。

（四）基金及其孳息。

（五）资产收益。

（六）其他收益。

第三十八条　本会会计年度自每年一月一日起至十二月三十一日止。

第三十九条　本会每年编造预（决）算报告，于每年终了之前（后）二个月内，经理事会审查，提会员大会通过，并报主管机关核备，会员大会因故未能及时召开时，应先报主管机关，事后提报大会追认，但决算报告应先送监事会审核，并将审核结果一并提报会员大会。

第四十条　本会除为同乡福利事业而必须支付之费用外，不以任何方式对特定之人给予特殊利益，且于组织解散后，其剩余财产亦不以任何方式归属任何个人或私人企业，剩余财产归属所在地之地方自治团体或之主管机关指定之机关团体所有。

第六章　一般同乡

第四十一条　凡旅居台湾省，而非投籍于本市之同乡，年捐本会经费新台币五百元以上者得可享受本会所举办之有关福利，但不得享有选举、被选举、表决与罢免权。

第七章　附　则

第四十二条　本章程未规定事项，悉依有关法令规定办理。

第四十三条　本会办事细则，由理事会订定之。

第四十四条　本章程经会员大会通过。呈准主管机关核备后实施，变更时亦同。

（五）浙江省宁波商会章程（1932）①

浙江省宁波商会章程

（民国二十一年三月十八日奉鄞县政府建字第二四〇七号训令转奉省政府秘字第二七一八号训令准实业部商字第二七一八号咨准予备案）

第一章　总　纲

第一条　本章程根据国民政府公布之《商会法》第七条之规定订定之。

第二条　本会以鄞县之区域为区域定名为宁波商会。

第三条　本会以图谋工商业及对外贸易之发展、增进工商业公共之福利为宗旨。

第四条　本会设事务所于宁波旧道署侧。

第二章　职　务

第五条　本会职务如左：

（一）筹划工商业改良及发展事项；

（二）关于工商业之征询及通报事项；

（三）关于国际贸易之介绍及指导事项；

（四）关于工商业之统计及调查事项；

（五）关于工商业法规之研究及建设事项；

（六）关于办理商业之调处及公断事项；

（七）关于工商业之证明及鉴定事项；

（八）关于办理商务之公告事项；

（九）办理商品之征集及陈列事项；

（十）受商人或政府之委托办理商业清算事项；

（十一）筹设商业学校、商立图书馆或其他关于工商业之公共有益事项；

① 金普森,孙善根.宁波帮大辞典[M].宁波:宁波出版社,2001:443-447.

（十二）维持市面之平衡及经济恐慌事项；

（十三）办理合于第三条所揭示宗旨之其他事项。

第三章 会 员

第六条　本会会员分为左列二种：

（一）同业公会会员。凡本县工商同业公会依法组织成立加入本会者属之。

（二）商店官员。凡本县商业的法人或商店别无同业或虽有同业而无公会之组织，依法加入本会者属之。

第七条　前条所列之会员，得派代表出席本会，称为商店会员代表。

第八条　会员代表以在本区域内经营商业之中华民国人民，年在二十五岁以上者为限。

第九条　公会会员之代表，每一公会举一人，但其最近一年间所属之使用人数总合计算超过十五人者，就其超过之人数每满十五人得增加代表一人，惟其代表人数至多不得逾二十一人。

第十条　商店会员之代表，每店举出代表一人，但其最近一年间之使用人数超过十五人者，其超过之人数每满十五人得增加代表一人，惟其代表人数至多不得逾三人。

第十一条　会员代表不得代表两个以上之商业法人或商店。

第十二条　有左列各款之一者，不得为本会会员代表：

（一）褫夺公权者；

（二）有反革命行为者；

（三）受破产之宣告尚未复权者；

（四）为不正当之营业者；

（五）无行为能力者。

第十三条　会员之权利如左：

（一）有请求本会向政府请愿维护补济之权利；

（二）会员受人冤屈有请求本会代为伸雪之权利；

（三）会员与会员或非会员登生争执时有请本会调解之权利；

（四）关于工商业务有请求本会访问及介绍之权利；

（五）国货商业有请求本会提倡宣传之权利；

（六）会员代表在大会中有建议权、发言权、表决权、选举权、被选举权；

（七）本会出版报章杂志,得享受廉价广告之权利；

（八）子弟入本会所办商业学校,得享受免费或减费之权利；

（九）本会所办之合作商店或合作银行,得享受廉价购货及低利借贷之权利；

（十）本会所办图书馆,得享受免费阅书之权利；

（十一）委托本会第五条所列（七）（八）（九）（十一）各项事务均得享受免费或减费之权利。

第十四条　会员之义务如左：

（一）遵守本会章程及决议案；

（二）遵章缴纳会费；

（三）会员代表开会时应准时出席。

第十五条　会员如不履行第十四条所列各项义务者,轻则予以警告,重则停止其应享之权利。

第十六条　行使会员警告或停止权利处分,须经过本会监察委员会之决议,送请执行委员会通过执行之。

第四章　入会及出会

第十七条　凡经依法立案之同业公会或依法注册之商店,遵照本章程第六条之规定入会者,应先具入会申请书向本会登记并交纳入会费,送由常务委员会审查,合格给予证书；前项入会申请书之式样及入会费之数额与缴纳手续,由本会执行委员会规定之。

第十八条　会员愿出会者须申叙理由,填具出会申请书送交本会常务委员会审查属实,并经会员大会认可后,方得出会,但出会一年内不得再行请求入会。

第十九条　在每年定期会员大会前一个月,停止新会员入会。

第二十条　会员有左列各款情事之一者,经会员举发并经监察委员会查有确据者,得提交会员大会通过除名。

（一）商店会员其所营业之商店、厂号宣告破产或倒闭而不自动请求出会者；

（二）公会会员因故解散已失会员资格者之存在，而不自动请求出会者；

（三）会员代表经本会通告，原举派之会员令其撤换，而不于限定期间内遵行者；

（四）积欠会费至二年者。

第二十一条 会员代表经会员举派后，应用书面报告本会，附具履历表送由常务委员会审查，认为合格后方得出席；前项会员代表如丧失国籍或发生本章程第十二条所列举情事之一者，经会员举发并由监察委员会查有确据时，应决定限期由本会通知原举派之会员于限期内撤换之。

第二十二条 会员代表如有不正当行为致妨害本会之名誉信用者，经会员举发并监察委员会查有实据时，得提交会员大会议决除名；前项受除名处分之会员代表，自除名日起三年内不得复充会员代表。

第五章 组 织

第二十三条 本会设执行委员十五人，监察委员七人，候补执行委员七人，候补监察委员三人，均由会员大会就会员代表中用无记名连选法选任之，以得票最多数者为当选，次多数者为候补。

第二十四条 本会设常务委员五人，由执行委员会就执行委员中用无记名连选法选任之，以得票数最多数者为当选。

第二十五条 本会设主席一人主持本会，一切事务由执行委员会就当选之常务委员中用记名单选法选举之，以得票满投票人之半数方可当选，若一次不得选出，应就得票最多之二人决选之。

第二十六条 本会执行委员会得设总务、财务、指挥三科。

（一）总务科掌理之职务如下：

1.文书；

2.事务；

3.图书；

4.出版；

5.教育；

6.商业契约；

7.商品陈列所；

8.不属其他各科事项。

(二)财务科掌理之职务如下：

1.货币或有价证券之出纳保管；

2.财产之保管；

3.编制预算决算；

4.其他一切会计事项。

(三)指挥科掌理之职务如下：

1.商业教育之计划及实施；

2.商业之调查；

3.商业之访问及介绍；

4.调解会员之纠纷；

5.工商业及会员团体之各种统计；

6.工商业之证明及鉴定；

7.商业行规之审核；

8.其他指导宣传事项。

第二十七条　各科设主任一人,由执行委员会就委员中推任之,主持各该科一切事务。

第二十八条　各科按事务之繁简得酌设干事若干人,承主任之命办理各该科一切事务。

第二十九条　本会设秘书一人办理本会一切决议案,议定计划担任文书,并秉承主席及常务委员之命令,指导一切工作之进行。

第三十条　本会因事务上之必要得临时组织各项特种委员会以专责成。

第三十一条　本会办事通则、各项特种委员会办事细则另订之。

第六章　选任及解任

第三十二条　本会执行委员会及监察委员会均为名誉职。

第三十三条　本会执行委员及监察委员之任期为四年,每二年改选,半数不得连任,改选时由抽签定之,但委员人数为奇数,其留任者之人数得较选者多一人。

第三十四条 主席及常务委员任期均为二年,连选得连任,但以二次为限。

第三十五条 执行委员及监察委员缺额时由候补执行委员或候补监察委员依次递补,其任期以补足前任之任期为限。

第三十六条 特种委员会之委员人选由常务委员会就委员代表中及各科办事人员中拟具名单提交执行委员决定之,其任期以事实之需要由执行委员会决定之。

第三十七条 本会委员有左列情事之一者应停止其职务:

(一)因不得已事故经会员大会议决准其退职者;

(二)旷废职务查有实据经会员大会议决令其退职者;

(三)于职务上违背法令营私舞弊或其他重大之不正当行为查有实据,经会员大会议决令其退职者;

(四)由实业部或地方最高行政官署令其退职者;

(五)发生第十二条各款情事之一者。

第七章 职 权

第三十八条 主席对外代表本会。

第三十九条 常务委员会依本章程之规定及执行委员会之决议行使职权。

第四十条 执行委员会之职权如左:

(一)执行上级机关之命令及本会决议案;

(二)执行会务及关于任免事项;

(三)支配本会经费;

(四)办理本会章程所载之一切事务。

第四十一条 监察委员会之职权如左:

(一)监察执行委员会执行会员大会之决议;

(二)审查执行委员会处理之会务;

（三）稽核执行委员会财政之出入；

（四）议决执行委员会提交之处分会员案件。

第四十二条　常务会员有延聘雇用及辞退办事人员之权，但须得执行委员会之追认。

第四十三条　各项特种委员会为本会各种事业之设计及促进而设，其设计之结果应送交常务委员会决定之。

第八章　会　议

第四十四条　会议之种类如左：

（一）会员大会每年开会一次，定于三月中，由执行委员会定期召集之；

（二）执行委员会议每月至少开会二次，由常务委员召集之；

（三）常务委员会议每星期至少开会一次；

（四）监察委员会议每月至少开会一次。

第四十五条　前条会员大会于执行委员会认为必要或会员代表十分之一以上之请求监察委员会函请召集时均得临时召集之。

第四十六条　会员大会之决议以会员代表过半数之出席，出席代表之半数同意行之，出席代表不满过半数者得行假决议，将其结果通告各代表于一星期后二星期内重行召集会员大会，以出席代表过半数之同意对假决议行其议决。

第四十七条　左列各款情事之决议以会员代表三分之二以上出席代表三分之二以上同意行之，出席代表已过半数而不满三分之二者，得以出席代表三分之二以上之同意行其假决议，将其结果通告代表于一星期后二星期内重行召集会员大会，以出席代表三分之二以上之同意对假决议行其决议：

（一）变更章程；

（二）会员或会员代表之除名；

（三）职员之退职；

（四）清算人之选任及关于清算事项之决议。

第四十八条　会员大会关于发行公债之决议准用前条之规定。

第四十九条　会员大会开会时由常务委员组织主席团轮流主席。

第五十条　执行委员会开会时须有委员过半数之出席,出席委员过半数之同意,方能决议如可否,同数时则取决于主席。

第五十一条　监察委员会开会时临时互推一人为主席须有委员过半数之出席,以出席委员过半数之同意决议行之。

第五十二条　召集会员大会须于十五日前通知之,具有四十六条、四十七条之情形或因紧急事项召集临时会议不在此限。

第五十三条　候补执监委员未递补前不得列席会议。

第五十四条　会员于入会时先行缴纳入会费一次,嗣后每年会员定期大会前一个月缴纳其会费,规定以各同业公会所属各商店之资本金额每千元缴纳一元为原则,但于必要时得由执行委员会征得各会员之同意酌量增减之。

第五十五条　会员出会时会费概不退还。

第五十六条　本会事务费以会员会费交之。

第五十七条　会计年度以三月一日始至翌年二月底。

第五十八条　常务委员会应以会计年度分别编制预算案及决算案,提交执行委员会通过后送交监察委员会审查完竣附具意见,将各该案提交会员大会议决或追认,并呈报鄞县县政府转呈实业部备案。

第五十九条　会员大会对于预算有增减之权。

第六十条　预算得设预备费及活动费若干元。

第六十一条　会计年度届满新预算尚未成立之前,常务委员会得照上年度预算施行,但因大会不足法定人数新预算不能议决时,执行委员会得代行议决提交下次会员大会追认。

第六十二条　本会遇有非常事项或举办重要事业预算不敷时,经会员大会议决备具理由书呈准主管政府核转实业部后得发行公债。

第六十三条　本会支款须常务委员二人以上之签字或盖章方为有效。

第六十四条　会费收据经常务委员二人以上之签字或盖章方为有效。

第六十五条　本章程如有未尽事宜,得经会员大会议决修正之并由县政府转呈实业部核准备案始有效力。

第六十六条　本章程经会员大会议决呈请县政府转呈实业部核准后施行。

（六）宁波商会沿革①

宁波商务总会(1905—1916)

宁波商务总会清末时由绅商王月亭、吴葭窗、汤仲盘等发起组织，成立于光绪三十一年(1905)，会所在鄞城东后市茶场庙侧（即今苍水街）。在此之前，作为五口通商城市之一的宁波已是我国东南沿海一个重要商埠，商业相当发达，民间已有公所或会馆之类的行业组织。商务总会实行业董制，设总理、协理、议董、业董。初始议董以上都是由有官衔的绅商充任，业董由各业领袖担任。总理、协理、议董、业董需经地方官府委任，经费由各业捐助。钱业在当时宁波商界实力雄厚，号称百业之首，故钱业一直在商务总会、总商会中占据举足轻重的地位。

第一任总理吴葭窗，系乾丰钱庄经理，常参与地方事务，人称"仁厚长老"，上通官府，下达群商，连续二任。第三任总理郑谔笙，先后从事猪行、纸业，被推为行业领袖。猪行、螟蜅行等业多聘其为公行先生，在商界方面有一定声望。第四任总理余芷津，系慎丰钱庄经理。当时入会者，一般为大业大户，而由公行先生②代理出席者，则不乏其人。因此，商会会董属于半绅半商的人物居多，特别会董更非地方巨商大贾或绅矜莫属。

当时，商务总会的工作职责主要是协助官府处理商事（如商人间纠纷，诉之官府之前一般先由商会调停），代缴各业捐税与代领佣金。所以，当时商务总会虽为工商团体组织，实为官商合办性质。

宁波商务总会成立后，宁波府属奉化、慈溪、镇海、象山、定海各县以及柴桥、石浦等镇，依宁波例，先后组织商务会。这些商务会虽与宁波商务总会没有隶属关系，但在实际工作中，都唯宁波商务总会马首是瞻。

---

① 宁波市工商业联合会（总商会）志编纂委员会. 宁波市工商业联合会（总商会）志[M]. 内部资料. 2005:129-134.

② 此为宁波商业的特殊制度。在封建社会，商贾为竞利垄断，组织同业，有利均沾，有害共御。而商贾与官吏较难接近，所以往往聘请一两绅矜为背景，代达衷情，互通声气，此一两绅矜便是"公行先生"。

1912 年,宁波废除府制,宁波商务总会仍袭旧名。同年,民国政府工商部召开工商会议,通过并公布《商会法》。该《商会法》规定:"凡商务繁盛之城镇得设立商会,省会及大商埠得设立总会。"1914 年,全国商会联合会在上海成立。宁波商务总会成为其会员,接着又参加全省商会联合会。

宁波总商会(1916—1927)

1916 年,奉工商部令改"宁波商务总会"为"宁波总商会","总理"亦改称"会长"。各县、各镇商会也相继更改名称。那时商会设施初具规模,亟须吸纳会员,扩展组织。凡入会注册者,按户给以搪瓷板一方。蓝底白字,上书"宁波总商会注册"字样,钉在店门上端,以资识别。1919 年时,会员发展到634 人。1924 年,商会集资购买枪支,扩充团防组建商团。1925 年 5 月,商团停办。

宁波总商会第一任会长费绍冠,初任源丰顺银号经理,后任四明银行经理。他热心社会公益事业,辛亥革命时,曾参加保安会,宁波光复后,曾以商务总会总董身份担任宁波军政分府财政部副部长,1916 年成为改名后的宁波总商会首任会长。

第二任会长屠鸿规,系钜康钱庄经理,副会长为典当业代表袁端甫。

第三任会长孔馥初,系升大北号经理,副会长为典当业代表林琴香。

第四任会长俞佐廷,系天益钱庄总经理,副会长袁端甫。

第五任会长袁端甫,副会长为仁和钱庄经理陆卓人。

第六任会长陈南琴,系中国银行经理,副会长林琴香。

第七任会长林琴香,副会长为元益钱庄经理俞佐宸。

在历届商务总会、总商会中,主持会务的是会办。该职先后由童焕伯、姚次鼓、王叔云担任。

1927 年年初,北伐军占领宁波;5 月,宁波市政府成立。不久,主持商会工作的陈南琴发起筹建商会新会所,经赴省陈情,得省政府拨还前军需借款银圆 3 万元。又筹集 3 万元购得今中山公园东侧地 5 亩建造新会所。12 月开工,至次年 6 月竣工,设议事厅、休憩室、会客厅、膳室等,外有花园、长廊、假山,为全省商会会所之冠。

沦陷前的宁波（市）商会（1927—1941）

1927 年 5 月宁波设市后，宁波总商会隶属于宁波市政府，名称改为"宁波市商会"，实行委员制。第一届委员会主席为俞佐廷，另选陈南琴、孙性之（瑞丰钱庄经理）、陈如馨（如生罐头厂经理）、毛稼生（棉业交易所常务理事）等为常务委员。会办也改称秘书，仍由王叔云担任。

1928 年，严肃、苏鸿、俞康龄等发起组织"宁波商民协会"。4 月 25 日，宁波市商民协会在市党部开代表大会，宣告正式成立，会员以中小行户和摊贩为主。商民协会成立后与宁波商会之间纠纷不断。国民党地方党部为消除隔阂，从中协调，决定合并组织，更名为"宁波市商人统一委员会"（简称商统会）。商统会委员由国民党省党部委任。商会始由当局控制。

1930 年年底，宁波废市，商会隶属县政府管辖。依照商会章程，既以鄞县区域为范围，自应改名称为"鄞县县商会"，鄞县政府据此通知。为此商会召开紧急会议，"盖以宁波商会历史悠久，中外闻名，对外只知有宁波，根本不了解鄞县，一旦骤易名称，势必失却联系，而碍会务进展，一致决议，据理力争，分呈当地党政领导核转外，并电请浙江省政府和中央有关部门，申述沿革，陈明利弊，提出坚决要求保留宁波商会"。结果得到批复，准予保留"宁波"两字，同时将宁波商统会复称为"宁波商会"，始平息冠名之风波。

1932 年，遵照新颁《商会法》，宁波商会订立章程，呈报实业部备案。

1933 年 11 月，宁波商会召开第三次会员代表大会，依法选举执监委员。陈南琴、俞佐宸、袁端甫等留任执委，金梦麟、余润泉等当选为新监委。俞佐廷、袁端甫、陈南琴、陈如馨、毛稼生 5 人为常务委员。俞佐廷当选为主席。

1935 年 11 月，俞佐廷辞去主席一职。各团体代表推举宁穿汽车公司总经理王文翰为商会新任主席，下设专职常委 4 人，即宁波中国银行行长阮葭仙、瑞丰钱庄经理孙性之、锦华洋行总经理朱旭昌、轮船业主委周大烈，行使副主席职权。其中，阮、孙负责经济，朱负责内部总务，周负责对外联系，分工明确。

1938 年冬，王文翰接任浙江省公路局局长后，推选周大烈继任主席。当时常有日机侵袭，商会一度搬到战船街钱业会馆办公。继又迁至西郊白云庵附近,与鄞县救济院合在一起办公。其间,商会历年档案文卷、账册,俱遭焚毁。

沦陷后的宁波商会(1941—1945)

1941年4月宁波沦陷后,宁波商会停止活动。不久在日本人授意下,袁端甫、郭逸民、刘镇泰组织"鄞县乡镇联合会"。郭逸民还出面筹建伪宁波商会,在中山东路裘卫生堂药店原址开会。推选郭逸民、王礼嘉、包正芳、曹国香、张保康、范正权、洪中民等7人为筹务委员,郭逸民为筹务主任。同年7月,伪宁波商会成立,毛稼生为主席委员,范笑斋、李贤钊为副主席委员,吕瑞棠为秘书。

1943年秋,毛稼生被迫辞职,袁端甫继任主席,郭逸民任常委,主持会务。郭逸民死后,沈曼卿(西药业)、洪芙馥(糖货业)、余顺安(钱庄业)、顾守中(《时事公报》社经理)4人为常务委员,负责处理内外日常会务。后来袁端甫任伪鄞县县长,仍然兼任商会的挂名主席,一直到抗战胜利伪宁波商会瓦解。

抗战胜利后的宁波商会(1945—1949)

1945年9月,抗战胜利,宁波商会恢复活动。1946年2月,召开战后第一次商会会员代表大会,宁波商会改委员制为理事制,周大烈任宁波商会理事长。次年3月起,朱维官、周大烈、俞佐宸先后担任理事长职务。1948年2月25日,商会第一届第二次会员代表大会修正通过《宁波商会组织章程》。

抗战胜利后,国民党中央颁布工商划分组织的新办法,浙江省组织成立"浙江工业协会"。据此,原工厂成员均从宁波商会中划出,组织成立"浙江工业协会鄞县办事处",以郭东民(大昌布厂经理)为主任委员,各大厂经理担任委员,会址仍在商会内部,由鄞县县党部及商会各指派1人兼任干事。

新中国成立前夕的1949年春,宁波商会负责人中的进步人士与中国共产党四明山组织取得联系,由金臻庠、沈曼卿、柳璋等主持商会,秘密派人与中共鄞西四明山地方政权和武装力量取得联系,并接受中共布置的三项任务:严密监视国民党政府逃离前的动向和重要工厂企业的动向,并及时报告;迅速改组商会中的自卫救济委员会,掌握该组织的所有财产;组织力量,及时做好迎接新中国成立的各项准备工作。金、沈等人根据中国共产党的部署和要求,在暗中立即做好各方面准备工作。当时商会出面组织义勇警察(其成员多数为商店职工和救火员)编成治安大队,分布在市区巡逻值勤。宁波商会为预防溃兵扰乱社会,准备应变资金,公开以"救济米"出面向市区各厂商募集。当时在钱庄中筹集黄金 110 两,在绸布店和百货店中筹集 3000 银圆,以备急需(后宁波和平解放,所得款项全部归还原主)。5 月 24 日,余姚县解放。宁波商会组织戴着"治安纠察队"臂章的义勇警察手持木棍,四处巡逻,使市区在解放过程中没有受到抢劫和破坏。

1949 年 5 月 25 日,中国人民解放军解放宁波。9 月 15 日,为处理国民党飞机轰炸后的善后工作,在市军管会领导下,以宁波商会为主,各慈善机构参加的宁波各界善后临时救济委员会成立,后扩大为宁波市遭匪机轰炸善后救济委员会,苏展为主任,钱铭歧、金臻庠、俞佐宸为副主任。随后金臻庠赴沪募捐,短期内即募得救济款 2 亿元旧人民币,折合市价可购食米 1 万石左右。同月,宁波商会向各同业公会发出关于庆祝中国人民政治协商会议召开和中央人民政府成立的通知。

1949 年年底,宁波商会活动宣告结束。

(七)宁波钱业公会章程(1929)①

宁波钱业公会章程

第一章　总　纲

第一条　本公会系宁波汇划钱庄同业组织,定名曰宁波钱业公会。

第二条　本公会事务所设在建船厂跟钱业会馆内。

第三条　本公会以维持同业公共利益、矫正营业之弊害为宗旨,其应行职务如左:

(一)联合同业研究业务及经济事项之进步;

---

① 陆建范.彩墨金融[M].北京:中国金融出版社,2014:69-72.

（二）促进同业之发展；

（三）谋金融之流通，保市面之安全；

（四）评议和调解同业间之争执；

（五）同业因商事行为有必要之请求，得呈请政府或商会办理；

（六）处理其他关于同业事项，但其事项之性质，以本公会权限所得处理者为限。

第二章　会　员

第四条　会员无定额，凡同业汇划各庄，皆得为本公会会员，其代表就本庄监理、经理、协理中推定一人充之。

第五条　有左列各款之一者，不得为会员代表：

（一）褫夺公权者；

（二）有反革命行为，经通缉有案者；

（三）受破产之宣告，尚未撤销者；

（四）有精神病者。

第六条　会员有选举、被选举权，有建议权，有表决权。

第七条　本公会以发起组织公会之各章为基本会员，嗣后新开或小钱庄改为汇划者，须于开会前有会员两个以上之介绍，将牌号、资本总额、股东姓名、住所及所占股份并经理人姓名，开单报告本公会，经委员会审查，提交委员会议决，方得入会为会员。

第八条　凡会员各庄，如有变更股东或经理及换牌号时，亦依前条新开各庄例办理。

第九条　凡非本公会会员不得互通汇划。

第十条　凡已入会各庄有违犯本公会章程及议决案并同业营业规则，妨害全体营业者，审查属实，除依营业规则处分外，经会员会之议决，得令其出会。

第三章　委员会组织权限及选任

第十一条　本会设委员十五人，由会员互选，常务委员三人，由委员互选；主任一人，由常务委员互选。其任期四年，每两年改选半数，不得连任。

第一次改选以抽签定之。

第十二条　委员、常务委员依本章程及营业规则之规定暨会员会、委员会之议决行使其职权。

第十三条　选举均用记名连举法,由选举人到会行之。

第十四条　选举概以得票较多者当选,票数相同者以抽签定之。

第十五条　委员、常务委员、主席出缺时即时选补。

第十六条　委员有违背本公会规章,情节较重者,审查属实,经会员会之议决,得令其退职。

第四章　会　议

第十七条　会议之种类如左:

(一)会员会,每年举行二次,由委员会于二、八两月定期召集,会议业务上进行或改革事项;

(二)委员会,每月三次,由主席定期召集行之;

(三)常务委员会,其会期由常务委员会自定之。

前条(一)(二)项会议遇有重大事项,得由委员五分之一或全体会员十分之一以上请求及常务委员认为有必要时,均得临时召集。

第十八条　会员会、委员会均须由三分之二以上之出席,即得开议;有出席会员三分之二以上之同意,即得议决。

第十九条　左列各项之议决,应由全体会员四分之三以上之出席,得出席会员四分之三以上之同意行之。若到会会员不足法定人数时,得以出席会员四分之三以上同意议定草案,通知未到会各会员,并于三日内再召集第二次会议。若仍不足法定人数,即以第二次到会会员四分之三以上之同意,作为议决。

(一)变更章程;

(二)修正营业规则;

(三)委员之退职;

(四)会员入会、出会;

(五)关于负担经济事项;

（六）关于其他业务上重要事项。

第五章　经　费

第二十条　本公会经费，由入会同业各庄共同负担。

第六章　附　则

第二十一条　本公会同业营业规则另订之。

第二十二条　本章程经宁波市政府核准，转呈浙江省政府及工商部备案。

第二十三条　本章程如有未尽事宜，得由会员会议决修正并呈请政府备案。

（八）中国文物学会会馆专业委员会章程①

中国文物学会会馆专业委员会章程

第一章　总　则

第一节　中国文物学会会馆专业委员会是以研究会馆文化及会馆保护、会馆开发相结合的学术研究团体。

第二节　中国文物学会会馆专业委员会宗旨："弘扬会馆文化，促进民族团结，为祖国的腾飞作出贡献。"

第三节　中国文物学会会馆专业委员会的任务：

（一）兴建、维修、保护会馆；

（二）编辑出版各种会馆文化图书、辞典、杂志；

（三）召开各种海内外会馆文化学术交流研讨会、联谊会；

（四）拍摄会馆文化专题片；

（五）开展会馆专业知识培训；

（六）举办各类会馆文化展览；

（七）开展专业文化咨询。

---

① 中国会馆［EB/OL］.［2018-05-01］. http://huiguan. org. cn/modules. php? name＝News&file＝article&sid＝91.

第四节 中国文物学会会馆专业委员会总部设在北京。

第二章 组 织

第五节 中国文物学会会馆专业委员会最高权力机构是全国会员代表大会。全国会员代表大会每三年召开一届,其职责是:

(一)审议理事会的全年工作报告,制定工作方针和任务;

(二)审议理事会的经费收支情况;

(三)制定、修改会章;

(四)选举新一届理事会。

第六节 中国文物学会会馆专业委员会理事会由会长、副会长、秘书长、副秘书长、理事组成。理事会下设机构:

(一)办公室;

(二)编辑部;

(三)咨询部;

(四)培训部;

(五)展览部。

第七节 中国文物学会会馆专业委员会实行会长负责制、秘书长辅助制,其任务是:

(一)执行全国会员代表大会决议;

(二)制订学会全年活动计划,并领导所属机构组织、实施;

(三)分配学会活动经费,并监督其使用情况;

(四)任免主管部门干部;

(五)审议批准会员入会;

(六)召开下届会员代表大会。

第三章 经 费

第八节 中国文物学会会馆专业委员会经费来源:

(一)政府对会馆文化课题立项拨款;

(二)国内外团体和个人捐款;

(三)各种展览活动及咨询收入;

（四）个人会员会费和团体会员会费；

（五）管理费。

第四章　会　员

第九节　中国文物学会会馆专业委员会会员标准：

（一）凡承认本会章程并热爱会馆文化者，均可申请入会，经学会批准后成为中国文物学会和中国文物学会会馆专业委员会双重身份个人会员，并颁发中国文物学会统一会员证。

（二）凡是全国各省、市、县文保单位会馆、民间会馆、商务会馆、企业办事处及社会团体会馆，均可申请成为本会团体会员。

第十节　中国文物学会会馆专业委员会会员义务：

（一）会员及团体会员享有参加学会组织的学术会议及文化活动的优先权；

（二）会员及团体会员优先取得学会出版的学术资料和图书；

（三）按期缴纳个人会费和团体会费。

第十一节　中国文物学会会馆专业委员会有缴纳会费的义务和入会、退会的自由。

第十二节　中国文物学会会馆专业委员会理事会由会员代表大会选举产生理事、秘书长、副会长、会长。

第十三节　中国文物学会会馆专业委员会会员、团体会员均有选举权和被选举权。

第五章　附　则

第十四节　中国文物学会会馆专业委员会会员证和会徽为中国文物学会统一会员证及会徽。

第十五节　中国文物学会会馆专业委员会章程，自中国文物学会会馆专业委员会理事会讨论通过之日起执行，解释权归中国文物学会会馆专业委员会理事会。

二、宁波会馆石刻碑记研究①

为了尽量搜集到原始的、可靠的史料,我们通过各种方式,委托组织、个人进行了解与提供资料。目前已搜集到 19 个省(区、市)的资料,对相关的碑刻、对记录的碑文文字,我们进行了多次核对。有的碑文材料来自民国《鄞县通志》有关条目,有的录自所见碑文,还有的收录自某些著作。由于版本不一,我们在互相对照中发现以下问题。

第一,有些碑文有错讹。如《宁波钱业会馆碑记》的碑文中"群商各以计薄书所出入",《鄞县通志》则将"各"字误作"名"字;又如碑文中云"人有某肆",而民国《鄞县通志》中缺少"肆"字等。

第二,各家补录各异。由于年代久远,许多碑文中的字迹已不清楚,很难辨认,因此各家推补,说法也有差异,我们采用了较权威的版本进行补录。例如《甬东天后宫碑铭》,我们根据所脱字,依照董沛撰《正谊堂文集》卷 13,并参照民国《鄞县通志》中有关碑碣抄本资料,进行补缺。

第三,碑文与民国《鄞县通志》所录存在差异。例如:《宁波商会碑记》碑文"奖励农民"在民国《鄞县通志》中为"奖励农商"。"民"字改为"商"字,我们认为这样的改动也有道理。又如:碑文"以其地通海凫禀",民国《鄞县通志》中无"禀"字;碑文中"顾无所取偿",民国《鄞县通志》中将"顾"字改为"实"字,这种情况对于研究者应有一定帮助。

第四,部分碑文中没有标点,为了方便读者阅读,我们加上了标点,但点标点、断句,各人看法不一,因此也难求一致。

(一)石刻碑记辑录

石刻碑记属于文物类中珍贵文物之一,它们都真实地记录了当时当地的历史,在写史、修史、补史中,是极为重要的不可多得的史料。通过搜集与探访,结合民国《鄞县通志》等相关文献,我们对现存在上海、北京、苏州和宁波等地的会馆资料做了初步了解,目前已搜集到会馆石刻碑记 20 余块

---

① 林瑛(林士民).宁波会馆石刻碑记研究[C]//黄浙苏.会馆与地域文化:2013 中国会馆保护与发展(宁波)论坛论文集.北京:文物出版社,2014:308.

（方），见附表 1。

这些石刻碑记，目前搜集到的大多保存在原地，就内容而言主要是有关
会馆、天后宫、各行业（包括行业社团）同乡会的创办情况等。典型的有鄞县
会馆碑、四明会馆碑记、甬东天后宫（庆安会馆）碑铭、宁波钱业会馆碑记、肉
业诚仁堂助款入四明会馆碑、煤炭业创建坤震公所整顿行规碑等。

附表 1　现存会馆石刻碑记简表

序号	碑刻名称	立碑时间	原碑位置
1	鄞县会馆碑	道光十五年（1835）七月	北京右安门内郭家井 2 号四明会馆
2	四明会馆碑记	民国十三年（1924）元旦	北京右安门内郭家井 2 号四明会馆
3	四明公所年庆会会规碑	宣统二年（1910）七月初一	上海南市区四明公所旧址
4	四明公所冬至会碑	同治三年（1864）十二月初一	上海市福佑路第十六中学
5	四明公所甬北支所碑记	民国二十三年（1934）	江北岸泗洲塘四明公所
6	甬江四明公所由申运柩回籍规约	光绪三十一年（1905）五月	江北岸泗洲塘，现在海曙区天封塔塔院北
7	青岛四明公所附入宁波碑志	民国十年（1921）	海曙区天封塔塔院北
8	杭州四明公所附入宁波碑志	民国十九年（1930）四月	海曙区天封塔塔院北
9	闽商在甬建设会馆碑	乾隆六十年（1795）十二月	海曙区秦氏支祠后墙游廊
10	重修福建老会馆碑	同治九年（1870）	海曙区秦氏支祠后墙游廊
11	宁波同乡会之源流碑	道光二十年（1840）后	上海市区
12	宁波钱业会馆碑记	民国十四年（1925）	海曙区战船街钱业会馆（宁波钱币博物馆）前天井西厢房北壁

续表

序号	碑刻名称	立碑时间	原碑位置
13	宁波钱业会馆建筑捐款碑记	民国十五年(1926)四月	海曙区战船街钱业会馆(宁波钱币博物馆)前天井西厢房北壁
14	甬东天后宫碑铭	光绪十年(1884)	宁波庆安会馆仪门南侧山墙
15	重建敕赐宁波府灵慈宫碑记	同治七年(1868)	江厦街东渡路口附近,现在海曙区白云庄内
16	宁波商会碑记	民国二十一年(1932)	海曙区中山公园
17	宝顺轮船始末碑记	光绪十四年(1888)	庆安会馆内,具体位置待查
18	肉业诚仁堂助款入四明会馆碑	光绪三十一年(1905)六月	上海南市区四明公所旧址
19	煤炭业创建坤震公所整顿行规碑	宣统元年(1909)十二月	苏州阊门外南濠街坤震公所
20	坤震公所续议章程碑	宣统二年(1910)十二月	苏州阊门外南濠街坤震公所
21	财神庙成衣行碑	光绪三十一年(1905)	北京前门外晓市大街129号成衣行会馆(又名浙慈会馆)

从遗留下来的碑刻看,刻石时间最早的为清乾隆六十年(1795),最迟的为民国二十一年(1932)。同治、光绪、宣统到民国,这一段历史时期碑刻为较多。这部分碑刻所显示的历代会馆的建设情况十分详尽,为我们进一步研究宁波会馆的历史演变提供了不可多得的第一手史料。

(二)石刻碑记资料解读

1.记录了在异地创办的宁波会馆的历史及规约

例如,北京的鄞县会馆建于明代,历史悠久,影响深远。上海的四明公所是一个有一定名望的会馆,每于清明、冬至两节,由"宁兴""宁绍"两轮,自沪运柩归甬,此后不少地区的四明公所都加入上海的四明公所,如青岛四明公所民国十年(1921)附入,湖州宁波会馆民国十一年(1922)附入,杭州四明公所民国十九年(1930)也附入,都成为上海四明会馆之分公所,其目的是更好地为在外宁波商帮提供"一条龙"服务,同时帮助已故人员回归故里。如《甬江四明公所由申运枢回籍规约》详尽地规定了可操作的条例,包括运枢的时间(年限)、地点、经费、交接手续以及墓地相关等事项,考虑十分周到。上海四明公所为了办好此事,还专门建立了甬北支所,支所主要为甬人在上海与宁波联络,承办二地丧葬之事,为此特在上海四明公所集资五六十万,乡人集资十一万,创建了东、南、北三厂与四明医院,同时在厂的周边建 20 间房屋,分别为先董祠、祀室、治事室以及门垣廊庑等建筑,均作为活动办事的基地。上海四明公所每年冬至时举行集会,并立"冬至会碑",记叙四明公所成员聚集参议诸事、"魂归故里"等事宜,这也是会馆的主要活动内容。

鄞县会馆碑①

盖闻:掩埋为仁政之先,禋祀乃礼典所重。矧夫首善之区,求名利者,莫不云集。其间寿夭不一,通塞攸殊。往有死亡旅次,而灵柩莫能归者。是以建置义园,盖为无力者计。又有濡滞未归,亦须暂为停厝,以避燥湿而蔽风雨。故于义园中添设房舍,为将归者少息之所。凡此皆以悯暴露而安旅魂也。吾鄞县会馆,创自前明,久经颓废。国初时,吾乡大理卿心斋陈公,始力整理,阖邑赖之。阙后经久,渐即倾圮,复赖张公讳镰者,倡率募捐,重为修葺,俾得至于今弗坏。无如历年愈久,而停葬致停浮于屋,葬浮于地。夫一邑之义举创之、贵有以继之,且经营之于前,宜恢大之于后愈夥,以也。爰集同乡,敦桑梓之谊,慨助乐输,增购旷地,添修房舍。庶俾葬有归,停有所寄,更议岁时设享,妥厥旅魂。所有增减条规开后,勒石以垂久远。庶不负创者、继者之至意云尔。

道光十五年岁次乙未七月众首事公立。

四明会馆碑记②

京城之西南隅多隙地,□路蜒伏,古冢垒垒,有旧名鄞县会馆者,尤然

① 李华.明清以来北京工商会馆碑刻选编[M].北京:文物出版社,1980:96.
② 李华.明清以来北京工商会馆碑刻选编[M].北京:文物出版社,1980:97-98.

隆起于其间。相传为明时吾郡同乡之操药材业者集资建造，以为死亡停枢及春秋祭祀之所。馆之后有地数十亩，设为冢园，凡年久而未归葬者，即于园之中择地葬之。如前大总统徐世昌氏之先代，所葬高曾祖茔三座，其著焉者也。夫以一乡一邑之义举，□四百余年之久，国姓屡易，人事代谢，□□□□不绝，以□□□是为偶然于其间，殆□乡先辈承启之功与经营之志，后先辉映，自有不可没者在耶？抑天之呵护先灵，以示报施固如此，其德且远耶？岁辛酉，民国纪元之十有一年，旅京宁波同乡公益会会长奉化沈君化荣，与会中诸乡先生议欲修葺斯馆，谋所以扩充之，改名为四明会馆。时余方任副会长，□隶籍鄞县，属余□诸同县乡老之旅京者议。夫□适宁波水灾起，旅京同乡为筹募急赈，相约开会，吾县同乡之与会者殊众。沈君与余即以是请之，佥谓鄞县会馆之停枢与葬斯园，凡隶旧宁波府属之旅京者皆与焉，固非以鄞县人而私之也。夫同属七邑之中，远□数千里之外，不□疾病而至于死亡，见之闻之者，皆时嗟悼之不足，又有拘拘于一乡一邑之见，异议而□摈之乎！遂定议改名为四明会馆，而以原有之鄞县会馆匾额仍悬于馆之前殿，使后之瞻者知其所自始云。明年三月，沈君以议既定，乃首捐巨款以为之创，王君莲舫、吴君熊渭、施君□生、张君永序、马君静斋等皆各就其力之所及，相率奔走劝募，凡旅京同乡之见义勇为者，恒不计所入之多寡，慨然乐为之助。馆久黯□，加丹雘而新之，义园古□遠路渐侵塌，新砌以石凡十余丈。又于馆之南，建房十有六间别为一院，院之所增设养病室。其南助停枢如旧例，而以会中公制之新枢权寄其中。北设公厅，为岁时集会及与祭者将事之所。兴既竣，爰于十月望日，举行四明会馆落成礼，礼毕，□其额于大门之上。是日同乡之旅京者多与焉，而以执工商业者为尤众。盖自前明创建，历年□久，为法渐备，固非一时所能跻，亦非一日所能足，□□所能期其成也。清光绪初年之修斯馆，吾先伯钧堂先生与张公筱□实主其事。前乎此者修凡三次，后乎此者石君仁孝之重修又其一也。考其碑文，历历如睹，顾其间或有为一时□碑所载而未笔之于书，年远代湮，有美勿传，而□功之足以馨香崇圣者，又不知凡几也。吾于吾先伯修斯馆之三十余年，幸从乡先生后于与斯□，□命为之记，吾□不文，固乐为之。虽然吾知文足以记者，□仅其著焉者也。其为吾文所未记，而功之足以馨香崇奉者□多矣。

鄞县陈震福谨撰,中华民国十三年岁次甲子元旦旅京宁波同乡公益会敬立。

四明公所年庆会会规碑①

年庆会碑

繄夫天尊集福之日,地官校籍之辰,作大醮于元都,礼空王于安国,振古如兹,于今为烈。建道场而作供,曾招饿鬼之魂;依苦海而解悬,爰集比丘之众。瓣香一炷,献佛果以倾盆;宝焰千重,设盂兰而荐食。松楸阴里,唱鲍氏之遗诗;苍蒷林前,仿连僧之故事。慈云普荫,□雨洪施,此庆月之所以名为中元,而胜会之因以盛于下土也。惟吾四明六邑,地广人稠,梯山航海,出国者固属众多,挈子携妻游申者更难悉数。只为谋求衣食,迹寄沪江;讵知命运乖舛,身归蒿里,永作穷途之鬼,长为无祀之虚(墟)。言念及兹,悲凄何似! 于是奉行旧典,纠集同人,既积之以银钱,复置之以什物。当夷则为七月之律,乃轮流作中柱之分。每岁如常,虔心斋戒;历年弗替,稽首皈依。灯火遥传,与青磷而共烁;鼓铙(铙)迭奏,入紫府以弥喧。仙仗云迎,坛滴槐花之露;彩幡霞拂,香飘柏子之风。参秘密于诸天,赈孤虚于大地。则若敖不致有馁而之叹,亦庭坚何至忽有诸之忧。将见祀事永周,克尽众生之超度;庶几神灵默佑,得保六邑之平安。是为序。

公守会规

一、本会分元、亨、利、贞四柱轮流,每逢申子辰年,元柱承值;己酉丑年,亨柱承值;寅午戌年,利柱承值;亥卯未年,贞柱承值。

一、本会友各尽心力劝募,三载共集规银千有余两。以千六百两助四明公所,立折生息,充每年当办之费,不可私自动用。又有余银,并逐年用剩银,听会众公议存用。

一、每年定七月初十日,请戒僧十名,至老公所礼忏。

---

① 上海博物馆图书资料室.上海碑刻资料选辑[M].上海:上海人民出版社,1980:273-275.

一、永日(是日不起伙食)、十一日,仍礼大悲法忏。是夜添戒士一名,设放焰口。凡我会友,须于是日虔心斋戒,齐集拈香。

一、当办肴核及一切应用品物,俱载有簿据,不得私自增减。

一、十二日备荤菜,各会友齐集公所算账,账毕将随簿交下年当办者。

一、会众所置器皿什物,并先辈图,每年用后,整齐交会所珍藏。倘有损坏,宜当时修正。

创始人名

元柱:董德俊　王阿五　董成福　张寅生

亨柱:徐永春　王阿金　於阿文　董顺福

利柱:王庭巨　王文通　王纪木　朱智才

贞柱:何瑞安　金大义　董大金　冯云仙

宣统二年庚戌岁孟秋月吉旦年庆会同人立。

四明公所冬至会碑①

绍郡绅商,在沪贸迁,设公所以相晤语。时届长至,同人各出捐资,共议一会:仪则仿诸邑庙,礼则例以中秋。所以答神庥,祈嘉贶。凡在同诚,襄兹善举;庶几永远相传,垂诸勿替。爰叙颠末,寿之贞珉云尔。

今将诸君姓氏间列于左(略):

谢萱庭　潘　辉　孙　钰　谢福云　陈三余　吴竹君

萧乔松　胡遵祖　戚　璜　屠成述　谢嘉瑞　陈绍绪　　敬立

同治三年岁次甲子十二月吉旦姚江森甫氏张学翰撰并书。

四明公所甬北支所碑记②

四明公所者,吾郡人客死丛殡之所,建于沪上,绵历久远。曰四明者,标地望以名之者也。吾郡之续建公所,始自光绪八年。仍其名者,内外不

---

① 上海博物馆图书资料室.上海碑刻资料选辑[M].上海:上海人民出版社,1980:260-261.

② 俞福海.宁波市志外编[M].北京:中华书局,1988:889.

嫌同辞也。兹系以甬北者，记事必实。其地曰支所，明有统也。先是沪上公所地为外人所侵，吾郡人之侨沪者，出全力与争，事乃寝。镇海方黼臣观察，其先世固尝有造于公所者，既幸兹壤之获保，又念首邱之义，俾死者归骨于乡，不可以无所，爰采众议，相地甬江之北，建丙舍，置义山，岁运枢还，戒期趣葬，无主愆期者瘗之，表次立碣，男女异兆，著为例。上海，东南一都会也，郡人衣食兹土者日益众，公所规模日益展拓，吾甬供给之事亦日益繁。而国中海口商步（埠）及各行省之旅居者，凡有四明公所若会馆，运枢归葬，率传于沪以达甬。丙舍不容，则以时加辟慈溪小隐山。义冢不敷，则益置网滩山广之。于是观察之子明经、积钰继任沪事，以兼摄非计，救诿于乡之贤者，分营并进，别为会以董其成。诸所设施，渐规远大。逮前六年戊辰，厚集群力，为一劳之计。相之度之，救之筑之，基址旷如，屋舍翼如。盖自支分后，递嬗至今，譬之建国，初为附庸，继列小侯，终则甸服，俨然会归之极焉。尾闾之输，滥觞于涓流。岱宗之峻，积垒于土壤。始事之功，众擎之效，至是乃大著。吾四明故多义举，然以余所见，后先疏附，一倡百和，不惮罄其力以竟其施，莫兹所为盛。盖死丧之威，在原之痛，人子泚颡，乡怜急难，情之至也。动之以至诚，要之以可久，事皆众著，款不虚糜，治理之至也。以故十数年间，沪公所所属之南厂、北厂、东厂与四明医院，先后告成，集资不下五六十万，且以余力饮助于乡，乡之人亦集资十一万有奇，以成斯举。昔孟子以养生丧死无憾，为王道之始。民之利而使民资以死生，其趣命也如流水。取乡之财而使隶于乡著，资以死生，其响应也若桴鼓。吾观于乡而知王道之易易也。既讫工，主所事者林上舍植旸，具图籍来请为记，因备著其颠末，而并为推本言之如此。所之制，四周为厂以厝枢，凡为间三百二十。中为舍，稍前为堂，区为三等，其数如厂四之一。后为停枢处，用以顿舍凡十所。有社祠，有先董祠，有祀室，有治事室。门垣廊庑庖福咸备，章程条例具于册。所外隙地及义山若干，别有籍。而所之前迤左筑室曰归复处，为郡人病殁于外倅敛之所，亦隶属焉。见董其事者方积钰、顾钊、余鋆、陈道域、毛雍祥、徐秀祥、张濂、卓葆亭、俞煌，已故者费绍冠、梁秉年、袁弥通、徐方来、蒋能保、董嘉、陈圣佐、陈俊伯、严英，皆郡人，并有劳于兹所，例得附书。甲戌日南至。

鄞忻江明撰文,慈溪钱罕书丹,鄞赵时棡篆额。

甬江四明公所由申运柩回籍规约[①]

本公所由申运柩回籍,凡进甬厂寄停安葬,一切规模,恐后紊乱或生意外留难,以便查究,今将议定章程开呈,勒石永远为守。

一、运柩向从内河,自(光绪)念七年冬,承袁君詠笙、费君鸿生向招商、太古订定,每年清明、冬至工期,每公司承运四百具。除轮运八百具外,仍由杭运。于三十年春,内运柩船道迳嘉兴,不料有香客船互相碰撞,香客失足淹毙,以成人命。至内运者,惟求稳妥,岂过坝搬堰,每遇天旱水涸,雨淋日晒,未能克期,更有意外之虞,实为不便。至冬季,当议定除轮运之余,准从鸭屁股船陆续运带,每一船计装运柩三十具为限,不得多装贪载。

一、凡申厂寄停之柩,倘该属有无力领柩者,除熟柩之外,可至沪公所报明原籍、住址,一面预先记妥柩到何人接受,须备一信交公所,当由鸭屁股船送到埠头,照信交卸,不取分文。倘柩到埠,无人收受,其柩不得交卸,准追进厂,原保议罚。送柩地界过远山乡,过岭搬堰之处,概不能送,或有自愿出资嘱公所代送者,每具计洋三元五角,如有山乡不能送到之处,愿寄甬厂暂停者,每具计洋二元五角。倘公所已经运甬之柩,愿听带费者,每具亦计二元五角。

一、凡沪公所运甬之柩,寄停甬厂一年为限,若无亲属来领,须合申进厂之日,运甬已至二年者,准凭本所迁至义山安葬,不准留限。倘有入堂零放之柩,每具每年捐洋二元,期满若未领去,必须转票补捐,否则准由本所迁葬,毋得徇留。

一、凡柩属来领,每具及开门费钱二佰八十文,用扛夫六名,赊柩只用四名。前江下河扛力,每名计钱八十文,中河计钱六十文,后江计钱四十文。

一、凡已葬之柩,该属若愿起掘领回,每具计告土洋四角,计上山、掘工、扛力、驳船洋一元,计往来至甬所河口船川洋一元五角。如欲仍进甬

① 章国庆,裘燕萍.甬城现存历代碑碣志[M].宁波:宁波出版社,2009:262-264.

厂,另加上河扛力洋二角。

一、甬厂之柩,倘该属欲领无力,如有城乡店家作保,可向甬公所领愿洋二元,以需费用。凡领愿洋之材,准免开门费,扛力议轻。前江下河每名计钱六十文,中河计钱五十文,后江计钱三十文,以昭体恤,但此愿洋惟信客不得代领。

一、长生为助入公所房租名下年规,每逢清明、冬至二期,甬所代做羹饭,洋十二元,七月代放焰口,洋念元。

转此附录,以例永远。

光绪叁拾壹年长至月 日甬江四明公所谨启。

青岛四明公所附入宁波碑志①

窃维青岛一埠,我宁人之旅居及经商者日见繁盛,所有旅榇往往因装运不便,以致淹滞他乡,不能归葬。

旅青同乡目击心伤,特于今年创立青岛四明公所,商请附入宁波四明公所承办,当助英洋五百元,作为永远承办之费。宁波公所董事等因念宁波公所维由上海而设,然青岛亦既设立公所,理宜联络一气。为此,公同允准。嗣后,青岛公所运柩回宁,其进厂及驳船、扛力等项由青岛公所自理,进厂之后所有领葬等事自应照上海公所一律办理。事已议妥,各无异言,立此碑志,以资信守而垂永久。

民国十年吉日宁波、青岛四明公所同立。

杭州四明公所附入宁波碑志②

窃杭州之有公所由来已久,建造丙舍,寄厝旅榇,与各地公所办法相同。惟运回原籍,必俟柩属申请,其象山、定海、南田三县地悬海外,杭公所例在甬江交卸,然柩属对此深感困难,一也;杭垣市政猛进,义山无从添置,现在所有,终有葬尽之日,二也。为鉴于此,拟照湖州先例,援以附入。由

---

① 章国庆,裘燕萍.甬城现存历代碑碣志[M].宁波:宁波出版社,2009:274.
② 章国庆,裘燕萍.甬城现存历代碑碣志[M].宁波:宁波出版社,2009:301.

杭公所董事李春枝君商承甬公所董事允准，照例由杭公所助洋五百元，作为永远承办费。嗣后，杭公所运柩回甬，其进厂扛力、驳力，由杭公所付发，自进甬厂之后，所有领葬等事，由甬公所照上海公所运回之柩一律办理。

立此碑志，以资信守，而垂久远云尔。

民国十九年四月　日宁波、杭州四明公所同立。

2.记录了闽籍商帮在宁波的建馆历史

闽商在甬建设会馆碑，高 241 厘米，宽 103 厘米，厚 17 厘米，圆首，篆额书旁刻叠云纹，清乾隆六十年(1795)十二月立。碑文正书，现竖于秦氏支祠后墙游廊，完好无损。

重修福建老会馆碑，竖于秦氏支祠后墙旁，碑高 192 厘米，宽 86 厘米，厚 12 厘米，圭首，清同治九年(1870)九月立。福建老会馆在今中山东路后塘公园东。

闽商在甬建设会馆碑[①]

奉宪勒石永遵碑(篆额)

特授宁波府鄞县正堂加三级军功随带纪录三次又记大功二次郭，为案奉宪结环叮示禁以保永远事。据僧沛泉词称："切康熙三十五年，奉前提宪蓝，首创闽商在甬东买地，鸠工建设会馆，供奉天后圣母，奉宪立有碑记。蹇自四十六年回禄，虔扶仪像，余成焦土。各商抽缘先兴前殿，以妥神灵。五十七年，悉照旧址完竣，后宫巍峨，庙貌以肃观瞻。至五十八年，遭恶邻道书，袁邦熙知碑契焚毁，纠诈不遂，霹捏占伊墙下基地越控。道宪发委前尊勘讯，缕晰详明。岂期伊父袁文兹不思己屋起造于会馆之前，莫知其子之恶出，而帮讼极粘。详案呈明，抚宪核详究结。恐住址接连，鹰眼未化，后患不测，惟祈照案恢复旧章，以垂永远。伏乞恩准彩示，俾闽商咸感于后日，使住持无讼于他年，以昭诚敬。上呈。"等情到县。据此，查是案，经前县详奉抚院宪批饬，照旧各管各业，业经饬遵在案。兹据前情，合行示禁。为此示仰该地居民人等知悉：尔等当思会馆基址契据虽焚，但捐资照旧起

---

① 章国庆.天一阁明州碑林集录[M].上海:上海古籍出版社,2008:216.

造,古址犹存,并无侵越。毋再仍蹈前辙,希图越占诈累滋事,有干严谴。各宜凛遵,以志不朽云尔。

计开县尊详奉各宪批示:

府宪克批:既据径详,仰候抚宪暨本道批示。缴。

道宪恩批:既据县详属实,公允明晰。已批,候察转。不得以尔子身恃道书哓哓渎控,致干重戾也。此饬。

抚宪吉批:查袁邦熙倚恃道书,捏情混控。据议,答责自属平允。仰布政司即饬照拟折责发落具报。缴。

乾隆陆拾年拾贰月 日给。

兴泉漳台众商同住僧沛泉公立。

重修福建老会馆碑①

重修福建老会馆碑(篆额)

自朱买臣为会稽守,航海抵泉山,闽越舟楫之通盖夥。闽之商于宁者,有八闽会馆,兴、泉、漳、台之人尤多。故又自建会馆二。其一曰"大会馆",康熙三十四年,蓝公理镇斯土,率吾乡人始建之。其一曰"老会馆",创立不知何时。台湾自国朝始通版籍,兹馆也,台人与焉,其在康熙二十四年开关以后无疑,而谓之"老会馆"亦先于"大会馆"无疑。石碑久塌不可考,其大致可推也。吾乡滨海,贾航到处皆盛。惟商于宁者,好义最多,乡之创立义举,皆宁商力是赖。故发逆扰江、浙,苏、杭、台诸会馆皆烬,独宁三馆得全,岂非善气所感召耶?同治戊辰,重修老会馆将告竣,国以庶常给假归,路由宁,同人属书石,因记。此大殿崇奉天上圣母,后阁中设观音座,左右厅奉文武帝,皆塑像。馆之前建渡头,有兴泉厦诏碑,右有余地一同,左乌龙碑出水河沟,前为土人填塞,讼于官始通之。例当备书以资后之考究。重修在闰四月兴工,十二月告竣,赀合四郡,泉之同人董厥成焉。

温陵糖帮捐银四百拾壹元

兴化帮捐银贰百元

---

① 章国庆.天一阁明州碑林集录[M].上海:上海古籍出版社,2008:244.

厦门帮捐银叁百元

深沪帮捐银壹百元

淡水帮捐银壹百元

同治九年庚午九月翰林院庶吉士晋江王寿国记并书,兴泉漳台诸同人勒石。

上述两块碑文说明闽籍商帮在甬建馆的历史,是证明当时闽籍商帮在甬发展辉煌的实物例证。

3.记录了宁波同乡会之源流

宁波同乡会之源流碑①

宁波六邑(鄞、慈、镇、奉、象、定),滨海居浙东,山川瑰奇,鱼盐饶足,但地狭民稠,食粮不敷,幸赖舟楫,商贸四方。自唐宋迄于明清,北达辽东,南下闽广,西上川藏,东指扶桑,凡大江南北,黄河两岸,靡靡踪迹!故昔有"无宁不成市"之誉。

宁波同乡会组织之源流,应上溯会馆、试馆、善堂、公所之沿革。自明永乐以来,旧北京即有宁波会馆之设,相传创始者为袁柳庄。其后商旅所至,自成集会,遍各省市。同乡会之名称,则始自上海,其后各地乡人,风起云涌,纷纷组织,而他省人士,亦效尤焉。五口通商以后,上海成为全国商业中心,吾乡人旅沪达百万人,其中不乏英明杰出之士,造福同乡,故特简述宁波旅沪同乡会之源流,以资借镜。

4.记录了宁波钱业会馆活动历史

宁波钱业会馆碑,高 152 厘米,宽 96 厘米,现保留在宁波钱币博物馆内。立于民国十四年(1925),碑文作者忻江明,是清光绪三十年(1904)进士,鄞县人。

宁波钱业会馆建筑捐款碑,记录同行捐款,碑高 180 厘米,宽 128 厘米,方首,额题"宁波钱业会馆建筑捐款碑记",碑文正书。碑立于宁波海曙区战船街钱业会馆(宁波钱币博物馆)前天井西厢房北壁。

---

① 录自民国《鄞县通志(第二):政教志》碑碣。

宁波钱业会馆碑记①

　　《记》曰"大信不约"，说者谓约，约剂也，《周礼·地官》"司市以质剂，结信而止讼"。凡市易必有剂，自古然已。钱币，市易之券也。圜法变迁，人趋儇利。若唐之飞钱，宋之交子、会子，今之纸币，以轻赍称便，风行海内，其为信亦约剂类也。此所谓市道也。市道而几于大信者有之乎？曰有之。今宁波钱肆通行之法，殆庶几焉。

　　海通以来，宁波为中外互市之一。地当海口，外货之转输，邻境物产之销售，率取海道，于是廛肆星罗，轮舶日月至，俨然称都会矣。顾去闭关时不远，市中行用，以钱不以银，问富数钱以对。自墨西哥银币流入内地，始稍变迁其习，然不用银如故。即有需，则准他路银，虚立一名，以钱若银币易之。日有市，市有赢缩，通行省内外以为常。吾闻之故老，距今百年前，俗纤俭，工废著，拥巨资者率起家于商人。习踔远营运遍诸路，钱重不可赍，有钱肆以为周转。钱肆必仍世富厚者主之，气力达于诸路，郡中称是者可一二数。而其行于市，非直无银，乃亦不专用钱。盖有以计簿流转之一法焉。大抵内力充诸肆，互相为用，则信于人人，故一登簿录，即视为左券不窜也。其始数肆比而为之，要会有时。既乃著为程式，行于全市。其法：钱肆凡若干，互通声气，掌银钱出入之成，群商各以计簿书所出入，出畀某肆，入由某肆，就肆中汇记之。明日，诸肆出一纸，互为简稽，数符即准以行，应输应纳，如亲授受。都一日中所输纳之数为日成，彼此赢绌相通，转而计息焉。次日复如之。或用券掣取，日畀某肆，司计者以墨围之，则为承诺如所期不爽。无运输之劳，无要约之烦，行之百余年，未闻有用此而为欺绐者。虽深目高准之侜，居是邦与吾人为市，亦不虞其有他，傥所谓大信者非邪？顾吾又闻之，咸丰之季，滇铜道阻，东南患钱荒，吾郡尤甚，市中流转之钱直大减，当现钱之半。乡民病之，汹汹谋为乱，数月乃平。夫钱币之为用，载信而行虚，实必相辅，直必相准，如权之在衡，如契之同而别之，使民不疑。循是则理，不则乱。今纸币充斥，帑藏盖寡，罔利者或外输不已。虚车无实，后将有受其敝者。夫患每中于所习，而法必期于相维。吾愿当事

①　张如安，杜建海.鄞州历代诗文选[M].杭州：浙江古籍出版社，2008：353-354.

者，毋变其俗，而有以善其后也。

钱肆旧有公所，湫隘不足治事。比年期会益繁，乃度地江湄，别为会馆，鸠工于甲子二月，期而蒇事，既成，来请为记，因著其事之有系于风俗者，且揭其利病所在，冀后之议市政者有省焉。至是馆之成，捐输之姓氏及在事有劳之人，凡金石例得书者，别具于碑阴，兹不著。

乙丑夏四月鄞县忻江明记。

宁波钱业会馆建筑捐款碑记①

同行捐款：

收敦裕庄捐洋贰千贰百元

收衍源庄捐洋贰千贰百元

收保慎庄捐洋贰千贰百元

收余丰庄捐洋贰千贰百元

收鼎丰庄捐洋贰千贰百元

收永源庄捐洋贰千贰百元

收泰源庄捐洋贰千贰百元

收慎丰庄捐洋贰千贰百元

收资大庄捐洋贰千贰百元

收景源庄捐洋贰千贰百元

收汇源庄捐洋贰千贰百元

收益康庄捐洋贰千贰百元

收瑞康庄捐洋贰千贰百元

收丰源庄捐洋贰千贰百元

收瑞余庄捐洋贰千贰百元

收裕源庄捐洋贰千贰百元

收晋恒庄捐洋贰千贰百元

收慎康庄捐洋贰千贰百元

① 章国庆，裘燕萍.甬城现存历代碑碣志[M].宁波：宁波出版社，2009：287-292.

收成丰庄捐洋贰千贰百元

收元享庄捐洋贰千贰百元

收鼎恒庄捐洋贰千贰百元

收钜康庄捐洋贰千贰百元

收泰涵庄捐洋贰千贰百元

收元益庄捐洋贰千贰百元

收奕泰庄捐洋贰千元

收恒孚庄捐洋贰千元

收天益庄捐洋贰千元

收泰翼庄捐洋壹千贰百元

收泰深庄捐洋壹千贰百元

计收洋陆万壹千贰百元

发起小同行捐款：

收恒大庄捐洋陆百伍拾柒元

收仁和庄捐洋陆百伍拾柒元

收资新庄捐洋陆百伍拾柒元

收元大庄捐洋陆百伍拾柒元

收瑞源庄捐洋陆百伍拾柒元

收恒春庄捐洋陆百伍拾柒元

收通泰庄捐洋陆百伍拾柒元

收实源庄捐洋陆百伍拾柒元

收惠余庄捐洋陆百伍拾柒元

收丰和庄捐洋陆百伍拾柒元

收通源庄捐洋陆百伍拾柒元

收元成庄捐洋陆百伍拾柒元

收安泰庄捐洋陆百伍拾柒元

收泰生庄捐洋陆百伍拾柒元

收恒裕庄捐洋陆百伍拾柒元

收源源庄捐洋陆百伍拾柒元

收慎余庄捐洋陆百伍拾柒元

收升泰庄捐洋陆百伍拾柒元

收信源庄捐洋陆百伍拾柒元

收慎成庄捐洋陆百伍拾柒元

收慎祥庄捐洋陆百伍拾柒元

收彝生庄捐洋陆百伍拾柒元

收大生庄捐洋陆百伍拾柒元

收恒康庄捐洋陆百伍拾柒元

收保和庄捐洋陆百元

收恒祥庄捐洋陆百元

收同康庄捐洋陆百元

收成康庄捐洋陆百元

收承源庄捐洋陆百元

收安余庄捐洋叁百伍拾柒元

收宝和庄捐洋叁百伍拾柒元

收宝成庄捐洋叁百伍拾柒元

收永丰庄捐洋叁百伍拾柒元

收泰巽庄捐洋叁百元

计收洋贰万零肆百玖拾陆元

收庄息洋玖千陆百柒拾肆元叁角捌分肆厘

收房金：同一木行洋叁百陆拾元

收探租：同一木行洋壹百捌拾元

共收入大洋玖万壹千玖百拾元零叁角捌分肆厘

付出项下：

付会馆房屋基地洋壹万叁千伍百元

付又中人费洋贰百元

付又税契、杂项手续费洋贰百玖拾玖元贰角伍分捌厘

付又定向择日费洋念元零柒角

付建筑房屋包工邬金顺洋陆万伍千叁百肆拾元

付又监工偅金洋捌百肆拾肆元零零伍厘

付续添装修工料洋壹千柒百柒拾陆元伍角柒分贰厘

付器皿什物洋肆千陆百捌拾肆元捌角肆分

付开光缴用洋贰千玖百肆拾捌元陆角壹分玖厘

付杂用洋壹百伍拾柒元伍角肆分叁厘

共付出大洋捌万玖千柒百柒拾壹元伍角叁分柒厘

除收付过揭,丈大洋贰千壹百叁拾捌元捌角肆分柒厘

附会馆基地形图

本会馆基地,于民国十二年癸亥岁五月买得新浮桥平津会已有房屋基地一方,分路南、路北二段,又城脚马道一段,量计方尺,路北地鲁尺二百十三方零一分,路南地鲁尺九十方零六角四分,马道地鲁尺十一方七角零四厘。兴工于是年冬月,至十三年甲子冬告竣。兹绘基地图形尺寸于右,以资他日之考证云。

民国十五年丙寅四月 日镇海陈澄舫测绘并识。

中华民国十五年岁次丙寅肆月　日立。

5.记录了宁波妈祖信仰的发展历史

甬东天后宫碑,嵌于庆安会馆仪门之南侧山墙上。

重建敕赐宁波府灵慈宫碑记碑,清同治七年(1868)十月重立,原碑清康熙三十四年(1695)十一月撰勒。碑高130厘米,宽112米,厚15厘米,圭首,篆额刻"重建敕赐宁波府灵慈宫碑记",碑文正书。甬东灵慈宫,又名天妃宫,旧址在今江厦街东渡路口附近。1949年9月,宁波市区遭国民党飞机轰炸,灵慈宫被毁。1982年7月,浙江省文物考古研究所和宁波市文物管理委员会办公室配合城市建设工程,对灵慈宫遗址进行抢救性考古发掘。据当时主持发掘的林士民先生回忆,此碑系考古发掘所得。

甬东天后宫碑铭①

吾郡回图之利,以北洋商舶为最巨,其往也,转浙西之粟,达之于津门;其来也,运辽、燕、齐、莒之产,贸之于甬东。航天万里,上下交资,鲸鲵不波,鼋鳄无警,系惟天后之神是赖。后姓林氏,宋初莆田人也,生具灵异,里党神之。既辞世,庙于湄洲。宣和中,赐额"顺济"。高宗绍兴二十五年,赐为"夫人"。光宗绍熙元年晋为"妃"。元初尊为"天妃"。明季改为"元君"。祠宇之广,殆遍海甸。我圣祖仁皇帝平定台湾,俞靖海侯施琅之请,特封天后,春秋祀典,岁支帑金,文武官行礼与岳渎等。此前事之大略也。说者谓,地祇之礼与人鬼有别,岳渎视公侯,第以人爵尊之,非以人鬼例之也。天后而称海神,是以人鬼易地祇。前乎此未有天后,孰为主之? 明人会稽唐氏,乡人谢山全氏,皆有斯辨。要之亦偏见也。夫自有天地即有海,亦自有天地即有江湖。英、皇殉死而为湖神,胥、种冤死而为江神。岂虞周以前,江湖燕地祇,必待四人者之死而后神之耶? 如谓英、皇之烈,胥、种之忠孝,礼本宜祀,非天后所可同日语,然则谢绪之神于河,王天英之神于湖,其生平亦不甚表著,胡为灵爽赫赫,俨然以人鬼尸地祇耶? 礼曰"能御大灾则祀之,能捍大患则祀之",取其能御能捍而已,曷尝以存殁判也。或生而有功,或死而有灵,其征验于事状者不同,其利赖于公私者无不同。下祈之,上报之,斯秩宗掌之,必执一偏之论,而议其无稽,是未窥圣王神道设教之精意也。

吾郡旧有天后庙在东门之外,肇建于宋,实今有司行礼之所。分祠在江东者三,一为闽人所建,一为南洋商舶所建,基址俱狭。惟此宫为北洋商舶所建,规模宏敞,视东门旧庙有其过之。经始于道光三十年之春,落成于咸丰三年之冬,费缗钱十万有奇,户捐者什一,船捐者什九,众力朋举,焕焉作新,牲牢楮帛,崩角恐后,盖非独吾郡然也。后之灵昭昭,元人程端学之记叙述綦备。而若《天后志》,若《闽颂编》,若琉球诸《使录》,尤加详焉,亦可见历朝之所以加秩于后者,有自来矣。宫之制,临江西向,前殿三,后殿三,前西为官门,又西为大门,南北为翼楼,北之北为庖厨。宫之基,前广六

①　鄞州区建设志编纂委员会.鄞县建设志[M].内部资料.2014:443-444.

丈，后广十丈，左延三十二丈八尺，右延二十九丈。例得书倡其事者，郡人董秉愚、冯云祥、苏庆和、费纶金、费纶铦、费辅洼、盛炳澄、童祥隆、顾璇、李国相，皆有劳于官，例得附书。

系以铭曰：天生地成，奇阳偶阴；坤道为女，降福于林。维后诞生，出自世族；幼遇异人，授之符箓。庄严宝相，璎珞缤纷；升化湄洲，呼吸风云。一发之悬，万众托命；天吴效灵，海若助顺。凌虚往来，地球之东；三韩日本，在其掌中。莽莽重洋，杳无津渡；后实司之，康壮达路。上以佐国，战舰粮艘；下以佑民，贾舶渔舠。如镜如砥，如席如几；其止如山，其行如矢。昼则扬旗，夜则明灯；翩然引导，燕雀蜻蜓。历代褒嘉，逮我圣世；崇锡徽称，逾二十字。丹青土木，偏于海邦；此亦有祠，俯瞰鄞江。苍龙吹篪，白鼍击鼓；俎豆馨香，式歌且舞。幽明相感，感在一诚；惟灵故信，弥信弥灵。斯理自然，吾为诠释；人或有言，视此刻石。

光绪十年岁在甲申王正月吉旦。

赐同进士出身、知州衔江西建昌县知、鄞县董沛撰文。

赐进士出身、二品顶戴、江苏补用道、前翰林院庶吉士、仁和杨鸿元书丹。

赐同进士出身、直隶宣化府知府、前翰林院检讨、镇海郑贤坊篆额。

赐进士出身、同知衔浙江鄞县知县、泰州朱庆镛检校上石。

重建敕赐宁波府灵慈宫碑记①

宁波府甬东灵慈宫天妃，古迹也。妃闽莆人。考郡志，自宋绍熙年间，舟师沈询迎妃像分祀斯土。至顺间，赐庙额，曰灵慈。及明洪武中，信国公汤和统帅四明，感妃助阵之力，复奏请建祀。历朝护佐漕功，褒封二十四诏制。天顺间，郡守陆卓修葺。日久颓圮，基地没入豪强。

幸逢今上恩弛海禁，各省商贩云集，蛟宫鼍窟中，赖妃默相保祐，灵异尤著。值定镇蓝公理暨提协张君天福、陈君佳、前镇标原名尔怀、鄞邑令黄君图巩，皆妃里人，同莅兹土，偕吾乡诸君子，鸠财协募，清旧基，扩新宇，重

---

① 章国庆，裘燕萍.甬城现存历代碑碣志[M].宁波：宁波出版社，2009：185-187.

建庙殿四进,前后楼阁巍焕一新。肇于庚午岁。越癸酉,余奉命督学浙江,以校士至宁,瞻拜喜跃,而庙适告竣立碑,征予为记。

予思兹宫肇祀有宋,历元至明,中间沧海桑田,几经变更,今复缔造鼎新,壮观一郡。此惟圣天子廓清海内,百灵效顺之征,而亦赖吾乡诸君子辟草莱,刈蓬蒿,相与同心襄事以无作神羞也。经始之为难,而告成之不易,继自今宦兹土者尚其肃,将禋祀勿替,引之则明神显相,固宜亿万斯年也哉! 爰执笔而为之记,并附宫址图志于后,以贻云。

赐进士出身、奉直大夫、右春坊、右谕德兼翰林院修撰,钦差提督浙江等处学政、前左右春坊、左右中允兼翰林院编修,己酉云南典试正主考、前庶吉士候官郑开极薰沐拜撰。

赐进士出身、文林郎、翰林院编修、奉命校阅《二十一史》《朱子纲目》《孝经析义》、纂修《明史》、兼修《皇舆图志》、赐蟒三袭、戊辰科会试同考官、前庶吉士四明仇兆鳌篆额。

赐进士出身、文林郎、前翰林院庶吉士闽中金潮书丹。

附本宫基址图考。

宫在宁波府鄞县甬东一图,坐北向南,旧碑载宫之东至滨江庙弄,西至城壕官路,南至官路,北至东渡门城东铺。因明末庙毁,居民侵地盖屋。迄今年久,人烟稠密,难清旧址,姑以本宫现在方正围墙基址丈实弓数、地亩入志。

一、宫东丈四十九弓,西丈四十九弓;南丈二十二弓;北丈二十二弓。其宫南□□□□□□□□□□□□□□□开后:

□□□□□□一座,五间,实□□□,左右祀耳、目二神。

一、大门内天井,左土地祠,右竖碑记,墙后厕屋。

一、二门一座,五间,接戏台,左右有空地、水井。

一、大殿一座,五间,前月台、甬道,左右天井,廊庑十间,供祀龙神。

一、大殿左附屋三间,祀地藏王十王。

一、大殿右附屋三间,香积厨。

一、第四进楼阁一座,五间,祀大士,傍祀诸佛,左右附屋层楼僧舍。

一、楼阁前左右八角楼,祀古佛玄帝。

一、众信捐助缘银并需用帐目及另置田亩，另载册志。

一、感妃授梦拯魂，康熙三十一年，福建士商陈文经等为仰体宪恩，请丈税地等事，佥呈鄞县黄，详请宁波府张，祥请藩宪批准，甬东一图原提□司废地，丈量科税，每年□银壹钱肆分叁厘，造□□陞册内附江心寺□□□案册，据其地填平□□□。贮棺屋十间，骸罐□□□间，坐落义冢左旁，□□□闽义建庐□□□□□府、县明示，另有勒石。

□在龙飞康熙三十四年岁乙亥仲冬谷旦□□□□士商等立石。

募缘重建首事闽中林篆新、陈泗、周道旸、陈文经、曾岩、张迪纶。督工林子善、陈景明同志。

同治戊辰年拾月闽商重立。

6. 记录了宁波商会的建制

宁波商会碑，残高 209 厘米，宽 91 厘米，方首，额篆书《宁波商会碑记》，碑文正书，该碑于 2000 年新建中山广场时拆移至中山公园小花厅右侧。

宁波商会碑记①

有清末叶，朝廷厉行新政，奖励农商，各行省诸大都会以次设商务会，蕲上下相更始。首起者上海，而吾甬继之。上海始曰商务公所，寻改今名。吾甬则称商务总会，已曰总商会，而冠以郡名。郡道制废，它郡率易称，独吾宁波犹袭旧名者。以其地通海夙稟，中外人士熟于口也。

宁波之有商会，事在清光绪三十一季。于是王君月亭澄、汤君仲盘嗣新及吴君蕸窗传基，以吾甬故以商著称，非设会无以资棻通，于郡城东旧茶场庙侧，赁民房若干楹为会所。方事之朔，规制草创，诸所设施，未遑云备。及世会嬗移，人事益繁，赜隶会籍者日加，旧所设会所，地小不足以容，又偏局不适中，佥弗之，便谋所以辟新之。今主席陈君南琴贤凯，持尤力顾，迄不果行。先是东南诸省，拥重兵者，互为长雄，一旦据其地，则檄下商会，供军乏，名曰军事借款，实无所取偿。十六季春，国军莅吾浙，主省帑者有所属。陈君曰：此其时矣。即持券诣省争之，亟得白金三万余版以归，继又疏

① 中国人民政治协商会议宁波市暨各县市区政协文史资料委员会.宁波文史资料（第15辑）[M].杭州：浙江人民出版社,1994:233-234.

募诸会众,得三万版。资用既集,众议更新,度地庀工,次第具举。会郡士有事于中山公园,乃与主者谋,割园地余羡,得六亩有奇,用营缮为会所。会中设议事厅二,会员休憩室二,会客室一,膳室一,自会长以下诸执事于会者,乃至缴巡及诸夫役,皆各有室;厅之外辟为园,长廊曲槛,邃如洞如,园卉蓊翳,四时而有。盖吾浙七十有五县,县各置商会,论其规制,未有若斯之完饬者也。张原炜曰:凡事之成有机,机至矣,无人以持之,无当也。吾甬号殷庶,列肆千万,顾自军兴以来,先之以供亿,重之以征敛,商力亦殚矣。赖总理灵,诸丑殄除,党国底定。向所逋于民者,积十余季之久,一旦乃还诸吾民,斯机不易遭者也。

顾非有陈君之奔走尽瘁,乃诸会众之乐输其后,安望能底于成耶?会制主者,先曰总理,继曰会长,委员制行,乃称主席。自设会讫今二十有八年,自吴君葭窗,首立会务,其后若郑君锷笙、余君芷津、费君冕卿、屠君鸿规、袁君端甫、俞君佐庭、陈君南琴、孔君馥初,先后得若干人。是役也,经始于十六年十二月,越明季六月讫工,为时凡七阅月,用白金六万版有奇。旧所集不足,则有钱肆及诸商肆凑其成。监工者自主席陈君外,陈君如馨兰、林君琴香润芬,皆有劳例,得附书。共和纪元廿有一年一月上石。

张原炜撰,沙文若书丹,赵时㭎篆额,鄞县李良栋刻石。

7. 记录了宁波购买"宝顺"轮的历史

《宝顺轮船始末碑记》记录了"宝顺"轮的购买始末、辉煌战绩以及历史意义。宁波人民不忘"宝顺"轮服役三十年,抗击海盗及外来侵略者的功绩,请知名诗人董沛撰写碑文以示纪念。董在光绪三年(1877)中进士,任知县后返乡讲学,结交文人赋诗作词,著有《甬上宋元诗略》《甬上诗话》《六一山房诗集》《甬东天后宫碑铭》等。董沛撰写的《宝顺轮船始末碑记》,收录在民国《鄞县通志·食货志》中,内容深刻、构思独特、文字精练,雕刻苍劲有力,是宁波地区碑铭大气成章的典范。

宝顺轮船始末碑记①

　　中国之用轮舟,自宁波宝顺始也。咸丰初,粤寇乱东南,行省大吏注重于腹地,征调络绎,亟亟以防剿为重,而于缘海岁时之巡哨,膜外置之。于是,海盗充斥,肆掠无忌惮,狙截商船,勒赎至千百金不止。

　　时则黄河溃决,户部仿元人成法,以漕粮归海运,沙船、卫船咸出应命,而以宁波船为大宗。春夏之交,联帆北上,虽有兵船护行,盗不之畏也。每劫一舟,索费尤甚,至遣其党入关,公然登上座,争论价目。诸商人咸愤之。

　　慈溪费纶铫、盛植琯,镇海李容,倡于众议,购夷船为平盗计。顾船值颇巨,未易集事。宿松段光清方兼道府之任,莅事宁波,为请于大府,令官商各垫其半,岁抽船货之入,陆续归还,以乙卯五月十二日始计数捐厘,并充历年薪水、储资、衣粮、弹药诸经费。

　　鄞县杨坊、慈溪张斯臧、镇海俞斌,久客上海,与洋人习,遂向粤东夷商购贸大轮船一艘,定价银七万饼,名曰"宝顺",设庆成局,延鄞县卢以瑛主之,慈溪张斯桂督船勇,镇海贝锦泉司炮舵,一船七十九人。陈牒督抚,咨会海疆文武官,列诸档册,此甲寅冬季事也。

　　明年,粤盗三十余艘肆掠闽浙,窜至北洋,与它盗合。运船皆被阻,张斯桂急驶轮船于六月出洋,七月七日在复州洋轰击盗艇,沉五艘,毁十艘。十四日,在黄县洋、蓬莱县洋复沉四艘,获一艘,焚六艘,余盗上岸逃窜,船勇奋力追击,毙四十余人,俘三十余人。十八日,在石岛洋沉盗艇一艘,救出江浙回空运船三百余艘。北洋肃清,轮船回上海。二十九日,巡石浦洋,盗船二十三艘在港停泊,轮船率水勇船进扼洞下门,两相攻击,自卯至未,盗船无一存者。余盗窜黄婆岭,追斩三百余级。九月十三日,在岑港洋沉盗船四艘。十四日,在烈港洋沉盗船八艘。十八日,复在石浦洋沉盗船二艘。十月十八日,复在烈港洋沉盗船四艘,南界亦肃清。

　　三四月间,沉获盗船六十八艘,生擒党及杀溺死者二千余人,宝顺船之名,震于海外。然是时中西猜阻,距五口通商之和约仅十余年,北洋无夷

---

　　①　南开大学古籍与文化研究所.清文海(第88册)[M].北京:国家图书馆出版社,2010:608-613.

踪,创见轮船,颇为疑惧。山东巡抚崇恩言于朝,诏下浙抚诘问,将治给照者之罪,毋许欺隐。段光清召诸绅士筹所以覆旨者。余曰:"此无难也,商出己资购轮船以护商,且以护运,官之所不能禁也。船造于夷,则为夷船;而售于商,即为商船。官给商船之照例也,不计其何自来也。但令毋雇夷人,毋驶北洋。以此入告而已。"光清然之,如吾说奏记巡抚。巡抚何桂清以闻,遂置不问。又明年丙辰,沪商亦购轮船,与宁波约,一船泊南槎山,杜洋盗北犯之路,一船巡浙海,以备非常,盗益敛迹。未几,西人入天津,重定和议,北海口亦许通商,夷船驶中国洋无间南北,盗遂绝迹。

中外臣工咸知轮船之利有裨于军国,曾文正首购夷船,左文襄首开船厂,二十年来,缘江缘海增多百余艘,皆宝顺轮为之倡也。宝顺船虽仅护运,地方有事亦供调遣。洪秀全踞金陵,调之以守江;法兰西窥镇海,调之以守关。在事诸人,叠受勋赏,而张斯桂、贝锦泉久于船中,以是精洋务;斯桂起书生充日本副使;锦泉起徒步,至定海总兵官,尤异数云。

自中原底平,海道无风鹤之警,宝顺船窳朽,亦复无用。然原其始,则费纶𬭼、盛植琯、李容三君之功不可忘也。周道遵修鄞志,乃以属之鄞人林鸣皋、粤人郑寿阶,郢书燕说,流为丹青,恐阅者因而致疑,故详书其本末,勒石于天后祠中,俾后之人有考焉。

光绪十四年董沛撰。

8. 记录了在异地的宁波行业会馆的活动历史

肉业诚仁堂助款入四明会馆碑,记录的是宁波从事肉业的商人在上海创立诚仁堂后捐集资款在四明会馆设置祭祀场所以免灾晦,担心后人不再忏悔诵经,故集成英洋一千元,永远助储四明会馆,取利息以备常年祭祀之需,并规定不得动用本金。诚仁堂将缘由和规定刻在石碑上,希望后辈明白先人的一番苦心。

煤炭业创建坤震公所整顿行规碑,记录的是宣统元年(1909)十二月二十六日,江南苏州府元和、长洲、吴县正堂吴、赵,陈,为使维持商务,将筹备创建坤震公所并整顿行规,希望煤炭业东伙及居民、地保人等知悉并遵守现议规则。

坤震公所续议章程碑,记录了坤震公所创建的原因和组织构成。

财神庙成衣行碑,记录的是光绪十六年(1890)在京城从事成衣贸易行业的浙江慈溪县人氏组成浙慈会馆,并出资修缮财神庙作为会馆,用于每年祭拜财神。碑文论及该事的起因、过程以及出资者的名单。

肉业诚仁堂助款入四明会馆碑①

诚仁堂盖闻上苍有好生之德,仁人存恻隐之心。我帮肉业,肆业沪江,创立诚仁堂,始于光绪十六年季夏,捐集资款,择定七月初三日,起建醮坛于四明会馆。日则诵经礼忏,夜则设放瑜珈焰口,以济水陆乏祀孤魂,藉此以免灾晦,历经十有余年矣。当时勤办乐善诸君,今已相继谢世,惟予等几人亦将退守家园,是后接办司事,贤者固可绵绵相继。无如人类不齐,贤愚不等,醮事恐有废弃之虑。今鄙等筹商,得一久远之计,集成英洋壹千元,永助储四明会馆,取息以作常年醮事之需,不得起用本资。倘若开销有余,仍助会馆,庶冀绵绵不绝,则不失诸先贤一片苦心。生安死乐,同深幸甚,爰撰数言,刊立于碑,以照久远,是此为序。

光绪叁拾壹年荷月吉日诚仁堂同人公启。

煤炭业创建坤震公所整顿行规碑②

江南苏州府元和、长洲、吴县正堂吴、赵、陈,为给示晓谕事。据长、吴、元煤炭业各号润丰昌、万昌盛、乾元盛、德兴泰、同和昌、东升恒、广生泰、日升、昌义和、仁振泰、顺和、协元兴、仁万茂、元恒盛、隆公泰、致中和、庆和、协大、洽兴顺、茂义德、生福兴、恒升丰、新记仁等禀称:窃经商营业,首重公平,故各业皆有社会,创立公所,由董事组织,评定甲乙价目,公道贸易,庶几有条不紊,进行发达之端,关乎商业兴旺之一大宗旨。惟吾业煤炭,皆系籍隶宁、绍,在苏开张者多;因同业行规之举未成,致多失败。揆情实由同业参差,因无公定规则,售价不一,甚有巧计营生,或跌价放秤,兜揽生意;或次货混冲,欺谎买客。种种技巧,奸伪百出。贪图目前之小利,不顾永远之大局,信实全失,致买客疑窦丛生。外负重利之虚名,内受亏蚀之实害。

---

① 彭泽益.清代工商行业碑文集粹[M].郑州:中州古籍出版社,1997:102.
② 吴晓煜.中国煤炭碑刻[M].北京:煤炭工业出版社,2010:216-217.

况来源货价日增,近时销路日减。似此互相倾轧,受耗无穷。以致亏本倒闭者,年有所见。睹此现象,大有江河日下之势。若不亟为整顿,受害伊于胡底? 不得已爰集同人,从长计议。决定公平规则,同业皆愿遵守。立有范围,可绝奸巧,使买客知而见信,吾业方免负累。正当贸易,两有裨益。今集同人,公共一心,决定同行规则,并议各店售煤炭,每担提钱二文,集数建立公所,筹备同业公益善举之用,及公举声望素信之同乡在苏候补巡检司马芑为总董,组织其事。方为妥善,众议佥同,各相允洽。抄呈公议规则,禀乞立案,并会衔给示晓谕等情到县。据此,除批示并准予立案外,合行给示晓谕。为此示仰煤炭业东伙及居民、地保人等知悉:须知该业润丰昌等整顿行规,创建公所,系为维持商务及筹备同业善举起见。自示之后,务各一体遵守现议规则办理,毋违。特示遵。

宣统元年十二月二十六日示。

坤震公所续议章程碑[①]

督办江苏农工商务总局、司、道,为给示晓谕事。案查前据煤炭业东升恒等二十四家联名禀称:窃我煤炭一业,向无行规。同行参差,售价不一。甚有巧计营生,将次货欺谎买客,跌价滥售,致买客疑窦丛生。因此行市坍塌,外负利名,内实亏耗。似此互相倾轧,丧失甚巨。若不设法整顿,为害实深。是以爰集同人,从长计议,组织公所,名曰"坤震"。妥定规则,价须公定,秤须公砝。货真价实,以昭划一。立此营业范围,以杜钻谋之奸巧。须同行永守成规,公益佥可均沾。并议各店所售煤炭等货,每担提钱二文,作为公所开支及办善举之用。众议佥同,各相允洽等情,粘抄公议规则,曾经禀请长、元、吴三县给示在案。兹因公所成立,同行议规,业已照行。理合粘呈行规单一纸,据实禀陈,公叩鉴赐恩准立案,给示晓谕,保卫商业,以杜奸巧。俾得共守成规,方全信实,不致紊乱。庶免败坏规则等情到局。据此,当查同业设立公所,整顿行规,事原关乎公益,设或办理不善,则把持垄断之弊生焉。据禀,因该业同业参差,行市坍塌,合议设立坤震公所,举

---

①　吴晓煜.中国煤炭碑刻[M].北京:煤炭工业出版社,2010:218-219.

董经理,以资整顿,自无不可。惟所议条规,是否众意佥同,有无抑勒之弊,批候照会苏州商务总会查明复局,再予立案保护,并将原刊规则,照送复核去后。昨准复称,当即传知该业东升恒等到会,将大照指询各节,并圈出规则各条,逐一宣示,饬再妥议。兹据该公所订定公同续议章程,并具司年、司月章程,系照前定规则,补苴罅漏,详加解释。既称众意佥同,应将送到章程清折,连原刊规则移局核夺前来。本局查该公所此次续议章程,既准商务总会称,系查照前定规则,详加解释,众意佥同。所请立案所示,自可照准。除将司董姓名清折备查并照会商会查照饬准外,合行给示晓谕。为此示仰煤炭业商人等知悉:须知东升恒等裹设坤震公所,举董经理,并无把持情事,系为整顿行规起见。该业等务各和衷共济,查照规则章程办理,毋得各存意气,自行紊乱,是为至要。切切。特示遵。

宣统二年十二月十三日示。

财神庙成衣行碑①

盖自开辟以来,盘古至今,三皇治世,五帝定伦,种五谷以养民食,造衣服以遮身体,覆载群生,无不美善。幸经前成衣行会首,在于京师城内外,商同各铺掌柜、伙友出资,在于南大市路南,创造浙慈馆,建造殿宇、戏楼、配房,供奉三皇祖师神像。当时成衣行,皆系浙江慈溪县人氏,来京贸易,教道各省徒弟,故名曰浙慈馆,专归成衣行祀神会馆。历年行中唱戏庆贺,神灵默佑。殿宇楼房、三皇殿、老爷殿、配房、大门,年久失修,众会首、本馆住持僧人,目睹情形,坐视不忍。众会首商同本行城内外各铺户伙友,量力捐资重修。于光绪十六年六月吉日动工修起,直至十八年陆续工程告竣。众会首诚恐年深日久,后来接办之人无所考查,故此勒碑刻铭,以垂久远。庶后来接办之人,观此碑文,可仿照旧章承办矣。 .

光绪三十一年冬月吉日立。

首事人:朱新年　冯桂心　张万顺　袭熙政　陈国玺　孙晋祥　杜锡永
　　　　韩友兴　韩金城　崔殿辉　李云亭　魏玉山　张德麟　钱富山

---

① 李华.明清以来北京工商会馆碑刻选编[M].北京:文物出版社,1980:122-123.

周殿一	高荆堂	孙兴山	苏玉山	刘进荣	谈德祥	冀庆顺
李金荣	张明煜	李永祥	王振清	李宗堂	李景明	韩文魁
殷登科	王长林	张群祥	艾明起	崔殿祥	石文富	张万泰
郭金生	王万清	孟昭山	孙明月	谢庆云	高殿华	张寿山
李印亭	朱长久	朱茂文	石文贵	卢登福	马成龙	徐永海
刘勤劳	王方亭	董魁三	石登科	司永禄	朱锦龄	李泰和
袁英文	任玉山	张学顺	郑立禄	王清朋	尹鑫盛	相九林
王树田	张荣祥	王德富	史字丰	吕桂林	徐德保	姜长俊
殷福昌	段志恭	赵聚图				

城内外共捐银陆百捌拾贰两壹钱零贰厘,钱伍千叁百叁拾柒吊壹百文,共用银壹千玖百伍拾贰两叁钱贰分。

索 引

后 记

  2012 年年初,庆安会馆南侧的安澜会馆进行陈列改造,主要是关于宁波妈祖文化与会馆文化两个内容的陈列及场景展示,我们由此开始了宁波会馆文化的资料搜集。经过半年多的准备,于 9 月完成了宁波会馆文化历史陈列的大纲与文本;在搜集了一批照片与实物资料进行陈列布展后,当年 12 月 8 日"宁波文化名城公布日"暨"'海上丝绸之路'文化节"举办时,"宁波会馆文化陈列"也正式开放。

  会馆(同乡会、商会)存在于全国各地的所有商帮中,只是宁波商帮是中国近代最大的商帮,也是中国传统"十大商帮"之一,它组织的会馆也最有生命力。清代及至近代,会馆组织发展特别迅速,同时还推动、促进了当地商业发展,对活跃经济起到了积极的作用。为了记录宁波会馆形成、发展和向外拓展的历史,我们根据现有文献资料、考古资料和碑帖石刻资料,撰写成这本《宁波会馆研究》。

  为了使本书的历史资料真实可靠,我们对已有的资料与文献之记载进行了一一核实,有不同意见的采用了大多数学者认可的说法,比如对"会馆"的定义。现存的宁波会馆有两类,一类是宁波人自己创办的,一类是外地商人在宁波创办的,对于这两类会馆的旧址、遗址,我们都做了核实与考证。

  关于会馆的发展历程,由于原始资料详略不一,因此在叙述中有的比较详细,有的就简略,但都遵循历史原真性。

关于宁波会馆文化的研究,主要还是依靠文献、史料,注重资料搜集的完整性,可以更好地为研究提供基础。我们希望通过本书抛砖引玉,让更多的学者关注宁波会馆文化,以及从会馆的角度探讨宁波会馆和宁波帮之间的关系。

由于时间仓促,诸多实地考察工作暂未展开,因此,本书只是通过已有资料让人们对宁波会馆情况有大致了解,加之笔者学识有限,书中定有不妥之处,望广大读者与专家、学者批评指正。